权威·前沿·原创

皮书系列为
"十二五""十三五""十四五"时期国家重点出版物出版专项规划项目

B

BLUE BOOK

智库成果出版与传播平台

城投蓝皮书

BLUE BOOK OF URBAN INVESTMENT

中国城投行业发展报告（2022）

ANNUAL REPORT ON DEVELOPMENT OF URBAN INVESTMENT IN CHINA(2022)

中国城市发展研究会城市建设投融资研究专业委员会

江苏现代资产投资管理顾问有限公司 / 联合研创

城市投资网

主　编 / 李洪强　钱大伟　丁伯康

社会科学文献出版社

SOCIAL SCIENCES ACADEMIC PRESS（CHINA）

图书在版编目（CIP）数据

中国城投行业发展报告 . 2022 / 李洪强，钱大伟，丁伯康主编 . --北京：社会科学文献出版社，2022. 11
（城投蓝皮书）
ISBN 978-7-5228-1078-2

Ⅰ. ①中… Ⅱ. ①李…②钱…③丁… Ⅲ. ①城市建设-投资公司-经济发展-研究报告-中国-2022 Ⅳ. ①F299.2

中国版本图书馆 CIP 数据核字（2022）第 215716 号

城投蓝皮书

中国城投行业发展报告（2022）

主　　编／李洪强　钱大伟　丁伯康

出 版 人／王利民
组稿编辑／任文武
责任编辑／方　丽　张丽丽
责任印制／王京美

出　　版／社会科学文献出版社 · 城市和绿色发展分社（010）59367143
　　　　　地址：北京市北三环中路甲 29 号院华龙大厦　邮编：100029
　　　　　网址：www.ssap.com.cn
发　　行／社会科学文献出版社（010）59367028
印　　装／天津千鹤文化传播有限公司

规　　格／开　本：787mm×1092mm　1/16
　　　　　印　张：21.25　字　数：315 千字
版　　次／2022 年 11 月第 1 版　2022 年 11 月第 1 次印刷
书　　号／ISBN 978-7-5228-1078-2
定　　价／300.00 元

读者服务电话：4008918866

编委会顾问

顾 问（排名不分先后）

编辑指导委员会

武　伟　济南城市投资集团有限公司　党委书记、董事长

李　兵　武汉市城市建设投资开发集团有限公司　党委书记、董事长

郑尚钦　成都城建投资管理集团有限责任公司　党委书记、董事长

马胜利　西安城市基础设施建设投资集团有限公司　党委书记、董事长

陈明东　青岛城市建设投资（集团）有限责任公司　党委书记、董事长

李宏卓　合肥市建设投资控股（集团）有限公司　党委书记、董事长

黄志强　福州城市建设投资集团有限公司　党委书记、董事长

邹春林　长沙城市发展集团有限公司　党委书记、董事长

王铁利　沈阳市城市建设投资集团有限公司　党委书记、董事长

涂建平　南昌市建设投资集团有限公司　党委书记、董事长

赵继军　石家庄国控城市发展投资集团有限责任公司　党委书记、董事长

黄宗光　南宁城市建设投资集团有限责任公司　党委书记、董事长

马传壮　海口市城市建设投资有限公司　党委书记、董事长

杨晓斌　昆明市城建投资开发有限责任公司　党委书记、董事长、总经理

杨建英　兰州建设投资（控股）集团有限公司　党委副书记、董事长

张定申　西宁城市投资管理有限公司　党委书记、董事长

杨　锋　银川城市建设发展投资集团有限公司　党委书记、董事长

宋金刚　乌鲁木齐城市建设投资（集团）有限公司　党委书记、董事长

秦广远　郑州市建设投资集团有限公司　党委书记、董事长、总经理

孙　炜　太原市龙城发展投资集团有限公司　党委书记、董事长

唐　懿　广西柳州市城市建设投资发展集团有限公司　党委书记、董事长

袁文革　三亚城市投资建设集团有限公司　董事长

委　员 （排名不分先后）

秦建斌　中原豫资投资控股集团有限公司　党委书记、董事长

张晓峰　成都经开国投集团有限公司　党委书记、董事长

李垂举　泉州城建集团有限公司　党委书记、董事长

董庆标　温州市城市建设发展集团有限公司　党委

书记、董事长

王向阳　徐州市新盛投资控股集团有限公司　党委书记、董事长

刘在东　淄博市城市资产运营集团有限公司　党委书记、董事长

马永军　潍坊市城市建设发展投资集团有限公司党委书记、董事长

刘晓方　赣州城市投资控股集团有限责任公司党委书记、董事长

袁　满　朝阳城市发展集团有限公司　董事长

许东升　大庆市城市建设投资开发有限公司　党委书记、董事长

柴冠辉　呼伦贝尔城市建设投资（集团）有限责任公司　党委书记、董事长

张邦彦　江东控股集团有限责任公司　党委书记、董事长

丁志凯　阜阳市建设投资控股集团有限公司　董事长、总经理

李　涛　亳州城建发展控股集团有限公司　党委书记、董事长

李东春　临沂城市发展集团有限公司　党委书记、董事长、总经理

薄一友　东营市城市建设投资集团有限公司　党委书记、董事长

张云飞　荆州市城市发展控股集团有限公司　党委书记、董事长

谭跃飞　株洲市城市建设发展集团有限公司　党委书记、董事长

徐　勇　汉江国有资本投资集团有限公司　党委副书记、副董事长、总经理

黄少洲　韶关市城市投资发展集团有限公司　党委书记、董事长

唐志华　广西柳州市东城投资开发集团有限公司　党委书记、董事长

黄　海　上饶市城市建设投资开发集团有限公司　党委书记、董事长

郝　君　榆林市城市投资经营集团有限公司　党委书记、董事长、总经理

杨小平　咸阳市城市建设投资控股集团有限公司　党委副书记、总经理

魏存荣　延安城市建设投资（集团）有限责任公司　党委书记、董事长

唐劲松　无锡城建发展集团有限公司　党委书记、董事局主席

庞　迅　镇江城市建设产业集团有限公司　党委书记、董事长

叶善祥　扬州市城建国有资产控股（集团）有限责任公司　党委书记、董事长

王　亮　同安控股有限责任公司　党委书记、董事长、总经理

张海红　邯郸市建设投资集团有限公司　党委书记、董事长

傅　强　长春城投建设投资（集团）有限公司
党委书记、董事长

高文禄　长春润德投资集团有限公司　党委书
记、董事长

胡承勇　重庆大足实业发展集团有限公司　党委
书记、董事长

安　健　开封城市运营投资集团有限公司　党委
书记、董事长

高天宇　兴安盟城市投资集团有限公司　董事
长、总经理

李世旺　永州市城市发展集团有限责任公司　党委
书记、董事长

鲁耀纯　永州市经济建设投资发展集团有限责任
公司　党委书记、董事长

张浪平　新余市投资控股集团有限公司　党委书
记、董事长

章　浩　合肥市滨湖新区建设投资有限公司　党委
书记、董事长

王　强　新乡投资集团有限公司　党委书记、董
事长

梅建英　平顶山发展投资控股集团有限公司　党
委书记、董事长

张宏方　安阳投资集团有限公司　党委副书记、总
经理

郝四春　周口市投资集团有限公司　党委书记、
董事长

张春盛　锡林郭勒盟城乡投资集团有限公司　董事长

殷　俊　宜昌城市发展投资集团有限公司　党委书记、董事长

张国征　乌鲁木齐经济技术开发区建设投资开发（集团）有限公司　党委书记、董事长

李顺平　唐山市城市发展集团有限公司　党委书记、董事长

杨增君　许昌市投资集团有限公司　党委书记、董事长

周玉伟　辽源城市发展投资控股集团有限公司　党委书记、董事长

周鹏涛　通化市城建投资集团有限公司　党委书记、董事长、总经理

王发奎　绥芬河海融城市建设投资发展有限公司　总经理

刘晓俊　乌兰察布市投资开发有限公司　党委书记、董事长

王雪良　苏州市吴江城市投资发展集团有限公司　党委书记、董事长、总经理

毛光华　上饶市广丰区发展集团有限公司　党委书记、董事长

城投蓝皮书编委会

主 编 李洪强(中国城市发展研究会城市建设投融资研
        究专业委员会理事长)

        钱大伟(中国城市发展研究会城市建设投融资研
        究专业委员会秘书长)

        丁伯康(江苏现代资产投资管理顾问有限公司董
        事长)

副主编 王 迪(中国城市发展研究会城市建设投融资研
        究专业委员会办公室主任)

        丁 逸(江苏现代资产投资管理顾问有限公司总
        经理)

        乔海超(江苏现代资产投资管理顾问有限公司管
        理咨询事业部总经理)

撰稿人 (排名不分先后)

        陈作娟 陈思澄 丁伯康 丁 逸 康 峰
        李洪强 李开孟 李林辉 李沁轩 刘梦雅
        刘晓萍 刘 新 娄 娟 毛 坚 钱大伟
        乔海超 阮鸿宜 石一川 沈红梅 王 迪
        王 强 魏翔宇 温来成 伍 迪 吴 楠
        谢华国 尤 毅 张鹏鹏 张志兵 周文静
        周小琴 周 妍 朱国庆 朱容男 朱晓东

编著单位介绍

中国城市发展研究会城市建设投融资研究专业委员会简介

中国城市发展研究会城市建设投融资研究专业委员会（简称"城投协会"）是中国城市发展研究会的二级分会，是在全国城投公司协作联络会基础上组建的。全国城投公司协作联络会（简称"联络会"）是由全国大中城市从事城市建设投融资的国有企事业单位组成的全国性行业性组织。联络会由沈阳城投和上海城投发起，并于1999年举办了第一届年会，在2002年第四届年会上通过了《全国城投公司协作联络会章程》，自此正式成立。联络会自成立以来，坚持规范化、合规化的发展方向，成员单位数量不断扩大，均为各城市政府所属的承担基础设施投融资建设任务的大型国有企业。沈阳、广州、天津、重庆、南京、长春等城市的城投公司先后担任理事长单位。目前，哈尔滨市城市建设投资集团有限公司担任第七届理事长单位。

2009年4月，联络会在民政部正式注册成为国家级社团组织，这标志着联络会的各项工作迈上了一个新的台阶。城投协会每年举办年会、专题研讨会和信息工作会等大型会议，加强各会员单位的交流与沟通，并邀请国内城建投融资领域的专家学者以及相关职能管理部门的领导参加，体现出较强的研究性和专业性，对各会员单位的工作起到了有效的指导和促进作用。城投协会还利用内部刊物《中国城投》（双月刊）和专门的网站作为沟通和交流的平台，跟踪各地城投的工作思路、动态和经验总结，及时把握国家相关政策法规，推动城建投融资理论研究，充分发挥了桥梁和纽带的作用。

江苏现代资产投资管理顾问有限公司简介

江苏现代资产投资管理顾问有限公司（简称"现代咨询"）是国内一流的政府投融资平台和国资国企改革管理咨询机构，也是国内较早从事政府投融资体制改革和城市发展咨询服务的专业机构。现代咨询成立于1997年，由江苏省体改委股份制咨询中心、江苏省股份制企业协会、江苏航空产业集团、熊猫电子集团、常柴股份有限公司等单位共同出资设立，注册资本为人民币1000万元。

现代咨询的总部设在江苏省南京市，目前在河北、湖北、河南、陕西、江西等省设有分公司或办事处。公司成立25年来，为各级政府、大型国有企事业单位提供了投融资体制改革设计、PPP项目咨询、企业境内外股票上市（IPO）、债券融资咨询、企业改制重组、管理咨询及投融资项目对接等服务。先后创造了"苏南乡镇企业改制上市模式""企业海外融资成本控制方法""大型市政公用企业改制和招商""大型交通基础设施项目BOT/TOT融资模式""国内首例城建资产证券化融资"等诸多全国较有影响力的案例。其中，南京长江第三大桥PPP项目于2018年入选联合国欧经会PPP可持续发展项目案例。现代咨询现为河北、福建、江苏及南京、合肥、石家庄等三十多个省、市的政府或市长的投融资顾问单位。

此外，现代咨询为全国500多家政府平台公司、国有企业提供投融资创新研究、战略规划、转型发展、整合重组、组织管控、人力资源管理、国资国企改革、产业导入、融资能力提升和融资对接等服务，成功打造了城投转型的"天津模式""兰州模式""合肥模式"等诸多全国经典案例，以及国资国企改革的"银川模式""石家庄模式"和国有资产整合重组"六步法"等。

城市投资网（www.cfacn.com）简介

城市投资网（简称"城投网"）由中国城市经济学会、中国建设会计学会和江苏现代资产投资管理顾问有限公司联合主办，是中国城镇化建设投融资和城市发展领域的领先门户网站。城投网汇集政府融资动态、政策解读、PPP项目招商、信息发布、行业人物、研究成果及操作实务等多个板块，是社会各界了解掌握中国城镇化建设投融资信息、推进 PPP 合作的首选平台。

城投网自 2007 年参与举办"首届中国城市建设投融资论坛"以来，已连续举办了十四届。论坛把握中国城镇化发展脉搏，洞悉城市建设投融资精要，交流行业信息，推进平台公司转型和 PPP 模式运用，是政府提升决策和投资效率、增强融资平台运作能力和管理水平的有效渠道。目前已发展成为国有企业平台公司产业合作的重要交流场所。

主要编撰者简介

　　李洪强　1969年4月出生，中共党员，工程硕士，具有丰富的政府机关、大型国企工作经验。现任哈尔滨市城市建设投资集团有限公司党委书记、董事长，兼任中国城市发展研究会城市建设投融资研究专业委员会暨全国城投公司协作联络会理事长。

　　深耕城建领域20余载，工作阅历、工作经验十分丰富。在政府机关任职期间，先后主抓棚户区改造、住房保障、征收管理、行政审批、建筑企业管理等工作。组织制定了《哈尔滨市工程建设项目审批制度改革实施方案》等多项政策文件，实现工程质量监督注册、安全监督备案等事项审批流程全国最优。进一步规范保障房配租流程，创新征收补偿资金监管方式，调整货币化安置政策，建立施工现场日常巡查机制、欠薪企业网上通报机制、欠薪行为联合惩戒机制等制度措施，有力保障民生工程建设。进入国企工作以来，推行"快、新、实"工作作风，在提升原有六大产业板块基础上，稳步推进省百大项目机场二通道、松花江水源上移工程建设，完成友谊宫食品厂改造投产，实现意大利安缇亚朵形象店、中石油加油站等政府招商项目落地，承接3.2万套公租房运营，推进城投大数据、停车智能化、全市监控视频整合、寒地环保产业、体育赛事项目，在服务市委、市政府重大战略支撑和民生工作中，带领城投集团切实发挥了城市运营供应商的引领示范作用。

　　钱大伟　1964年9月出生，中共党员，黑龙江大学汉语言文学专业，具有丰富的政府机关、大型国企工作经验。先后担任哈尔滨群力新区开发建设管理办公室规划处副处长、新区管理处处长、哈尔滨西部地区开发建设领导小组办公室金融投资处处长、哈尔滨西部地区开发建设有限责任公司工程建设部部长兼哈西市政管理有限责任公司总经理、哈尔滨西部地区开发建设集团总经理助理兼哈西市政公司执行董事兼总经理等。现任哈尔滨市城市建设投资集团有限公司总经理助理、中国城市发展研究会城市建设投融资研究专业委员会秘书长。

从业以来，主要参与了哈尔滨市群力总体规划编制，组织了群力新区电力规划编制，组织实施了群力新区市政道路、城市公园、房屋征拆、棚改安置小区等项目，组织完成了哈尔滨西站配套站前广场、哈尔滨西部地区城市路网等项目建设，个人多次获得市级先进个人称号。

丁伯康 国家发改委和财政部 PPP 专家库双库专家，城投网首席经济学家，清华大学职业经理训练中心特聘专家，清华卓越领导学堂教授会成员，国际注册顾问师（CMC）。现任中国城镇化促进会城市更新工作委员会副主任、中国财政学会国有资产治理研究专业委员会副主任委员、住建部中国建设会计学会投融资专业委员会副主任、现代咨询董事长兼现代研究院院长。

丁伯康博士曾先后担任 20 多个省、市的政府顾问和金融投资顾问，多家城投公司外部董事。主持完成了河北、江苏、福建、天津、南京、武汉、石家庄等 30 多个省、市的政府投融资体制改革和平台发展战略规划项目。领导完成多项城建基础设施 PPP 项目和中外合资合作谈判，包括京沪高速公路 TOT、南京长江二桥和三桥、徐州自来水总公司、襄樊 30 万吨污水处理厂以及襄阳垃圾焚烧发电厂等的 PPP 融资。主持完成中国第一例水务资产证券化（ABS）融资和中国最大城建融资平台——天津城投集团的发展战略规划设计；完成熊猫集团、德普科技、连云港港口等数十家企业海内外上市和并购重组项目。在政府投融资体制改革、政府融资平台转型与重组、PPP 融资方面具有丰富的经验和成就。

近年来，丁伯康博士多次应邀出席国家部委、高等院校、省市政府、国际机构等组织的大型会议并发表演讲。编著和公开出版有《地方政府债务化解与投融资管理》《论中国 PPP 发展生态环境》《新型城镇化政府投融资平台的发展转型》《城市建设投融资战略模式与案例分析》《中国经济创造之路》《河北省城市建设投融资体制改革与创新研究》等。在《经济日报》《中国证券报》《金融时报》《中国建设报》《中国交通报》《城乡建设》等公开媒体上发表论文和文章数百篇，有大量成果在实践中被推广运用。

摘　要

《中国城投行业发展报告（2022）》是专注于中国城市建设领域和城建投融资平台（即城投平台或城投公司）发展研究的行业性年度权威报告，也是研究分析中国城市建设和城镇化发展过程中政府开展城市建设投融资等活动情况以及城投公司运营状况和质量的综合性报告。

全书由总报告、宏观环境篇、业务发展篇、实践探索篇、专家观点篇、案例分析篇和附录组成。全书融合了国内城投行业权威专家的最新研究成果，深度解析了最新政策的出台背景和城建投融资的有关理论、方法。同时，借助城投公司真实业务数据，由浅入深地分析了城投行业发展现状、业务现状和城投公司面临的问题等。

本书延续往年撰写思路，在跟踪研究2021年重大政策改变和市场环境变化的基础上，结合新时期城投行业发展的特点和从城投协会成员单位采集的样本情况，梳理了城投行业发展脉络，勾勒了2022年城投行业发展趋势，全景展示了城投公司在深化城市投融资体制改革、城市改造更新升级、城市资产资源整合重组与运营、城市产业培育以及国企改革三年行动、对标一流、创新机制、管理提升和数字化转型等方面的理论研究与实践情况。

本书不仅可以作为中国城投行业系统研究的参考资料，还可以作为城投公司基础理论学习的参考读物。与此同时，本书获取的数据和研究的案例，绝大部分来自城投公司自身实践和行业协会的第一手资料，具有一定的权威性。书中对城投公司运营、管理和转型的分析以及对城投行业政策的分析与解读，为城投公司的日常管理与发展转型提供案例借鉴和方法指导。附录中的全国城投公司总资产、负债率及主体信用评级情况通过公开数据和协会渠道获得，真实反映了行业主体的运行现状与动态，为政府部门了解城投行业状况、把握发展规律、洞察行业趋势等提供了有益参考和决策依据。

关键词： 城投行业　整合重组　转型探索

目 录 ⟍⟍

Ⅰ 总报告

Ⅱ 宏观环境篇

Ⅲ 业务发展篇

Ⅳ 实践探索篇

Ⅴ 专家观点篇

Ⅵ 案例分析篇

Ⅶ 附录

皮书数据库阅读**使用指南**

总 报 告

General Report

B.1

2021年中国城投行业形势分析与展望

李洪强　钱大伟　丁伯康　周小琴*

摘　要： 　2021年，我国严防疫、促发展两手抓，重视宏观经济跨周期调节，金融运行保持流动性合理充裕，在政策纾困托底下信贷结构得到优化，市场利率与社会综合融资成本稳中有落，乡村振兴顺利衔接，新型城镇化有效推进，重大区域发展政策持续出台落地，发展成效比较显著。随着国内财政经济逐渐恢复，中央、省、市"防风险"的政策安排又重新回归。城投公司一方面"以融促投、以投兴产"，投资积极作为，融资再创新高；另一

---

* 李洪强，哈尔滨市城市建设投资集团有限公司党委书记、董事长，中国城市发展研究会城市建设投融资研究专业委员会理事长，具有丰富的政府机关、大型国企工作经验；钱大伟，哈尔滨市城市建设投资集团有限公司总经理助理，中国城市发展研究会城市建设投融资研究专业委员会秘书长，具有丰富的政府机关、大型国企工作经验；丁伯康，博士，国家发改委和财政部PPP专家库双库专家，住建部中国建设会计学会投融资专业委员会副主任，城投网首席经济学家，江苏现代资产投资管理顾问有限公司董事长兼现代研究院院长，研究方向为投融资体制改革、平台公司转型、企业并购重组等；周小琴，博士，江苏现代资产投资管理顾问有限公司现代研究院高级研究员、管理咨询事业部项目总监，研究方向为战略规划、资产管理和土地政策。

方面"去杠杆、调结构",整合重组内外部资源,稳妥化解地方债务风险,紧抓新型城镇化发展机遇,推进企业改革转型。2021年城投行业在主动作为、助力发展的同时,行业分化趋势愈加明显,企业经营难度和经营风险有所增加。2022年,城投行业将继续承担新型城镇化建设者的功能,创新高质量发展理念,以"遏债务、控风险、提融资、精投资、优模式、调机制"的整合重组与转型提质相结合的发展道路,继续发挥"市县政府谋划实施建设项目的重要依托和支撑高质量发展的重要载体"及"带动区域经济发展的重要力量"的作用。

关键词: 后疫情时代 投融资监管 新型城镇化 转型重组

一 2021年城投行业发展环境

(一)国内经济:严防疫、促发展两手抓,跨周期调节宏观经济

2020年我国是全球主要经济体中唯一实现经济正增长的国家,这为2021年"十四五"起步和宏观环境正常化创造了良好的经济条件。在以习近平同志为核心的党中央坚强领导下,2021年我国GDP达114.37万亿元,再次突破100万亿元大关,全国一般公共预算收入202539亿元,同比增长10.7%,人均GDP已接近高收入国家"门槛"。

我国重视疫苗普及。截至2021年12月末,全国31个省区市和新疆生产建设兵团累计报告接种新冠病毒疫苗超28亿剂次。同时,由于政策大力支持和经济结构较有韧性,我国宏观经济基本实现了大盘稳定、中高增长、结构优化、效益提升的良好局面。2021年,我国CPI上涨了0.9%,在较高经济增长下呈现低通胀水平的态势;城镇调查失业率为5.1%,城镇新增就业人数为1000万~1300万人;外汇储备基本保持在3.2万亿美元以上;货物进

出口总额平均增速约为 21.4%，实际利用外资保持增长；农业基础得到夯实，粮食产量达 1.37 万亿斤；制造业增加值占 GDP 比重达 27.4%；高技术制造业增加值增长 18.2%，高技术产业投资增长 17.1%，数字经济健康成长；扎实推进京津冀协同发展、长三角一体化发展、长江经济带发展、粤港澳大湾区建设、黄河流域生态保护和高质量发展等重大区域战略，发展成果斐然；东部地区创新能力提升，东北地区深化国企改革和结构调整，西部地区深化发展，中部地区高质量发展，欠发达地区、边境地区、革命老区、资源型地区、生态退化地区等特殊类型地区的区域振兴发展取得不俗成绩（见表1）。

表 1　2021 年主要目标任务完成情况

主要发展目标	预期目标	实际完成	完成情况
国内生产总值（GDP）	增速超 6%	8.1%	超额完成
CPI	约 3%	0.9%	超额完成
城镇调查失业率	5.5%左右	5.1%	超额完成
城镇新增就业人数	超 1100 万人	1269 万人	超额完成
粮食产量	超 1.3 万亿斤	1.37 万亿斤	超额完成

经济持续恢复，但不稳固、不均衡。从 2021 年 GDP 总量来看，广东、江苏、山东、浙江、河南位列前五名。除此之外，还有不少省份的 GDP 都迈上了新台阶，四川、湖北 GDP 突破 5 万亿元，上海、北京、安徽、河北 GDP 均突破 4 万亿元，山西、内蒙古 GDP 突破 2 万亿元，甘肃 GDP 突破 1 万亿元。从 GDP 增速来看，湖北、海南、山西、江西、江苏、浙江、北京、山东、安徽、重庆、四川 11 个省市的 GDP 增速超过了全国 GDP 增速 8.1%。海南自贸港建设发展，陕西大宗商品价格上涨与相关制造业增长，山西、河南、湖北、湖南、安徽、江西中部 6 省先进制造业中心地位的确立，是这些省份经济复苏表现抢眼的主要动因。从各发展指标来看，呈现一定的不均衡性。消费和出口对经济增长起主要拉动作用，出口贡献相对突出。投资保持稳定恢复，基建投资较低迷，制造业投资稳步增长，房地产投资增速放缓。农业优势显著，工业生产保持持续增长，服务业因受疫情拖

累，增速低于疫情前水平，尤其是旅游相关产业受到极大影响。新兴产业发展势头良好，信息传输、软件和信息技术服务业同比增长 19.3%。PPI 高位运行，企业成本压力加大，PPI 与 CPI 的剪刀差逐步扩大，至 2021 年 11 月达到历史新高。在能耗"双控"目标下，环保政策加码，持续利好新能源、环保、碳市场等行业发展。[①]

宏观政策重视跨周期调节，平衡短期稳增长与中长期高质量发展的需要。2021 年，我国宏观经济政策十分重视促进共同富裕、加强科技创新、实行高水平开放、推动绿色发展等，支持浙江高质量发展建设共同富裕示范区，制定实施《科技体制改革三年攻坚方案（2021—2023 年）》《知识产权强国建设纲要（2021—2035 年）》，发文支持推进横琴粤澳深度合作区建设和浦东新区高水平改革开放、全面深化前海深港现代服务业合作区改革开放，推动共建"一带一路"，促进《区域全面经济伙伴关系协定》（RCEP）在 2022 年生效，正式申请加入《数字经济伙伴关系协定》（DEPA）、《全面与进步跨太平洋伙伴关系协定》（CPTPP）等，发布《2030 年前碳达峰行动方案》《中共中央、国务院关于完整准确全面贯彻新发展理念做好碳达峰碳中和工作的意见》。

由于世界疫情逐步好转，出口增速或将边际放缓。投资增速也将出现结构分化，这在一定程度上促使经济增速保持在合理区间。一是 2021 年基建投资资金得到保障，基建投资增速有望提高，新能源、新材料、物联网、特高压和数字化新基建、新型城镇化建设、交通水利重大工程、区域协调互联互通等基础设施建设密集落地，但由于基建基数规模已经较大，加之地方债务监管趋严，基建投资的绝对增速不会太高。二是制造业尤其是受政策关注的高端制造业的投资预计有较大增加，绿色制造业投资预期向好，风电、光伏、储能等相关制造业投资或将保持快速增长，高端装备、智能制造、电子信息、集成电路、新材料、专精特新等高技术制造业投资预计将快速增长。

---

① 李霞、赵小辉、傅培瑜、张莹：《2021 年国内外宏观经济形势回顾与 2022 年展望》，《当代石油石化》2022 年第 1 期。

（二）国内金融：合理充裕平稳运行，稳中求进防范风险

2021 年，我国金融运行保持流动性合理充裕，在政策纾困托底下信贷结构得到优化，市场利率与社会综合融资成本稳中有落。第一，社会流动性合理充裕。2021 年货币政策保持了 2020 年 5 月以来逐步回归中性、恢复常态的势头。央行加大货币政策跨周期调节力度，2021 年 7 月、12 月两次全面降准。截至 2021 年底，广义货币 M2 同比增长了 9%，全年社融累计新增 31.35 万亿元，比 2019 年增加了 5.68 万亿元，反映了金融持续加大对经济稳增长的支持力度。第二，以政策为保障纾困托底，信贷结构得到明显优化。2021 年底，央行下调支农、支小再贷款利率 0.25 个百分点，下调 1 年期 LPR0.05 个百分点，引导社会融资成本下行。2021 年企业贷款加权平均利率为 4.61%，是我国改革开放以来最低水平；新增人民币贷款 19.95 万亿元，比 2021 年同期增加 3200 亿元，其中企业中长期贷款和普惠小微贷款大幅增加。从信贷结构来看，央行创设了碳减排支持工具，推出了煤炭清洁高效利用专项再贷款，更好地利用了支农、支小再贷款和两项直达工具，在科技创新、制造业、小微企业、绿色发展等重点领域加大了支持力度。

2021 年金融市场整体平稳运行[①]。第一，股票市场指数上涨，成交量和筹资额同比增加。2021 年末，上证综合指数、深证成分指数、创业板指数的年末收盘指数同比均得到上涨，沪、深两市累计成交 258 万亿元，创业板累计成交 54.3 万亿元。2021 年，境内各类企业和金融机构在境内外股票市场上累计筹资 1.5 万亿元，同比增长 27.5%。第二，债券市场规模稳定增长，债券市场共发行各类债券 61.9 万亿元，较 2020 年增长 8.0%。债券市场高水平对外开放稳步推进，投资者结构进一步多元化，债券发行利率总体下降，2021 年 12 月发行的 10 年期国债利率为 2.89%，国开行发行的 10 年期金融债利率为 3.12%，主体评级为 AAA 级的企业发行的 1 年期短期融资券（债券评级 A-1）

---

① 周月秋：《稳中求进推动高质量发展——中国经济金融形势 2021 回顾与 2022 展望》，《杭州金融研修学院学报》2022 年第 1 期。

平均利率为 3.07%，5 年期中期票据平均利率为 4.16%，同比均有所下降。国债收益率整体震荡下行，2021 年 12 月末，1 年、3 年、5 年、7 年、10 年期国债收益率分别为 2.24%、2.46%、2.61%、2.78%、2.78%，分别较 2020 年同期下行 23bp、36bp、34bp、39bp、36bp。

2021 年 12 月，中央经济工作会议指出，2022 年经济工作要稳字当头、稳中求进，推动经济实现质的稳步提升和量的合理增长。继续实施积极的财政政策和稳健的货币政策。积极的财政政策以提升效能为导向，更强调精准、可持续，四个重要发力点分别如下。

一是推动实施新一轮减税降费，加大力度支持中小微企业、个体工商户、制造业等重点领域及重点行业风险化解，采取退减税、缓缴社保费、降低融资成本等有力举措，着力稳市场主体、稳就业，保障基本民生、稳增长、促消费。

二是适度超前开展基础设施投资。减污降碳、数字经济、新能源、新材料、新产业集群等新基建领域的投资力度或将加大。

三是保证财政支出强度，加快支出进度。

四是严肃财经纪律，坚决遏制新增地方政府隐性债务（简称"隐债"）。强化财会监督，加强财政管理，规范收支行为，严防违规建设楼堂馆所、发放津贴补贴、搞政绩工程形象工程等问题。确保每一笔资金都落实到位，坚决遏制新增地方政府隐性债务，守住不发生系统性风险的底线。完善权力监督制度和执纪执法体系，严惩财经领域违纪违法行为。货币政策稳健灵活适度，保持流动性合理充裕。

《中国金融风险报告（2021）》的研究结论显示，2021 年中国金融体系守住了系统性风险，但仍存在一定的隐患：一是虽然宏观杠杆率小幅下降，但仍存在资产负债表衰退的隐患；二是金融体系流动性向实体经济传导存在一定的梗阻；三是金融体系脆弱性进一步显现，债券违约余额再创新高，国企和民企债券结构性分化凸显，民企违约更严重；四是国内跨市场金融风险传染效应依旧显著；五是国际政治经济形势动荡，原材料价格上涨、美国新政府上台和美联储货币政策转向等的影响显著增强。2022 年，经济复苏、结构升级和疫情防控仍是中国发展主旋律，金融风险整体可控，但仍面临宏观杠杆率高位运行、市场流动性紧张、债务脆弱性加剧、国际市场波动加剧等风险。从发生风险的领域看，房地产市场、政府隐性债务、大型互联网平台以及国内中小银行等发生风险的可能性较显著。此外，寻找高财务回报的优质投资项目是地方政府面临的挑战。

（三）社会发展：巩固推进乡村振兴，协同融合跨区域发展

近几年，全面推动乡村振兴得到党中央、国务院和各相关部委的充分重视，陆续出台了一系列专项政策，主要从以下四个方面着力推进[①]：一是调整投入政策，包括优化调整财税帮扶政策、金融帮扶政策、建设用地倾斜支持政策；二是构建防返贫监测预警帮扶机制；三是优化调整专项帮扶政策，包括兜底保障政策、健康帮扶政策、重特大疾病医疗保险和救助制度、住房保障政策、教育帮扶政策、饮水安全政策、易地搬迁后续扶持政策、产业可持续发展政策、扶贫项目资产后续管理政策、就业帮扶政策、生态帮扶政策11项政策；四是调整帮扶组织体系，包括调整优化驻村第一书记和工作队政策、调整完善东西部协作政策和确定国家乡村振兴重点帮扶县等。

2021年，国家出台多项财政举措支持乡村振兴，以保障财政支持政策在巩固脱贫攻坚成果向乡村振兴过渡的时期内总体稳定。2021年，农业农村部表示，5年内投入7万亿元资金用于乡村振兴产业。中央财政2021年安排衔接资金1561亿元，较2020年新增100亿元，主要用于健全防止返贫致贫监测和帮扶机制、易地扶贫搬迁后续扶持、补齐必要的农村人居环境整治和小型公益性基础设施建设短板、培育和壮大欠发达地区特色优势产业等。同年，新增地方政府专项债券累计3.43万亿元，占下达额度的98%，约两成投向农林水利、能源、城乡冷链物流等。支持众多乡村振兴项目申报国家补贴，突出锁定了种植、养殖、加工、流通等板块，重点帮扶农业强县、龙头企业、合作社、家庭农场、休闲农业和乡村旅游等。

[①]　林万龙、梁琼莲、纪晓：《巩固拓展脱贫成果开局之年的政策调整与政策评价》，《华中师范大学学报》（人文社会科学版）2022年第1期。

新型城镇化持续推进，以城市群为主体形态、大中小城市和小城镇协调发展的城镇化格局逐步完善。从城市发展来看，东部人口密集地区致力于推动多中心、多层级、多节点的网络型城市群结构发展。2021年，《关于支持浦东新区高水平改革开放打造社会主义现代化建设引领区的意见》《关于支持浙江高质量发展建设共同富裕示范区的意见》《关于支持海南自由贸易港建设放宽市场准入若干特别措施的意见》《横琴粤澳深度合作区建设总体方案》《长三角生态绿色一体化发展示范区重大建设项目三年行动计划（2021—2023年）》等多个重量级文件出台，持续探索推进跨区域协同融合发展，并注重重大改革的地方探索和先行先试。比如，浙江承担起先行探索共同富裕示范区建设的历史任务，横琴承担起率先探索跨体制跨区域合作建设新模式的重要使命，成熟之后可稳步向全国复制推广。中西部地区在推动"强省会"战略发展的同时，有意识地培育多个中心城市，推动跨区域协同发展。2021年，山西、湖南、江西、福建、广西、贵州等多个省份提出"强省会"战略，支持省会城市做大做强。《黄河流域生态保护和高质量发展规划纲要》《成渝地区双城经济圈建设规划纲要》《关于新时代推动中部地区高质量发展的意见》等文件陆续发布，推动中西部跨区域、跨流域协同发展。《"十四五"特殊类型地区振兴发展规划》提出支持徐州、洛阳、襄阳、长治等城市建设省域副中心。同时，为避免城市盲目扩张、实现共同富裕，应从严把握撤县改区、严控中心城市规模盲目扩张。

从城市化发展来看，2021年我国常住人口城镇化率达64.72%，户籍人口城镇化率提高到46.7%，南京都市圈、福州都市圈、成都都市圈、长株潭都市圈等相继得到批复。在我国19个城市群、34个都市圈中，东部人口、经济占比持续扩大，高端要素持续聚集；中部崛起态势鲜明，长江沿线都市圈及城市群加速崛起，科创安徽引领发展；经济上"南升北降"、人口上"北雁南飞"、产业上"北散南聚"，加剧了南北经济分化。

从城镇发展来看，以县城为重要载体的新型城镇化建设得到重视落实。2021年，县城补短板强弱项"1+N+X"政策体系落地，提出了多领域建设任务，如县城垃圾污水收集处理设施、医疗卫生设施、商贸流通设施、防洪排涝设施、产业配套设施、老旧小区、停车场及充电桩等；还提出了符合条件的县城建设项目必须统筹利用中央预算内投资、县城新型城镇化建设专项企业债券、政策性信贷等各类资金。各地因地制宜制定了县城补短板强弱项的方案，在加强地方政府专项债券和地方财政等资金保障的基础上，合理布局产业配套设施提质增效、市政公用设施提档升级、公共服务设施提标扩面、环境基础设施提级扩能等项目，创新项目统筹设计，鼓励吸引社会资金参与，在项目实施和好经验、好做法探索上取得了积极进展。在县城补短板强弱项实施过程中，应协同推进城市和乡村现代化，扎实促进县城公共服务和基础设施向乡村延伸覆盖。①

二　2021年城投行业发展状况

（一）投资积极作为，城投负重前行

2021年，在巩固疫情防控成效和促进经济社会发展的双重要求下，城投公司兼具"市县政府谋划实施建设项目的重要依托和支撑高质量发展的重要载体"及"带动区域经济发展的重要力量"的双重定位，积极作为，融入大局，在落实区域发展战略、民生福祉重要行业和关键领域以及布局重点基础设施和重大战略新兴产业中发挥了重大作用。

2020年以来，疫情起伏反复，地方财政收支受到极大的负面影响，城投公司现金流也受到很大影响，加之地方基建托底经济与地方可支配的财政资源不足的问题，地方城投公司的投资压力随之上升。在这样的情形下，为应对新冠肺炎疫情，地方城投公司仍坚持履行国有企业的责任，发挥投融资功能，在配套建设、防疫融资、应急保供、医疗支援、复工复产、稳定产业链供应链等方面发挥了重要作用，部分城投企业化挑战为机遇，承接大量基础设施配套与公

---

① 安蓓、潘洁：《推进以县城为重要载体的城镇化建设——访国家发展改革委规划司有关负责人》［DB/OL］，http：//www.gov.cn/zhengce/2022-05/07/content_5688998.htm。

共服务领域业务，融合新经济发展需要，布局新基建、数字经济、新能源、节能环保等战略性新兴产业，推进企业自身脱胎换骨。以地产为例，2021年在第二轮集中供地中，城投公司开始涌现，为土地市场频频托底，这既是城投公司发挥政府平台担当、维护区域土地市场稳定的行为，也是城投公司发挥自身优势、谋求市场化转型的探索。城投公司结合自身承接土地整理、城市配套设施建设、安居工程、城市更新等业务，灵活运用联合拿地、土地入股、委托运营等方式，延伸贸易、建材、资运等多种业务，推进企业转型发展。

城投公司积极融入国家重大战略落地和区域"十四五"发展规划，利用多层次资本市场快速发展，充分盘活存量增量资产，发挥融资功能，积极落实资金来源，推动国有资本聚焦区域重大项目、重点产业、重要平台、战略性新兴产业等重要领域和关键环节，围绕产业链、价值链、创新链，推动新老基础设施建设，保障民生服务，支持城市升级更新，优化生态环境，带动优势产业振兴，引领创新产业发展，提升城市品质能级，服务乡村振兴发展。城投公司亦积极开展股权投资、企业并购、混合所有制改革等，面向市场配置资源，在合理防范风险的前提下，架构政府与企业、社会的桥梁。2021年，"两新一重"建设加快推进，5G、数据中心等新型基础设施建设加快布局，水利、铁路、能源等领域建设不断加强，高标准农田建设9亿亩有力推进，教育、医疗、保障性安居工程及生态环保等领域投资保持较快增长，北京大兴机场、港珠澳大桥、京雄城际铁路等重大项目顺利建成，这些重点领域、重大项目的建设成效显著，都离不开城投公司为落实国家战略和区域发展要求而做出的不懈努力。

2021年，地方财政压力有所减轻，城投融资监管趋严。根据相关研究分析，2021年城投公司主动作为、以投资激活发展，但同时企业经营难度和经营风险有所增加。一是相比2020年，城投公司存量货币资金规模增量较少，同期增速下降较多，地市级和区县级城投公司的货币资金充裕度得到较好的改善，但区域分化也比较显著，城投公司货币资金充裕度与地方经济财政实力有较大的正相关性。二是城投公司存货余额呈现正增长，但普遍增幅低于2020年同期，与2021年融资监管趋严、投资增长相对乏力有关。三是 2021 年地方财力对城投的支持力度相对有限，在财务表现上体现为城投公司主业回款较慢，超 80% 的省份城投公司应收账款同比增加。其中，福建、广西、上海、浙江、河南、江西、甘肃等地城投公司应收账款同比增长 15% 以上，但受融资环境收紧等因素影响，往来资金缺口收窄。四是城投公司融资环境边际收紧，有息债务规模有所增加，有息债务增速明显下降。

（二）融资再创新高，分化明显加剧

根据新世纪评级的研究，2021 年城投债总发行规模增长约 5.87 万亿元，城投净融资额增长约 2.37 万亿元，增速较上年同比下滑。私募公司债和中期票据是城投增量融资的主要券种。相较 2020 年，城投私募公司债净融资规模有所下降，其他主要城投债品种净融资规模均有所增长。AAA 级和 AA+ 级城投公司仍为债券市场城投债发行主力，低等级城投公司受审批政策影响发行城投债难度加大，AA 级发行主体人占比较上年得到提升，但 AA 级主体融资规模占比较上年却有小幅下降，融资主体评级门槛上移，融资能力分化进一步加剧。同时，2021 年上调级别的城投公司数量同比锐减，共对 17 家城投债发债主体级别进行上调，对 1 家评级进行展望上调（由负面调整为稳定），对 10 家城投债发债主体级别进行下调，对 30 家城投债发债主体单独进行展望下调，下调对象中接近一半的企业集中在贵州省。

从区域融资表现上看，城投融资分化趋势愈加明显。一是 2021 年城投债发行规模、净融资额同比增加，但区域分化更加明显。江苏城投债发行规模继续领跑，江苏、浙江、山东、四川、湖南、江西、广东 7 省当期发行总量达债券市场城投债发行总量的六成以上，西藏、黑龙江、辽宁、青海、内蒙古和宁夏发行规模不足 100 亿元，有 11 个省区市发行规模较上年不同程度下滑。在净融资方面，江苏、浙江等名列前茅且净融资规模增长较快，有 10 个省区市净融资额为负，19 个省区市净融资额出现不同程度下降，集中在天津、云贵、东北三省、甘肃及宁夏等地。二是 2021 年发行利差显现区域分化。中高等级债券发行利差继续收窄，低等级债券发行利差逐步变大；短期债券利差均值同比上行，中长期债券利差均值同比下浮。东北三省、云贵地区以及天津、青海、宁夏等地城投债发行利差均值处于较高水平。三是城投非标违约较上年有所增加，违约风险呈现区域分化。据中诚信国际统计，2021年共发生31起城投非标违约事件，涉及42家城投公司，违约金额超40亿元。从产品类型看，信托计划违约21起，资产管理计划违约6起，融资租赁违约2起，定向融资计划和私募产品各违约1起。从行政层级看，层级越低违约越多，42家城投公司中有32家为区县级平台，另有9家地市级平台和1家省级平台。从地域分布上看，违约平台主要分布在西部省份，有贵州、河南、湖南、内蒙古、陕西、四川、天津、云南8个省区市，其中贵州省违约城投平台数量最多，达29家，占比近七成；内蒙古次之，涉及3家平台；云南、河南、陕西、四川均涉及2家平台；天津、湖南各涉及1家平台。大部分违约平台所在省份经济财政实力较弱、债务压力较大。四是区县级平台终止发行情况较多。2021年城投债终止审核332支，涉及城投公司266家、计划发行金额4450亿元，全部为公司债，其中公募债占比26.09%。从终止发行情况看，2021年政策收紧影响最大的主要是区县级城投公司，终止发行的266家城投公司中，区县级190家，占比为71.43%。五是2022年偿债压力区域特征明显。从2021年末存续城投债数据来看，2022年城投债到期、回售及提前还本金额合计达4.08万亿元，偿还高峰期相对集中在3月、4月、8月、9月，下半年进入回售期的债券规模较大，且集中为AA级及AA+级主体发行的交易所私募债。从区域来看，青海、云南、天津、甘肃、贵州、吉林、新疆、广西等地债务压力尤其突出。

（三）债务监管趋严，风险管控稳定

2021年以来，地方政府债务监管力度趋严，城投债务管控措施及政策密集发布（见表2），城投公司融资环境有所收紧。2021年1月，沪深证券交易所和中国银行间市场交易商协会根据财政部对地方政府债务风险等级划分要求约束债务风险大的地方城投发债。2021年3月，国资委印发《关于加强地方国有企业债务风险管控工作的指导意见》（国资发财评规〔2021〕18号），要求加强国有企业债务风险管控，有效防范化解企业重大债务风

险。2021年4月，国务院印发《国务院关于进一步深化预算管理制度改革的意见》（国发〔2021〕5号），强调把防范化解地方政府隐性债务风险作为重要的政治纪律和政治规矩，坚决遏制隐性债务增量，妥善处置和化解隐性债务存量；不允许新增隐性债务上新项目、铺新摊子；清理规范地方融资平台公司。2021年7月，《银行保险机构进一步做好地方政府隐性债务风险防范化解工作的指导意见》（银保监发〔2021〕15号）颁布，要求严禁新增地方政府隐性债务，限制流贷发放。

在中央多次强调牢牢守住不发生系统性金融风险底线的大背景下，一系列稳定国企及城投债券的措施推出，平稳地方债务风险。分析2021年化债举措可知，地方政府（或城投公司）更倾向于解决债务问题本身，未出现真正意义上的城投破产重整或清算案例。部分举措如下。一是提出成立地方党政主要领导负责的财政金融风险处置机制并落实，如青海和福建泉州等地。二是由政府、实体企业或金融机构出资成立信保基金，以化解债务风险和增信，如河南、广西、天津、重庆，以及甘肃兰州、山东潍坊等地。三是发行特殊再融资债券，用于置换隐性债务。2021年，各地共发行8170亿元特殊再融资债券。一种用于建制县区隐性债务风险化解试点，以帮助高风险地区化债，主要在贵州省；另一种用于全域无隐性债务试点，如广东、上海、北京陆续发行约3000亿元特殊再融资债券。四是鹤岗市实施首个地级市财政重整。财政重整计划是重新安排政府预算，不是政府的破产计划。在财政重整期内，除必要的基本民生政策支出和政府有效运转支出外，根据债务风险等级情况，本级政府其他财政支出应保持"零增长"或者大力压减。五是设立区域政府偿债资金池，2020年开始已有多地落实推进。六是全年贯穿隐性债务化解核查。2021年3~4月，审计部门和财政部地方金融监管局核查审计2018年8月到2020年的隐性债务化解情况，2021年第四季度核查2021年上半年隐性债务化解情况及前期整改情况。①

---

① 徐志锦：《城投债回顾及展望：2021年十大事件及2022年三个趋势》，《21世纪经济报道》2022年1月。

表 2 2021 年城投融资监管政策汇编（部分）

时间	事件	内容
1 月	沪深证券交易所、中国银行间市场交易商协会（媒体报道）	参照财政部对地方政府债务风险等级划分对区域城投融资分类管理
2 月	银保监会组织召开信托监管工作会议	非标融资:2021 年的信托类融资业务在 2020 年的基础上再降 20%
3 月	国资委印发《关于加强地方国有企业债务风险管控工作的指导意见》	要求加强国有企业债务风险管控,有效防范化解企业重大债务风险
4 月	上海证券交易所发布《上海证券交易所公司债券发行上市审核规则适用指引第 3 号——审核重点关注事项》	债券:对总资产规模小于 100 亿元或主体评级低于 AA（含）的城投公司,以及其他相关财务指标不符合要求的发债主体将限制发债规模或用途
4 月	国资委发布《关于报送地方国有企业债务风险管控情况的通知》	权益类永续债:权益类永续债占净资产比例（境内和境外永续债占净资产的比例）原则上不超过 40%
5 月	江苏省地方金融监督管理局发布《江苏省融资租赁公司监督管理实施细则（试行）》	非标融资:增加了"融资租赁公司不得有违反国家有关规定向地方政府、地方政府融资平台公司提供融资或要求地方政府为租赁项目提供担保、承诺还款等"
7 月	银保监会出台《银行保险机构进一步做好地方政府隐性债务风险防范化解工作的指导意见》（银保监发〔2021〕15 号）	债券:银保机构向地方政府相关客户提供融资前,应查询财政部融资平台、公司债务中长期支出事项监测平台,根据结果分类管理;要求银保机构不得对承担地方政府隐性债务的客户提供流贷性质的融资;严禁虚假化债
		信贷:银保机构对于不涉及地方政府隐性债务的客户,应防范化解地方政府隐性债务风险,防止新增隐性债务,对于承担地方政府隐性债务的客户,不得新提供流动资金贷款或流动资金贷款性质的融资,不得为其参与的专项债券项目提供配套融资。随后的纠偏调整中,对流贷执行标准有所放松,提出流贷续作视必要程度续作
8 月	银保监发〔2021〕15 号文补充通知	债券:标准化债券和合格的资管产品不受该文件的约束

续表

时间	事件	内容
11月	银保监会下发《关于进一步推进信托公司"两项业务"压降有关事项的通知》	非标融资:进一步加大存续通道业务的清理力度,原则上不得展期的,未展期的要争取提前结束
		信托:严格执行年初制定的融资类信托业务压降20%的计划,不得"假投资、实融资",存续通道业务年底前必须做到"应清尽清、能清尽清"。强调统筹"两项业务"的压降和风险处置,确保不因处置风险产生新的风险
11月	交易所拟进一步收紧城投债发行(媒体报道)	债券:收紧城投债发行政策,包括限制县级城投新增债务,用于借期还旧额度打折,控制城投债在交易所市场的占比等措施
12月	山东省地方金融监督管理局《山东省融资租赁公司监督管理暂行办法》	非标融资:增加了"融资租赁公司不得有违反国家有关规定向地方政府、地方政府融资平台公司提供融资或要求地方政府为租赁项目提供担保、承诺还款等"
12月	交易商协会出台新政策	债券:对所有红橙色地区(债务率≥200%)客户只能借新还旧

(四)平台转型已成趋势,因企制宜锚定目标

去杠杆背景下政府融资平台改革转型成为社会各界的强烈共识。一是去杠杆使地方政府融资平台转型发展成为新一轮政府债务管控的重心之一。2021年以来,随着国内财政经济逐渐恢复,中央、省、市"防风险"的政策安排又重新实施。[1] 2021年3月,国务院常务会议指出"政府杠杆率要有所降低",地方政府融资平台作为地方政府去杠杆的核心,信贷、债券、非标融资等再融资渠道受到新一轮监管。2021年7月,银保监会出台《银行保险机构进一步做好地方政府隐性债务风险防范化解工作的指导意见》及其补充通知,重申了严禁涉及隐性债务的地方政府融资平台新增隐债、妥善化解存量隐债、强化风险管理等监管要求,达到融资平台去杠杆、

---

[1] 刘骅、卢亚娟:《地方政府融资平台去杠杆与转型发展——基于江苏省的调研》,《学海》2022年第5期。

促进其转型发展的目的。二是国企改革纵深推进，指引地方融资平台向现代化企业转型。2010年，地方融资平台市场化转型就已被提上日程。2017年，财政部、国家发改委等先后部署推进地方政府融资平台在严控债务管理基础上推进市场化转型的工作。2018年，中央、省、市先后发文督促及出台实施意见，以加快推进融资平台市场化转型工作。一系列地方国有资本管理的现代化，如《中共中央国务院关于深化国有企业改革的指导意见》（中发〔2015〕22号）、《国务院办公厅关于进一步完善国有企业法人治理结构的指导意见》（国办发〔2017〕36号）及《国企改革三年行动方案（2020—2022年）》等构成的政策体系为平台市场化转型指明了发展方向，明确了实施路径。分化发展已成明显趋势，"强者恒强、弱者赶超"的发展路径要求平台公司必须以转型促发展。2022年是"基建大年"，面对各类外部机遇与挑战，转型升级已成为平台公司生存发展的必要途径。2022年初，四川、山东、陕西、甘肃、江西等多个省份发文要求加快推进融资平台优化升级、转型发展。

在中央政府及部委、地方政府发布的现代化转型相关的政策文件指导下，城投公司坚持不懈、勇敢探索，至2021年底，探索积累了一些转型发展经验，丰富了一些转型发展模式，形成了一批优秀的发展标杆。梳理优秀标杆企业的转型路径，转型方向基本可概括为五个：建筑工程类企业、地产和园区类企业、公用事业类企业、商业产业类企业、投资类企业。不同的转型方向以企业具备的禀赋为基础。向建筑工程类企业转型，是基于城投公司在所在区域有较多的建筑施工项目资源，城投公司拥有成熟的建筑施工经验、专业完备的施工资质、一定的区域垄断优势和较强的融资和回款能力，如山东金鲁班集团有限公司。向地产和园区类企业转型，一般基于城投公司具有优质土地资源并具有地产开发经验，能够实现从一级土地整理向二级房地产开发转型，实现一、二级联动，如陆家嘴集团发展商业地产，苏州工业园区国投发展工业园区，苏州吴江城投集团以自营房地产开发和合作房地产开发业务并举、联动发展物业的发展模式，各具特色。

（五）新型城镇化蓬勃发展，城投公司大有可为

《国家新型城镇化规划（2021—2035 年）》《2021 年新型城镇化和城乡融合发展重点任务》《"十四五"新型城镇化实施方案》等政策条例陆续出台，指明了"十四五"期间新型城镇化发展目标、关键举措和重点任务等。其中，《"十四五"新型城镇化实施方案》提出了 40 余项推进新型城镇化的措施，包括深化户籍制度改革、分类推动城市群发展、完善城市住房体系、有序推进城市更新改造、加大内涝治理力度等。新增市民的生产生活需求，农户"三权"市场化退出机制及配套带来的乡村开发需求，大中小城市和小城镇协调发展带来的优化城镇化空间布局和形态的建设投资需要、县城发展的建设投资机遇，住房体系、城市更新和城市水涝治理等城市建设发展的基本配套，都是"十四五"期间城投公司在服务新型城镇化发展上可以尽全力争取的建设、开发、投资相关的业务发展机遇，应充分领会政策要求，主动谋划重大项目，实现服务地方和企业转型的双赢目标。

1. 紧密结合乡村振兴和新型城镇化建设，发挥城投公司发展优势，服务发展农业农村

乡村振兴是财政资金未来投入的重点领域，高标准农田、现代种业提升、农产品仓储保鲜冷链物流、现代农业园区、农村人居环境整治、乡镇污水处理、智慧农业和数字乡村等重大项目得到政策重点支持。城投公司应以产业提升为基础，采取规模集群及一、二、三产业融合开发的思路，开拓业务范围，助力乡村发展。第一，主动谋划承接建设开发项目，在强化乡村建设、提升乡村基础设施和公共服务水平、改善农村人居环境等方面发挥基础职能作用。第二，集中连片规划建设开发高标准农田，融入农业新科技、美丽乡村建设、农事服务、休闲农业等农文旅要素，整合涉农资金，吸引社会资本投入，打造功能完备的农业综合开发现代生态农业示范区。第三，因地制宜参与建设特色农产品交易和冷链大市场、农业机械交易大市场等，支持推广节水养殖、发酵饲料等绿色新技术、新模式，协助推进畜禽养殖废弃物资源化利用、秸秆等农业废弃物综合利用等。

2.新基建市场广阔，城投公司大有可为

在当前形势下，基建投资是拉动经济的有效手段，以5G、人工智能、大数据为代表的高技术新型基础设施有广阔的经济增长空间，将加速产业转型升级，新基建正成为国家政策和各地高质量发展的重要抓手。"十四五"规划提出要系统布局新型基础设施，加快第五代移动通信、工业互联网、大数据中心等建设。2021年12月中央经济工作会议提出，各方面要积极推出有利于经济稳定的政策，政策发力适当靠前，适度超前开展基础设施投资。根据专业机构的研究，城投公司新基建业务至少有三个方面的机会：一是传统基建补短板，如城市群和都市圈的公路、轨道交通、城际铁路、公共医疗、冷链物流等；二是传统基础设施及传统产业的数字化、智能化改造，如智慧交通、智慧教育、智慧医疗、智慧农业、智慧文旅、智慧运维等；三是发力科技端的新基建，如物联网、数据中心、新能源（光伏、生物质能、清洁供热、垃圾发电）等。城投公司应充分结合自身资源优势，以本地城市基础设施的智能化升级为切入点，通过与专业的外部机构合作开展项目，降低投资风险，增强项目可行性。

3.建设一批县城城镇化发展新典范蕴含城投公司发展机遇

"十四五"规划提出"加快县城补短板强弱项，推进公共服务、环境卫生、市政公用、产业配套等设施提级扩能，增强综合承载能力和治理能力"的发展任务。县级城投公司在推进县城城镇化过程中，不仅可以承接县城补短板项目，以市场化方式承接综合医院、养老中心、疾控中心、市政交通、市政管网等建设完善项目，还可以在服务县域产业"走出去"和"引进来"、服务县区产业精准化提质增效、推动县城构建产学研政协同创新体系、完善基础公共服务体系、优化人居环境、参与公共服务领域、建设大数据平台等领域大展拳脚。

4.城市更新为城投公司提供项目储备空间，有助于推动城投公司转型发展

2021年3月，"十四五"规划首次提出"实施城市更新行动"，明确了"加快推进城市更新，改造提升老旧小区、老旧厂区、老旧街区和城中村等存量片区功能，推进老旧楼宇改造，积极扩建新建停车场、充电桩，在改造模式上，防止大拆大建，鼓励推动由开发方式向经营模式转变，以长期运营收入平衡改造投入"的发展思路，并提出"在'十四五'期间，完成2000年底前建成的21.9万个城镇老旧小区改造，基本完成大城市老旧厂区改造，改造一批大型老旧街区，因地制宜改造一批城中村"的发展目标。2021年11月，住建部发布了《关于开展第一批城市更新试点工作的通知》，决定在全国21个城市（区）开展第一批城市更新试点工作。同时，全国绝大多数省市均提出了城市更新发展举措，13个地级市发布了城市更新相关政策。在这样的背景下，多家城投公司设立了城市更新子公司，将城市更新作为重要业务板块，探索创新了一些发展举措，建设发展了一批典范标杆项目。2021年，天津城投与17家大型企业签署《天津城市更新战略合作框架协议》，达成共同组建天津城市更新基金的合作意向，基金初始总规模600亿元，首期认缴规模100亿元，定向用于天津市老旧小区改造提升和城市更新项目。

综上，以人为本的新型城镇化发展，为后疫情时代城投公司中长期发展带来了众多利好。城投公司在紧抓中央和地方政府出台多项相关政策的机遇的同时，也必须克服外部融资环境趋紧、自身抗风险能力相对较弱以及衍生业务推升资金支出压力等方面的挑战。

三 未来城投行业发展趋势

（一）融资环境小有回暖，融资压力继续存在

《关于2021年中央和地方预算执行情况与2022年中央和地方预算草案的报告》提出，2022年地方政府债新增限额4.37万亿元，一般债新增额度略有收缩，拟安排地方政府新增0.72万亿元一般债用于弥补财政赤字，专项债新增额度维持不变，专项债新增限额3.65万亿元，重点用于交通基础设施、能源、农林水利、生态环保、社会事业、城乡冷链等物流基础设施、市政和产业园区基础设施、国家重大战略项目、保障性安居工程9大领域。

全国一般公共预算支出安排 26.71 万亿元，比上年扩大约 2 万亿元，增长 8.1%；中央一般公共预算对地方转移支付安排近 9.8 万亿元，增加约 1.5 万亿元，增长 18%。2022 年，地方债务持续"开明渠堵暗道"，按照切实保障党中央、国务院决策部署落实的要求，加大对地方支持力度，在强调坚决遏制新增地方政府隐性债务的要求下，稳定宏观经济大盘，保持经济在合理区间运行。

2021 年 12 月，中央经济工作会议提出继续实施积极的财政政策和稳健的货币政策，同时明确要求严肃财政纪律，坚决遏制新增地方政府隐性债务。全国财政工作会议在部署 2022 年重点工作时指出，适度超前开展基础设施投资，地方政府要依法适度举债，持续防范化解地方政府债务风险，坚决遏制新增地方政府隐性债务。因此，城投债务风险管控将仍以"坚决遏制地方政府隐性债务增量、妥善化解存量、防范化解金融风险"为核心，规范城投公司的投融资行为，强化风险管理等举措，防范地方政府债务风险，在延续 2021 年分类监管思路的基础上，保障城投公司合理融资，严控红色、橙色区域以及县级平台新增债务。2022 年城投债的融资管控政策再度"加严加紧"的可能性不大，且正值地方政府换届后第一年和党的二十大召开，地方政府保稳定、保刚兑意愿加强，城投债整体违约风险将有所下降。经济形势面临"需求收缩、供给冲击、预期转弱"三重压力，为进一步发挥"顶梁柱""压舱石"作用，国有资本战略性整合重组的发展举措将进一步加剧城投公司间的分化趋势，融资额、净融资额、发行利差等的区域差异和评级差异将呈现内部收敛、外部扩大的特征。考虑到 2022 年到期债务偿付的压力，债务压力重、经济财政压力大的地区的弱资质城投公司再融资需求与压力将进一步增加，因此需要更加关注企业债务风险。

（二）持续发挥平台功能，理性看待城投信仰

城投公司作为具有特定功能的国有企业，在促进区域经济社会发展方面具有重要的历史作用，也是地方政府稳增长、保就业、惠民生的重要力量，其建设服务城市的功能仍将持续发挥。2022 年，全球疫情仍将持续，世界

经济复苏动力不足，加之单边贸易主义抬头、局部政治形势不稳定，稳出口难度加大，这在一定程度上阻碍了国际大循环的顺利实现。国内局部疫情时有发生，经济发展面临"需求收缩、供给冲击、预期转弱"三重压力，投资托底和消费拉动仍是 2022 年经济增长的主要方向。国家发改委提出适度超前布局基础设施，积极有效扩大投资，深入实施区域重大战略。到 2021年，我国仍有 19 个省份的城镇化率处在 65% 以下，部分省份的市县发展水平有待提升，在新型城镇化向"以人为本"的高质量发展之路转变的背景下，城市更新、租购并举等工作仍是当前城镇化建设的重要任务，民生领域还有不少短板。再加上一些地方财政收支矛盾加大，区域经济金融风险需重点管控，仍然需要城投公司发挥强融资、保投资的作用。另外，乡村发展和乡村建设、实现农业农村现代化，更需要有基础、有条件、有义务、有经验的国有企业尤其是城投公司勇挑大梁。

因近年来监管趋严，"城投信仰"的"光环"已有所淡化，但信仰仍旧存在。从 2015 年新《中华人民共和国预算法》实施，到 2018 年 9 月中共中央办公厅、国务院办公厅印发《关于加强国有企业资产负债约束的指导意见》，到 2020 年 10 月《中华人民共和国预算法实施条例》正式实施，再到 2021 年 4 月《国务院关于进一步深化预算管理制度改革的意见》发布，地方政府财政预算管理越来越精细化，举债融资要求越来越规范化，"对失去清偿能力的要依法实施破产重整或清算"在以上文件中至少被提及两次，这意味着地方政府和城投公司之间在项目承接、外源融资、债务偿还等方面的权责越来越清晰。沪深证券交易所和中国银行间市场交易商协会的"红黄绿"分档审批区分对待了债务风险不同的地方城投公司，上海证券交易所和深圳证券交易所重点事项审核区分对待了资产规模和信用评级不同的地方城投公司，可见承认城投公司分化趋势、强化城投公司与地方政府之间的信用隔离、想方设法遏制因城投公司投融资行为导致的地方政府隐性债务增加已经是城投公司的监管主线。当前城投债占信用债的比重越来越大，城投非标融资违约常态化，加大了可能打破刚兑的担忧。考虑到城投公司破产对市场的巨大冲击和对当地融资环境的破坏，尤其是考虑到经济财政压力较大、债务偿付压力较大的地区逆经济调节的需要，以及城投公司债务与地方建设发展的深度绑定，短期内城投公司破产或清算的案例还比较少，更多的是兼并重组。

（三）创新适应发展理念，因地制宜力促改革

城投公司作为地方政府融资创新平台，因国家发展需求而起，自然也会因国家发展需求而变。新时期高质量发展，"打好防范化解重大风险、精准脱贫、污染防治三大攻坚战，大力转变经济发展方式、优化经济结构、转换增长动力，特别是净化市场环境、提高人力资本素质、全面提高国家治理能力"，对城投公司的发展逻辑产生了深刻影响。

一是必须转变城投公司的发展定位，从 2017 年发布的《关于进一步规范地方政府举债融资行为的通知》（财政〔2017〕50 号）、《国家发展改革委办公厅关于在企业债券领域进一步防范风险加强监管和服务实体经济有关工作的通知》（发改办财金〔2017〕1358 号）到 2018 年的《关于进一步增强企业债券服务实体经济能力严格防范地方债务风险的通知》（发改办财金〔2018〕194 号）等多个政策文件确立剥离城投公司政府融资功能，提出"在风险可控情况下允许一部分城投公司破产重整"，逐步推动城投公司在人员、资产、职能、信用、债务、管控等方面逐步与政府划清权责边界，推动城投公司市场化转型，维护区域宏观经济平稳发展，逐步推动从政府纯融资平台向具有特殊目的的一般性国有企业转变。

二是个体信用实力成为城投公司可持续发展的关键驱动力。债券发行监管机构和信贷审批部门对融资的合规性要求提高，城投公司的真实偿债能力和募投项目本身的偿债能力成为影响审核或审批的关键因素。鉴于当前财政支持和土地出让收益对城投偿债的支撑作用减弱，城投公司迫切需要政府支持和划入资产以提高盈利能力、降低债务水平，合理谋划拟投项目，降低运营成本，快速提升真实偿债能力，扩张融资空间。同时，地方政府应构建与维护区域信用环境，优化区域营商环境，提高辖区内城投公司的信用实力，打通发债融资渠道，还需要从债务端加强管控，提前做好资金筹划，以保障

到期债务如约偿还，也保障违约债务高效处置。

三是业务模式和业务类型转变是城投公司转型的必要路径。城投公司在城市基础设施建设以及促进区域经济发展中的性质和作用没有发生变化，转变的核心是政企之间是否签署合法合规的市场化协议，以及是否有清晰的资金平衡方式来改变之前无收益且不能平衡的项目运作模式；业务类型的转变则是产业链的延伸，作为市场化主体参与经营性项目的投资开发，提升自身造血能力，在城市改造、乡村振兴、园区开发、"双碳"达标等符合国家政策导向、带动区域发展的诸多领域里拓展业务。

四是必须"控风险、调关系、促转型"，必须管控好转型过程中的风险。在转型过程中，城投公司需要通过业务拓展从传统、单一的业务逐步转向市场化竞争、专业化运作的其他业务领域，不仅要考虑行业拓展、业务风险及业务与自身体制、机制、能力、资源等的适配度，还要考虑与当地政府的关系变弱、地方政府对其的支持意愿降低等风险，更要把握好可能产生的跨区域、跨行业风险，如地方政府向城投企业传导、房地产行业向城投行业传导、产业类国企向城投类企业传导、城投母子公司之间的相互传导以及城投公司区域内与区域间的相互传导等。

2022年，国企改革三年行动迎来收官，上海、浙江、江苏、山东、黑龙江、广西等多个省区市国资委已公开2022年任务清单，各地国资委出台了一系列积极促进当地国有经济发展的目标举措①。

一是重视投资工作。安徽省国资委要求2022年力争全年完成投资2000亿元以上；浙江省国资委要求2022年力争完成固定资产投资1200亿元，增长15%左右；江西省国资委提出1000亿元年度投资计划，还要求省属国资企业打造万亿元资产规模的省级引领性产业投资平台。黑龙江、江苏、山西等地方国资委详细制定了2022年国有企业的业绩增长目标。

二是将提升当地国有资产的资产证券化率作为攻关目标之一。浙江省国

---

① 王子霖：《国企改革关键年，地方国资"加码"资产证券化》，《上海证券报》2022年2月18日。

资委提出深入实施上市公司高质量发展行动。上海市国资委表示要推动高新科技企业在科创板上市，深化混合所有制改革，健全激励约束机制。江西省国资委计划 2022 年全力推进省属企业战略性重组，推进相关省属、市属企业战略性重组和专业化整合。

三是实施数字化、智能化和绿色化发展已成为国企发展的重要举措。上海市国资委提出要"组建数据、康养等新兴产业、民生保障领域的企业集团，发展新能源汽车、新材料等新兴产业，紧抓碳达峰、碳中和风口，筹建上海国有资本投资母基金"。河北省国资委提出要"大力实施科技创新，开展数字赋能专项行动，加大国有资本对战略性新兴产业的投入，有序推动碳达峰、碳中和"。广西壮族自治区国资委加快推动国有工业企业向高端化、智能化、绿色化转型升级，扎实推动乡村振兴展现新作为，打好重点产业关键核心技术攻坚战。山东省国资委计划全面提升国资国企发展质效。陕西省国资委推动陕西西安区域性国资国企综合改革试验取得明显成效，努力在央企入陕、战略重组、混改经营、治理监管等方面取得新成果。

综上，2022 年，多地以决战决胜国企改革三年行动为契机、为抓手，加快推进地方国资国企高质量发展。

2022 年以后城投公司的改革发展需要解决四个问题：第一，能否妥善化解存量隐性债务；第二，能否与地方政府建立新型市场契约关系；第三，能否成长为被市场认可的自负盈亏、独立承担责任的法人主体；第四，能否成长为市场约束下的现代化企业。我国城投行业产生、兴起与央地财政关系和政府投融资体制具有天然的联系，与当下地方区域去杠杆、再融资也紧密相关，这决定了城投公司市场化转型必然是持续系统推进的战略，应遵循分步分类原则，不可能一蹴而就。一方面，要持续改善宏观环境，理顺央地财权事权的关系、完善政府投融资体制机制、健全国有企业现代化治理结构；另一方面，要不断优化微观机理，坚决守住不发生系统性风险的底线，促使融资平台回归市场信用（企业信用），以市场法人的身份与政府建立市场契约关系，实现市场禀赋与资源禀赋全面提升等。

（四）高位推动整合重组，内外协同形神合一

在"控隐债、防风险、调结构"的背景下，地方政府和城投公司之间的关系将呈现多重复杂的特征，城投公司对地方政府的依赖关系将发生改变，地方政府对不同类型的城投公司的支持意愿和程度也将出现分化，基于对城投行业发展趋势的分析研判，城投公司要转型、要发展，应充分抓住"十四五"经济逆周期调节的关键机遇期，在剥离政府融资职能和发展趋向更市场化、多元化的转型过程中，推动实现内外资产资源整合重组，打造企业运营的健康机制，在地方政府高位推动下，实现城投公司从"形式整合"到"形神兼容"的战略性整合重组。

各级政府也将整合重组作为城投公司转型发展的重要手段，并在地方政策中着重体现。梳理2018年以来部分省份的政策实践可以看出，在动机上，城投公司整合与国资国企改革及企业市场化转型挂钩更紧密；在资产类型上，逐步剥离企业公益性资产，加强补充（准）经营性资产，逐步形成更多元、更具有经营性的收入结构；在整合对象上，侧重考量资产的价值，杜绝注入无效资产；在整合理念上，重视合法合规，重视资产资源的整体协同，以整合重组为开端，以战略规划为引领，以管理提升为保障，推进城投公司实现内外资源、机制、关系等系统整合重组，实现城投公司"整与合，合而为一"。根据以往政策研究和实践经验，按照整合的动机与效用，将资产整合模式分为跨（淡）层级、跨（淡）区域、跨（淡）属性整合重组模式，产业链整合重组模式，资产盈利属性分类整合重组模式，产融结合整合重组模式（见表3）。

城投公司整合重组从最初以融资为目的而引入"资源整合—融资—投资建设—资产运营"运营闭环，到"十三五"中后期至今以改革转型为目的而引入"整合重组—市场化融资—产业培育—资本增值—监管优化"管运闭环，"整合重组、形神合一"已然成为城投公司发展的核心驱动力。

表3　2018年以来部分省份关于城投公司整合重组的政策实践和模式

序号	政策实践	内容	影响
跨(淡)层级、跨(淡)区域、跨(淡)属性整合重组模式			
1	陕西省发改委、陕西省财政厅发布《关于加快市县融资平台公司整合升级推动市场化投融资的意见》(陕发改投〔2020〕1441号)	积极推行"以市带县"模式,由市级平台通过参股、业务整合等方式带动县级平台公司;鼓励将县级平台并入市级平台,向县级平台多渠道增信,探索通过市级统贷、县级用款模式扩大融资规模	汉中市以经开建设集团为主体,划入了4个县的6家平台公司及汉中市汽车运输总公司股权,在此基础上成立汉中市园区投资集团,并于2020年底成为汉中市第三个拥有AA信用评级的市级平台
2	《上海市开展区域性国资国企综合改革试验的实施方案》(沪府规〔2019〕33号)	淡化资本的区域属性、层级属性和所有制属性等特征,推进横向联合、纵向整合、专业化重组	构建"1+3+N"国有资本监管架构,打造上海国际、上海国盛、上海国投三个国有资本投资运营公司,完善"金融+运营+投资"国有资本管理体系,促进经营性国资融合发展
3	2018年12月连云港市政府召开全市国企改革与管理工作推进会	国资系统要坚持"进退并转"相结合,推动企业聚焦主业,优化调整国有资本投向,向主业集中,向主业中具备比较优势、盈利能力强的领域和关键行业集中	江苏瀛洲发展集团的股权于2019年6月划给江苏海州发展集团。至此,江苏瀛洲发展集团的控股股东层级从海州区政府上升为连云港市政府出资的江苏海州发展集团
产业链整合重组模式			
4	2021年4月河南省国资国企工作会议	推动省管企业从战略性重组到产业链整合,打造具有影响力、竞争力的区域龙头企业	组建省级建工集团;整合相关资源支持河南文旅投资集团发展;组建河南国际陆港集团,推动整合高速公路资产业务,启动郑州机场与民用机场重组前期工作
5	《昆明市深化国有企业改革三年行动实施方案(2019—2021年)》	通过对国有企业实施整合重组、改制退出、创新发展等举措,打造不超过8个企业集团	分类整合不同业务,形成城镇建设、综合交通、生态环保、产业发展、金融控股、大健康产业六大企业集团

续表

序号	政策实践	内容	影响
		资产盈利属性分类整合重组模式	
6	《中共湖南省委湖南省人民政府关于严控政府性债务增长切实防范债务风险的若干意见》（湘发〔2018〕5号）	根据有无实质性经营活动和市场竞争能力对平台公司采取注销一批、整合一批、转型一批的方式进行处置。市级平台数控制在3个以内，县级不得超过2个，乡镇不设	将承担城市基础设施建设及公益性项目建设职能的市场化运作的国有企业划分为平台类企业，处理存量政府性债务，采用市场化方式承接政府委托的公益性项目建设，推动平台企业转型为基础设施、土地开发、公用事业等领域市场化运作的国有企业；新设主体长沙城发集团，将城投集团和先导控股划入，再对城投集团、先导控股两家公司的子公司进行再次整合，完成"二级重组"
	《长沙市平台公司转型和国有资本优化布局行动方案》（长办发〔2018〕22号）	支持国有企业向加强城市建设和保障改善民生等领域发力，对城投集团、交通集团、轨道集团3家平台类企业，先导控股、产投集团、国投集团、湘江集团4家投资类企业，环路公司、长房集团、水业集团、燃气实业、湖南粮食集团、建发集团、国资集团7家经营类企业实施调整重构	
7	《江门市属国有资本布局优化改革实施方案》（江府〔2020〕41号）	市属国有企业的"3+1"管理架构，即原则上管理层级不超过3级（平台公司、产业集团、运营公司），3级公司下可以最多增设1级项目公司。将公益类企业与商业类企业分立，将市属相关资产整合至公益类平台、功能型商业类平台和竞争型商业类平台三个平台。结合三个平台公司的定位，将国有资本重点布局在十大产业领域	滨江建设公司主要承担竞争型商业类平台工作，管理下属交通文旅、工业产业、农业和房地产业务板块，其中分类整合了企业资产公司及金羚集团的工业厂房、三旧土地等资产，以及物业管理等业务。交建集团主要承担功能型商业类平台工作，管理下属基建投资、建设施工、能源环保、投资业务板块。以公用控股公司改组设立公益类平台公司，纳入市管企业管理，整合资产托管和公共服务业务板块
		产融结合整合重组模式	
8	《河北省国有资本投资、运营公司改革试点实施方案》（冀政字〔2019〕18号）	增强金融资本服务实体经济的能力，以提升资本运营及资金集约化水平为主攻方向，积极打造供应链金融服务平台、资本运作平台、基金投资平台，实现产业资本和金融资本耦合发展	实力较强的城投公司可以通过整合重组金融公司等方式往综合金融控股集团转型发展，如2018年广州城投与广州基金启动合并重组工作，广州基金的金融投资属性和广州城投的产业实业属性产生强大的产融结合、产业协同竞争力，广州城投的投融资能力和金融板块实力进一步增强

续表

序号	政策实践	内容	影响
9	《浙江省国资国企改革发展"十四五"规划》（浙政办发〔2021〕33号）	支持规模大、能力强的地方投融资平台公司整合金融牌照，逐步向综合性金融控股集团发展，鼓励有条件的市县投融资平台加快上市	—

（五）兼顾创新发展防控风险，平台公司两极分化持续加剧

分析 2021 年以来国家债务监管和融资监管政策，未来区域债务风险管控效果和城投公司再融资能力直接决定了区域再融资环境。

2020 年地方政府债务率已达 93.6%，到 2021 年末地方债额度又大幅增长，地方政府债务率可能已落入 100%~120% 的警戒区间，部分直辖市的债务率已突破 105%。因此，"十四五"期间，严格控制新增政府债务，坚决遏制新增地方政府隐性债务，稳妥化解地方政府隐性债务风险，确保地方财政可持续运行是系统的持续性工作。另外，2021 年 10 月以来，多省份陆续提出了隐债清零计划，包含经济基本面良好、债务负担相对低的地区，如广东、上海、北京等，财政部选取了陕西省榆林市定边县、陕西省咸阳市兴平市、陕西省汉中市开展隐性债务清零试点工作。从前期试点工作来看，隐债清零主要针对上报至财政系统的隐性债务，从部分地方违规案例可以看出，上报量与实质意义上的隐性债务存在差距。相较于上海、广东这类债务率相对偏低、自身经济和财政实力较强、清零工作推进难度相对较小的城市，其他地方的隐债清零还需要深入探索研究新做法、新机制。比如土地财政依赖度高的区域。2018 年以来，财政部、审计署以及各地金融监管局聚焦新增隐性债务、隐性债务化解不实以及多报、漏报隐性债务等地方政府违法违规举债问题进行核查审计，2021 年多个省份召开相关会议表态"要深挖地方债务风险中潜藏的腐败问题"，以上种种举措都推动了城投行业在中长期内需持续稳妥建立健全兼顾风险（尤其是债务风险）管控和创新发展的长期

有效发展机制。

城投公司本身具备可持续的融资能力也成为影响城投公司生存发展的关键因素。2021~2022年初，企业信用评级调整上调趋于谨慎、下调更为频繁，加剧了城投公司提升融资能力的迫切性，倒逼区域国有存量资产整合盘活及城投公司转型升级，从债务到投融资，从投融资到经营提升，大力推动城投公司资产债务重组，推进资产动态配置，提高资产经营效率，加快资产资本化、资本证券化进程。2021年，全国多地启动了地方融资平台清理、规范、转型升级相关工作，通过大幅清理"空壳企业""僵尸企业"、资产盘活整合注入、提升平台运营能力、做大做强核心企业、优化监管体制机制等方式，全国平台企业数量大幅减少，核心平台企业营收进一步集中，强者恒强、弱者恒弱的两极分化趋势更加显著。尾部企业应极力自救，这些尾部企业分为四类：第一类是区域经济财政实力偏弱的区县级城投公司；第二类是传统城投业务区域专营性较差、企业定位不清、城投属性边缘化的城投公司；第三类是所属区域整体保持融资新增但自身却呈现融资倒挂的城投公司；第四类是已经出现信托、租赁、券商资管计划等非标融资违约和私募债违约且违约处置不力的城投公司。另外，需重点关注解决区县级城投公司的再融资问题。未来区域平台之间的整合重组、平台隐性债务的偿还、区县级平台的产业培养等，均需要更系统有效的战略手段和运营耐力，这样才能持续对抗融资和转型的风险。

宏观环境篇
Macro-Environment

B.2
2021年宏观经济环境分析

周　妍*

摘　要： 2021年是全球经济遭受疫情冲击后快速复苏的一年，主要经济体国内生产总值均大幅度上升，失业率逐步回落，世界贸易恢复，经济快速增长。但由于各国疫情常态化防控能力、供应链韧性和抗风险能力存在差异，经济复苏水平逐渐分化，全球结构性滞胀风险加剧，与此同时，高杠杆的宏观调控，使得全球债务创历史新高，金融市场的脆弱性加剧。单边主义和保护主义加剧地缘政治风险，全球产业链和供应链的不稳定性上升，"逆全球化"思潮升温，区域化发展成为新趋势。2021年中国疫情防控到位，经济强势复苏，GDP增长速度居全球主要经济体前列，同时也面临着人口老龄化严重、区域发展不平衡、滞胀风险等发展压力。2022年，各国政府和央行收紧融资环境，放缓财政支持，防止债务风险加剧金融市场的脆弱性，以避免引发严重的金

---

* 周妍，江苏现代资产投资管理顾问有限公司咨询师，研究方向为战略规划、组织管控等。

融危机。

关键词： 经济复苏　滞胀风险　全球债务　地缘风险　逆全球化

一　国际经济环境

（一）全球经济复苏不平衡，滞胀风险显现

2021 年全球经济在因新冠肺炎疫情经历大幅度衰退后快速复苏。第一、第二季度新冠疫苗正式上市，大规模接种使疫情得到有效控制，市场乐观情绪升温，大宗商品价格上涨，全球经济景气指数逐渐恢复。与此同时，主要发达经济体持续实施宽松货币政策和积极财政政策，刺激居民消费，扩大企业投资规模，但也加剧了通货膨胀，新兴经济体资本流出，全球经济恢复形势出现分化，金融与债务风险渐增。2021 年第三、第四季度德尔塔、奥密克戎毒株引发新一轮疫情，叠加俄罗斯与乌克兰的地缘政治冲突，导致石油等能源价格上涨，全球经济复苏再现放缓迹象，各国经济前景依旧分化严重。

2021 年世界第一大经济体美国的 GDP 为 23.04 万亿美元，复苏程度显著，四个季度同比增幅分别为 0.5%、12.2%、4.9% 和 5.2%，全年同比上升 5.7%，经济增速创 1984 年以来的最高值。欧洲地区经济复苏总体呈先快后缓的趋势，根据欧盟统计局发布的 2021 年 GDP 初步统计数据，按美元计算的欧盟 GDP 约为 17.09 万亿美元，同比增长 5.2%，具体来看，欧盟前三大经济体德国、法国和意大利 2021 年的 GDP 分别同比增长 2.7%、7% 和 6.6%。英国 2021 年 GDP 为 3.19 万亿美元，同比增长 7.5%。日本 2021 年 GDP 为 4.94 万亿美元，同比增长 1.7%，东京奥运会之后日本经济呈现反弹态势，多项指标达到阶段甚至疫情暴发以来的最高值，日本经济在经历两年的萎缩后终于开始缓慢扩张。新兴市场经济体中，金砖国家分布各大洲，发展条件差异较大，产业结构各异，疫情防控水平参差不齐，经济复苏程度

大相径庭。中国 2021 年 GDP 为 17.7 万亿美元，同比增长 8.1%。俄罗斯 2021 年 GDP 为 1.78 万亿美元，同比增长 4.7%。巴西、印度疫情控制缓慢，经济增长面临巨大挑战，印度由于基期效应，2021 年 GDP 增速达 8.1%，但面对疫情反复、债务危机以及金融市场震荡的风险，实际情况不容乐观（见图 1）。

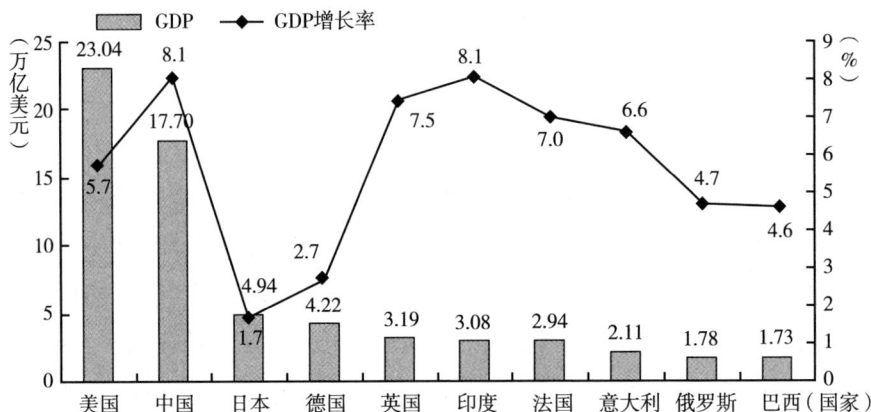

图 1　2021 年世界各大经济体 GDP 和 GDP 增长率

资料来源：IMF 发布的《全球经济展望报告》。

虽然全球经济实现了疫情初步缓解后的强势复苏，但疫情反复给全球经济带来的压力仍不容小觑。从经济增长水平来看，全球经济仍未恢复正常，大多数经济体尚未恢复到疫情前水平。新冠病毒持续变异扩散，增加了疫情的不确定性，给全球贸易体系造成非常大的影响，新供给冲击逐渐显现，改变了全球经济复苏利益分配结构，这将会导致不理性的利益博弈或演变为地缘政治冲突，加剧结构性滞胀风险。

各主要经济体由于发展水平不同，在疫情防控能力、供应链韧性和抗风险能力上存在差异。防疫成效较好的发达经济体经济复苏强势，大宗商品需求增多，而防疫状况频出的新兴市场经济体，在能源、物流、劳动力市场等领域的供应链韧性和抗风险能力薄弱，在大宗商品的供给方面显得心有余而力不足，这种强烈对比扩大了供需失衡，加速了大宗商品价格上涨。新兴市场经济体基本面更脆弱，对于大宗商品价格变动更敏感，所以承担了更大的滞胀压力。2021年，全球CPI同比增速为4.3%，较2020年提高1.2个百分点，为2012年以来最高。2021年9月IMF能源价格指数和产品价格指数较2021年1月分别上涨79.9%和37.5%，以生产者价格飙升为主要特征的结构性通胀成为全球经济不平衡复苏的一个主要特征。

疫情加速了阵营、区域和国别的结构性分化。发达经济体掌握先进的数字化信息技术和以基因工程为代表的先进生物技术，这些技术领先的国家和地区在疫情危机与经济危机中的抗压能力和宏观调控能力较强，经济复苏也较为强势，很容易就拉开了与落后经济体的差距。尤其要注意的是，由于美国等国家采取宽松货币政策，大量资金流入虚拟经济领域，造成实体经济复苏程度弱于虚拟经济的不平衡现象，加重全球经济通胀的延续性与破坏性，给新兴市场经济体复苏带来更大的压力。

（二）复工复产逐步开展，全球失业率回落

随着疫情缓解，全球经济快速复苏，复工复产逐步展开，各国失业率缓步下行。2021年10月美国失业率下降至4.6%，是自2020年4月以来最低失业率，劳动力参与率为61.9%，为2020年4月以来最高劳动力参与率，首次申请失业救济人数也逐渐降低至疫情前水平，就业环境较疫情初期逐渐乐观，但仍未恢复到疫情前水平（见图2）。

美国以外的主要发达经济体失业率也不同程度缓和，2021年以来欧洲地区失业率逐步降低且趋于稳定，但同样未恢复到疫情前水平。日本仍然是发达经济体中失业率最低的国家，人口老龄化带来的用工荒使得日本失业率受疫情波动最小，整体呈小幅度上升后逐渐回落的趋势（见图3）。

新兴市场经济体国家因所处区域位置、发展条件和防疫水平的不同，失业率呈现不同的变化趋势。2021年，中国、俄罗斯和巴西失业率稳步回落，但地处南美洲的巴西受通胀影响较大，失业率一直处在高位。印度则因医疗卫生和公共健康水平落后，失业率波动起伏较大（见图4）。

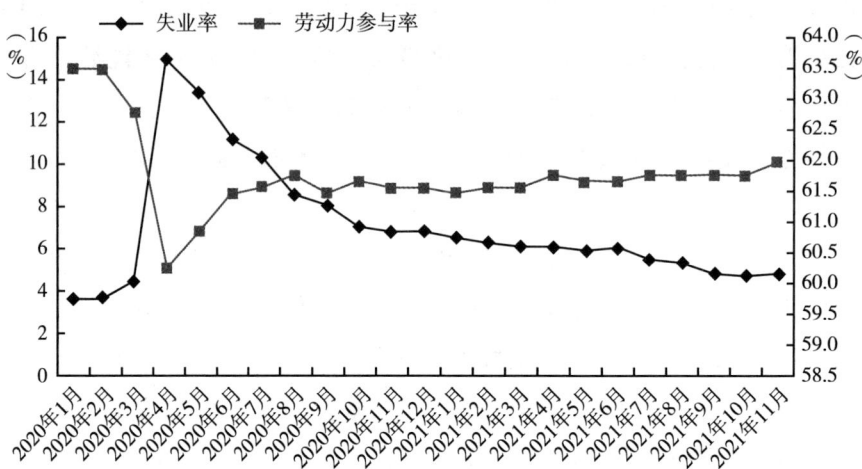

图 2　美国失业率、劳动力参与率受疫情影响变化

资料来源：万维百科。

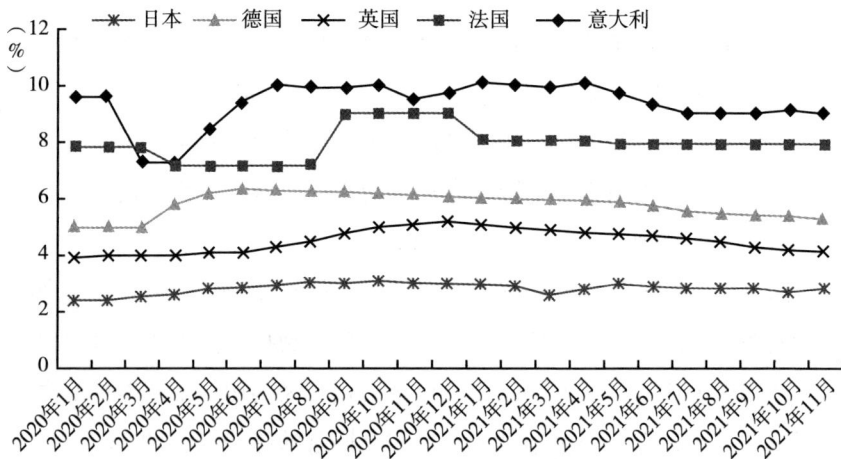

图 3　主要发达经济体失业率变化

资料来源：万维百科。

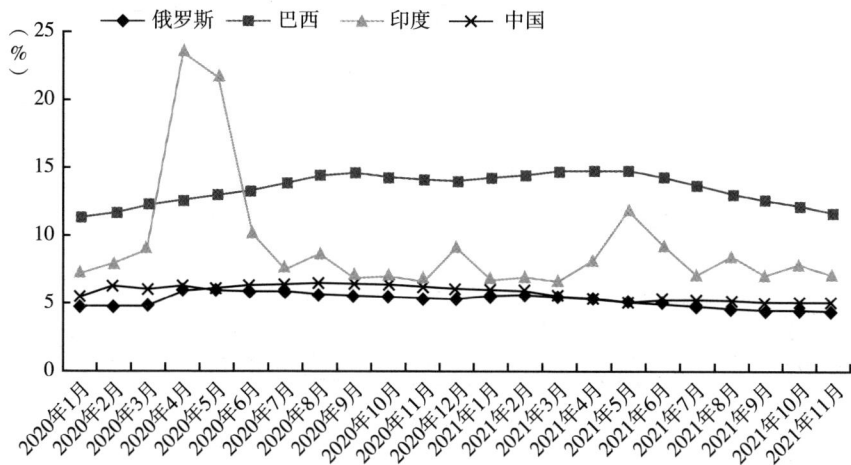

图4 新兴市场经济体失业率变化

资料来源：万维百科。

（三）财政持续支出，全球债务创历史新高

疫情反复给世界各国公共财政带来不小的压力，宽松的货币政策和积极的财政政策为抵御疫情、保护非金融企业部门和家庭部门发挥了重要对冲作用。但疫情前期各国经济遭受严重创伤，财政收入明显下降，持续的财政支出导致公共债务和财政赤字明显上升，甚至超过2008年国际金融危机时的水平。

根据国际金融协会（IIF）公布的数据，2021年全球债务总额首次突破300万亿美元，达到303万亿美元，创历史新高，公共债务占全球债务总额的近40%，是自20世纪60年代中期以来的最高值，主要原因是全球金融危机和新冠肺炎疫情的影响。2021年，由于全球经济复苏，通胀水平上升，债务占全球GDP的比例有所改善，较上年下降5个百分点。其中，超过四成新增债务来自新兴市场经济体，新兴市场经济体总体债务已超过95万亿美元，较上年增加8.5万亿美元，新兴市场经济体总体债务占GDP的比重约为248%，较疫情前增加20%以上。发达经济体中，美国财政部发布的数据显示，2021年底美国联邦政府的债务规模已突破30万亿美元大关，作为全球最大债务国，2017～2022 年美国债务增长了约 10 万亿美元，其中自 2020 年疫情暴发以来到 2022 年 2 月的两年间增长近 7 万亿美元，可见疫情期间美国持续以高负债来对冲疫情导致的经济冲击。欧盟及其成员国同样采用财政手段托底，导致财政赤字及债务水平攀升，公共债务占 GDP 的比重也达到了 94%的峰值。

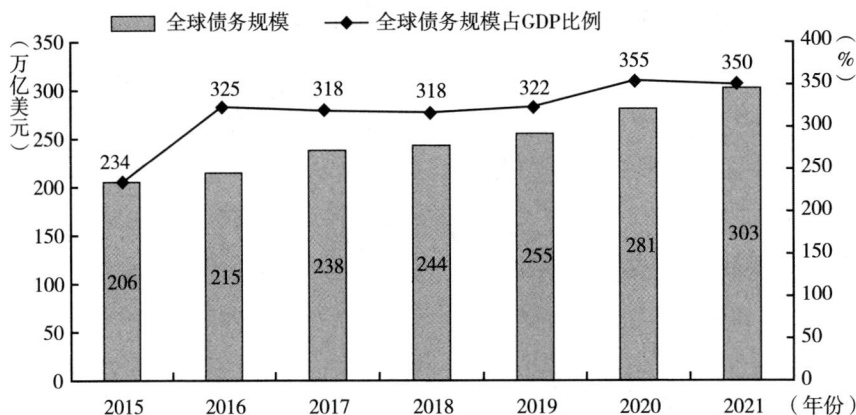

图 5　2015～2021 年全球债务规模以及占全球 GDP 比例

资料来源：国际金融协会（IIF）发布的《全球债务监测》。

出于对民众生活、就业的保障，以及为了避免企业大量破产，债务大幅增加是合理的，但债务的增加也放大了金融市场的脆弱性，公共部门和私人部门被迫同时去杠杆，风险就会放大。面对通胀持续高涨，各国央行纷纷加息，放缓政府支持，融资环境大幅收紧，给高负债的政府、企业和家庭带来压力。滞胀风险加重和债务水平攀升使得全球经济环境充满脆弱性和不确定性，当局需要做出正确的权衡取舍，制定的决策既要灵活可控、适应多变的环境，又要切实可用、有效降低债务风险带来的脆弱性。

（四）地缘政治动荡，逆全球化暗流涌动

为应对高负债带来的风险，各国财政支出开始收缩，全球金融环境开始收紧，全球经济复苏趋势逐渐放缓。由于各主要经济体产业结构以及宏观政

策调控和实施力度的差异，其所承受的新供给冲击压力也有差异。不理性的利益博弈逐渐演变为地缘政治冲突，产业链、供应链等受到威胁，大宗商品价格持续上升。在此背景之下，全球能源市场将加速转型与重构，全球经济贸易将进一步区域化发展，部分国家内部矛盾激化，民族主义和保护主义情绪上升，逆全球化暗流涌动，对于全球经济复苏提出挑战。

俄罗斯是能源超级大国，同时也是重要的粮食出口国，在大宗商品领域的地位非常重要。俄乌地缘政治冲突导致西方国家对俄罗斯进行制裁，包括能源产品、先进的能源生产设备和技术、港口和航运等，加剧了大宗商品价格上涨，同时也促使全球产业链、供应链的调整与重新布局。利益相关的经济体强调产业链、供应链的全面完整、可控和韧性，推进供应区域集中化，更加注重贸易多元化发展以降低风险。随着全球疫情的发展变化和地缘政治走向，区域化发展的趋势会越来越明显。

（五）环境复杂多变，贸易体系更具韧性

新冠肺炎疫情对全球供应链和全球贸易关系造成了前所未有的冲击，但世界贸易体系远比人们预期的更具韧性。在疫情初期，国际贸易流动受到了严重的干扰，但供应链及时调整，迅速适应大环境变化，货物、服务仍持续跨境流动。在疫情的冲击之下，多数国家的国内生产链、供应链中断，国际商品贸易受影响较小，但服务贸易受制于国际出行限制。发达经济体过于宽松的货币供给推升了全球大宗商品价格，2021年全球贸易保持高增长。根据联合国发布的全球贸易报告，2021年全球贸易总额达28.5万亿美元，为历史最高纪录，较2020年增长25%，较2019年增长13%，可见2021年全球贸易增长保持强劲势头。从全球贸易结构来看，2021年商品消费需求强于服务消费需求，2021年全球货物贸易实现创新高的22万亿美元，较2019年增长18%左右，而服务贸易约6万亿美元，略低于2019年同期水平。从季度变化来看，前三个季度货物贸易都在增长，相较之下，服务贸易的复苏略微滞后，仍低于疫情前水平，第四季度货物贸易的增长放缓，服务贸易增长迅猛，逐渐恢复到疫情前水平。

从全球主要经济体贸易情况来看，据 2021 年前三季度主要经济体进出口累计额统计，美国、欧盟、中国、日本的出口累计额同比增速分别是 23.3%、24.5%、33%、22.6%，进口累计额同比增速分别是 22.3%、26.7%、32.7%、18.9%。从复合增速来看，中国的进出口增速在全球主要经济体中遥遥领先，中国进口、出口的两年复合增速分别为 13.5%、14.6%，明显高于美国、欧盟、日本的进出口增速。从贸易差额来看，2021 年前三季度中国贸易顺差较 2020 年和 2019 年扩大，但欧盟贸易顺差较前两年收窄。全球主要经济体前三季度贸易顺差数据显示，中国贸易顺差从 3166 亿美元扩大至 4261 亿美元，欧盟贸易顺差从 2167 亿美元收窄至 1876 亿美元，美国贸易顺差从 4799 亿美元扩大至 6381 亿美元，日本则是由贸易逆差转为 12.95 亿美元的小幅贸易顺差。

贸易摩擦加剧、地缘政治博弈复杂多变和逆全球化暗流涌动，在这样的背景下，2021 年全球经济贸易运行面临很大的不确定性，全球经济贸易环境更加复杂多变。美国着力打造的美加墨新贸易协定、欧盟推进的泛欧洲经济区和亚太国家的"区域全面经济伙伴关系"渐成三足鼎立之势。

二 国内经济环境

（一）经济复苏先强后缓，增速呈倒"V"形

2021 年是我国"十四五"规划的开局之年，面对复杂严峻的国际形势和疫情反复等多重考验，以习近平同志为核心的党中央坚持稳中求进的工作总基调，科学统筹疫情防控和经济社会发展，扎实做好"六稳"工作，全面落实"六保"任务，加强宏观政策跨周期调节，加大经济支持力度，国民经济持续复苏，改革开放纵深推进，科技力量不断增强，产业链韧性逐渐提升，民生保障持续高效。国家统计局的数据显示，2021 年我国国内生产总值（GDP）约为 114.37 万亿元，同比增长 8.10%，2020 年、2021 年两年平均增长 5.2%，增长速度居全球主要经济体前列（见图 6）。

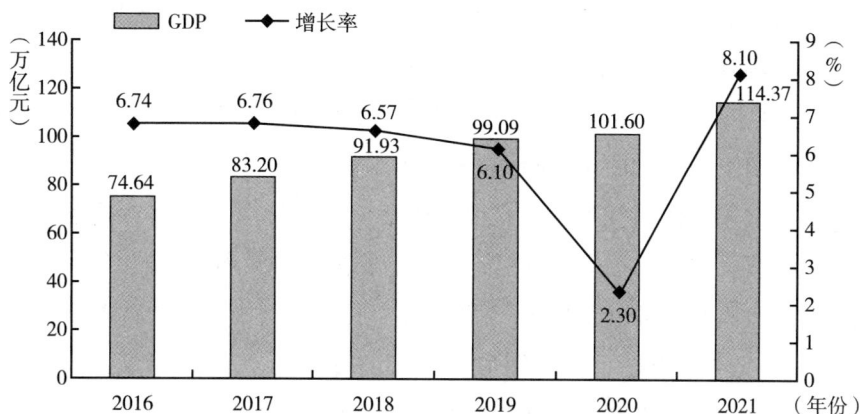

图6　2016~2021年我国GDP总量及增长率

资料来源：根据国家统计局数据整理。

2021年因疫情管控得当，经济复苏势头强劲，由于2020年的基期效应，2021年GDP同比增速逐季回落。从各季度具体数据来看，2021年第一至第四季度GDP同比增长18.3%、7.9%、4.9%、4.0%，呈现倒"V"形复苏态势（见图7），环比增长0.3%、1.3%、0.7%、1.6%，增速尚未恢复到疫情前水平，经济复苏仍存在不平衡、不充分以及内驱动力相对不足的问题。

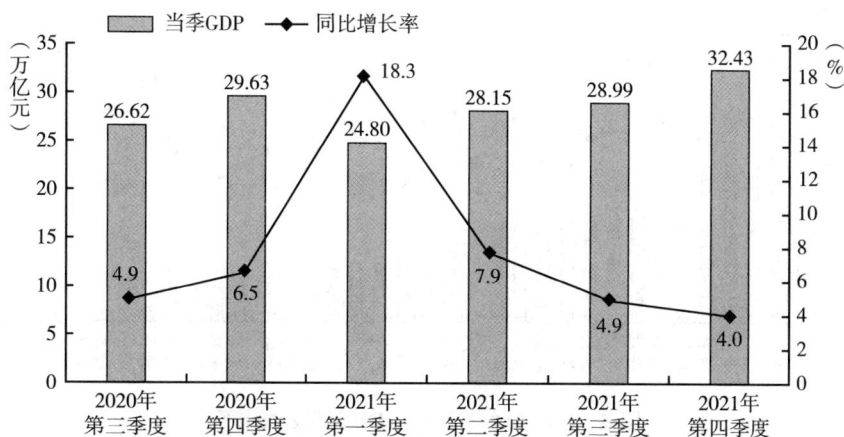

图7　2020年两季度至2021年四季度我国各季度GDP增长率

资料来源：根据国家统计局数据整理。

从经济总量来看，2021年我国31个省区市（除港澳台地区）的GDP均实现正增长。其中，广东以12.4万亿元的水平位居全国第一，是全国首个GDP破12万亿元的省份；排名第二的是江苏，在2020年晋级10万亿元，2021年以8.6%的增速继续发展；山东紧随其后，以8.3万亿元排名第三，超排名第四的浙江近1万亿元。除此之外，河南、四川、湖北的GDP都在5万亿元以上，福建、湖南、上海、安徽、河北和北京的GDP超4万亿元。其他省份的GDP均低于3万亿元。甘肃、海南、宁夏、青海以及西藏GDP均低于1万亿元，排在所有省区市中靠后。

从经济增长率来看，2021年我国GDP增长最快的省份是湖北。湖北从疫情中复苏，经济逐渐回归常态，GDP增长率高达12.9%。排在第二位的是海南，2021年是海南自由贸易港建设的关键一年，自贸港建设红利在经济发展增速上初步释放，海南GDP增长率达11.2%。山西受能源等大宗商品价格上涨影响，GDP增长率超9%，排名第三。辽宁和青海增速则稍显弱势，分别为5.8%和5.7%。分区域来看，经济发展较好的省份多在南方地区，西部地区正在崛起，东北三省的发展则令人担忧，GDP总量与增长率均跌出16名以外（见图8）。

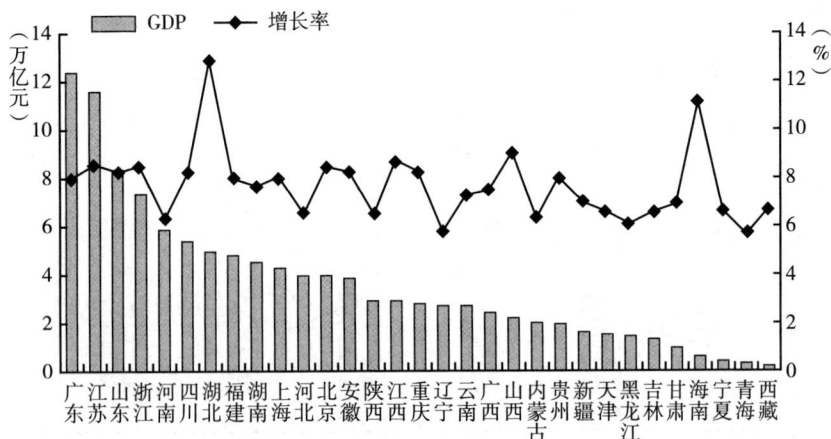

图8　2021年各省区市GDP总量及增长率

资料来源：根据国家统计局数据整理。

（二）三大产业恢复性增长，产业结构不断优化

从产业增长情况来看，2021年全国三大产业增加值分别为8.31万亿元、45.09万亿元、60.97万亿元，同比增长7.1%、8.2%、8.2%。2021年，三大产业均实现高水平增长，占GDP的比重分别为7.3%、39.4%和53.3%（见图9），第二、第三产业仍是拉动国民经济增长的主要引擎，整体来说，第一、第二产业增长迅速，第三产业增长放缓。

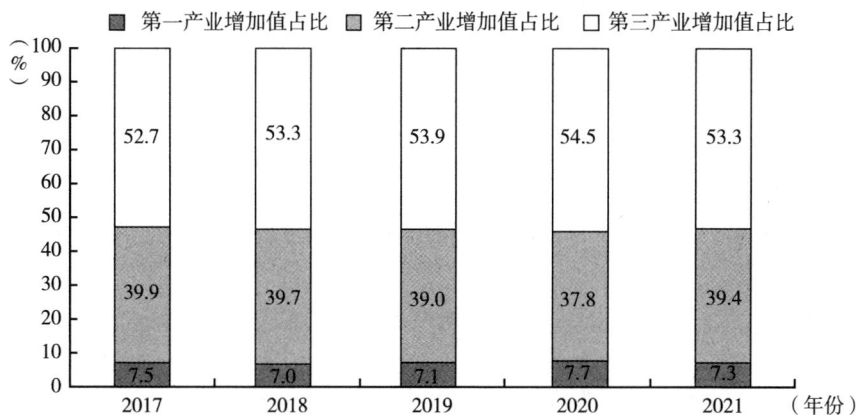

图9 2017～2021年三大产业增加值占比情况

资料来源：根据国家统计局数据整理。

具体来看，第一产业中的农林牧渔业同比增长7.1%，拉动经济增长0.6个百分点；其中，畜牧业同比增长3.8%，增长较为稳定，贡献率达53.5%。第二产业中的细分行业发展各异，规模以上工业生产持续恢复，增加值占GDP比重最高，同比上升9.6%，拉动经济增长3个百分点，其中制造业增加值占GDP比重为27.4%，同比增长9.8%。新兴行业较传统行业更具活力，劳动密集型行业增速放缓，高新技术制造业与装备制造业实现较快发展，分别增长18.2%和12.9%，增速分别比规模以上工业快8.6个百分点和3.3个百分点。国家对高新技术制造业的投资同比增长22.2%，远高于制造业整体，支持高新技术制造业快速增长。从产品看，新能源汽车产量增长

145.6%，工业机器人产量增长44.9%，集成电路产量增长33.3%，微型计算机设备产量增长22.3%。①

第三产业中的部分行业受疫情影响较大，如批发和零售、餐饮和住宿等，2021年疫情有所缓和，第三产业较快发展，服务业生产指数比上年增长13.1%，拉动经济增长4.5个百分点。分行业看，信息传输、软件和信息技术服务业生产指数增加值同比增长17.2%，住宿和餐饮业生产指数增加值同比增长14.5%，交通运输、仓储和邮政业生产指数增加值同比增长12.1%，均保持恢复性增长（见图10）。

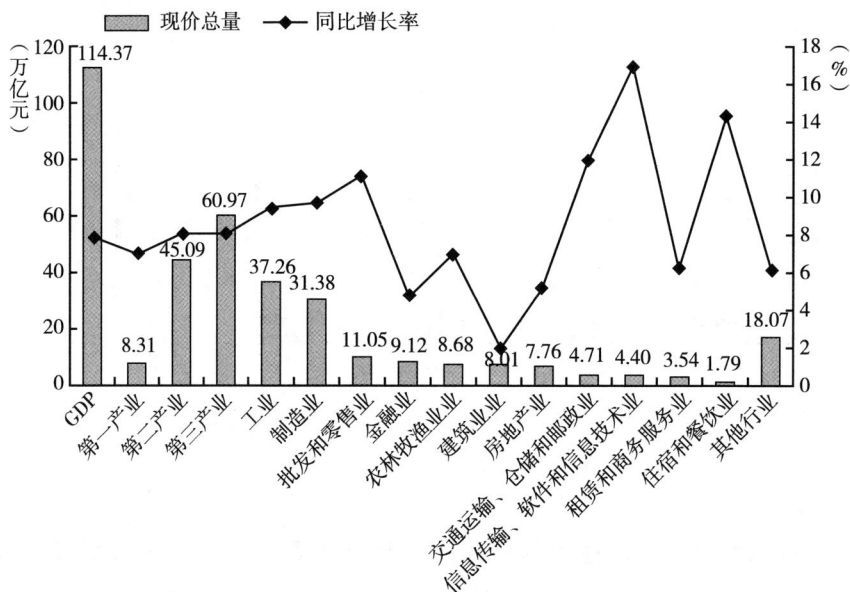

图10　2021年三大产业及各行业增加值及增长率

资料来源：根据国家统计局数据整理。

2017~2022年，我国产业结构不断优化，第一、第二产业比重逐年下降，第三产业比重有所上升，但由于工业受疫情影响较服务业小，且我国

---

① 盛来运：《逆境中促发展、变局中开新局——〈2021年国民经济和社会发展统计公报〉评读》，《中国经济景气月报》2022年第2期。

仍处于发展中国家阶段，人均国民收入刚达到高收入经济体"门槛"，产业结构仍然会出现"二升三降"的趋势。随着国家不断发展，新兴产业、高端制造业和高端服务业的发展将大力支持，产业结构也会进一步优化升级。

（三）"三驾马车"：消费压舱、投资回温、出口繁荣

2020年11月，中共十九届五中全会通过了《中共中央关于制定国民经济和社会发展第十四个五年规划和二○三五年远景目标的建议》，提出"坚持扩大内需这个战略基点，加快培育完整内需体系，把实施扩大内需战略同深化供给侧结构性改革有机结合起来，以创新驱动、高质量供给引领和创造新需求"。2020年12月11日，中央政治局会议要求"要扭住供给侧结构性改革，同时注重需求侧改革，打通堵点，补齐短板，贯通生产、分配、流通、消费各环节，形成需求牵引供给、供给创造需求的更高水平动态均衡，提升国民经济体系整体效能"。

随着我国疫情得到有效管控，经济逐渐复苏，扩大内需战略同供给侧结构性改革深入实施，内需在国民经济增长中所起的作用越来越大，2021年内需对国民经济增长的贡献率约为80%，比上年提高了4.4个百分点。内需带动的消费成为推动我国经济持续高质量发展的重要引擎，2021年我国社会消费品零售总额约44万亿元，同比增长12.4%（见图11），最终产生的消费支出对国民经济增长的贡献率为65.4%，拉动经济增长超5个百分点，为近年来最高水平。

一系列扩内需、促消费政策持续发力，叠加节假日因素，带动消费市场稳步恢复，消费对经济增长拉动作用明显增强。具体来看，2021年第一季度受春节因素影响，消费水平大幅上涨，消费品零售总额达17.49万亿元，同比增长超30%；第二季度迎来清明、五一、端午假期，同时开展2021年全国消费促进月活动，消费水平小幅度上升；第三季度消费水平有所回落，第四季度迎来十一黄金周，消费再次回升（见图12）。

值得一提的是消费结构的升级。随着信息技术的广泛渗透，线上新消费

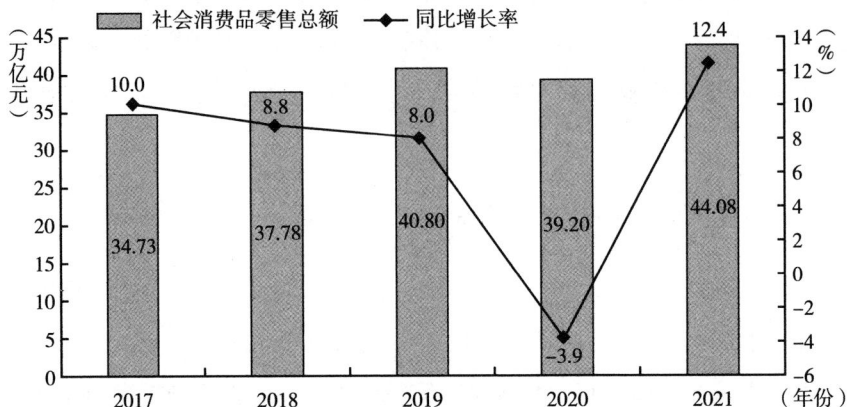

图 11   2017~2021 年我国社会消费品零售总额变化情况

资料来源：根据国家统计局数据整理。

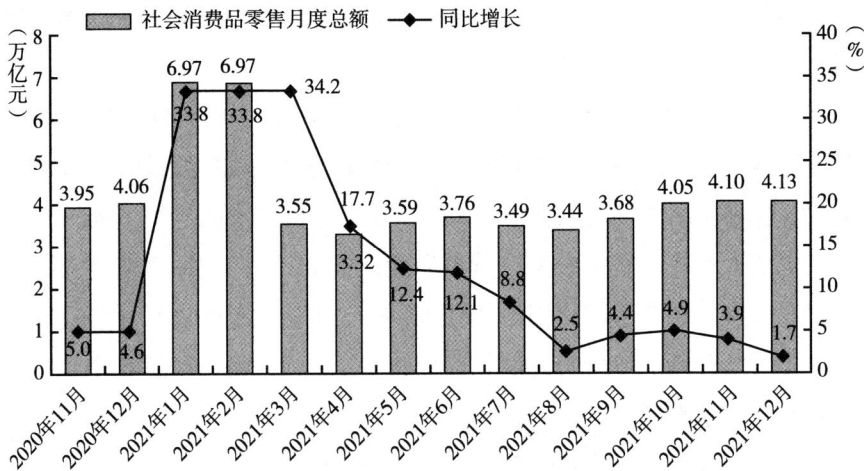

图 12   2021 年我国社会消费品零售总额变化情况

资料来源：根据国家统计局数据整理。

模式蓬勃发展，提升了消费的便利性，丰富了消费市场的供给。电商平台运用大数据等信息技术，高效率精准连接消费者和商家，厂家也能够根据消费者的个性化、多样化需求生产精细化、多功能商品，显著提升产品更新迭代速度、供应能力和供应链效率。统计数据显示，2021 年我国网上零售额高达 13.1 万亿元，同比增长 14.1%，其中实物商品网上零售额首次突破 10 万亿元，达到 10.8 万亿元，同比增长 12%，占社会消费品零售总额的 24.5%，贡献率为 23.6%。在实物商品网上零售额中，吃、穿、用商品分别增长 17.8%、8.3% 和 12.5%。

2021 年，国家聚焦"两新一重"和短板弱项，扩大有效投资，加强系统布局，加快 5G、大数据、物联网、移动互联网、人工智能的建设，实施城市更新行动，加快城镇老旧小区改造，推进保障性租赁住房建设，加强城市基础设施建设。在资金来源上，2021 年 9 月国务院常务会议明确鼓励多元投入、推进开放合作，支持民营和境外资本参与新型基础设施投资运营。①

统计数据显示，2021 年全社会固定资产投资（不含农户）达 54.45 万亿元，同比增长 4.9%。第一产业投资达 1.43 万亿元，同比增长 9.1%；第二产业投资达 16.74 万亿元，同比增长 11.3%；第三产业投资达 36.29 亿元，同比增长 2.1%（见图 13）。基础设施投资增长 0.4%，社会领域投资增长 10.7%。投资对于经济增长的积极作用有所强化，但也面临多重阻碍，2021 年投资拉动经济增长 1.1 个百分点，对经济增长的贡献率为 13.7%，改变了自 2016 年以来逐年递减的趋势。从行业角度看，制造业投资的表现相对较好，基建投资在"缺资金"和"缺项目"双重约束下稍显低迷，但总体保持增长，2021 年基建（含水电燃气）投资增长率为 1.5%，较上年降低 1.9 个百分点，房地产业则在政策和疫情的冲击下陷入深度调整，投资增长率降低为 4.4%（见图 14）。除此之外，在高技术产业投资和社会领域投资方面，投资增速均保持较快增长。这也充分体现了投资结构不断优化的趋势。

全球贸易环境不确定性增加，加之疫情冲击，全球经贸合作遭遇逆流，

---

① 张明皓：《乡村振兴与新型城镇化的战略耦合及协同推进路径》，《华中农业大学学报》（社会科学版）2022 年第 1 期。

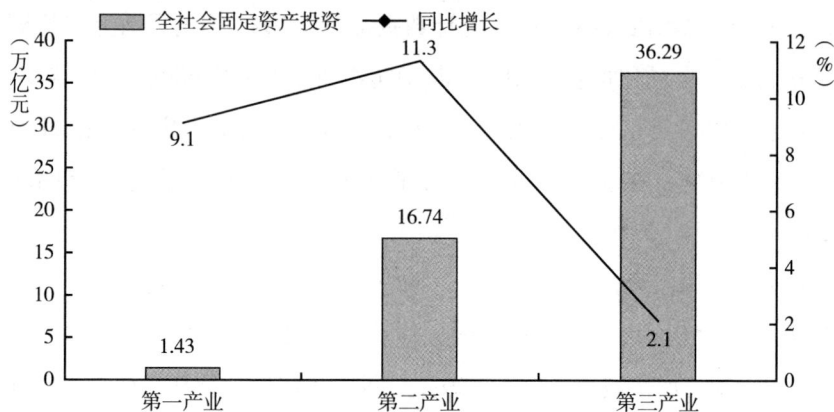

图 13 2021 年我国三大产业固定资产投资（不含农户）情况

资料来源：根据国家统计局数据整理。

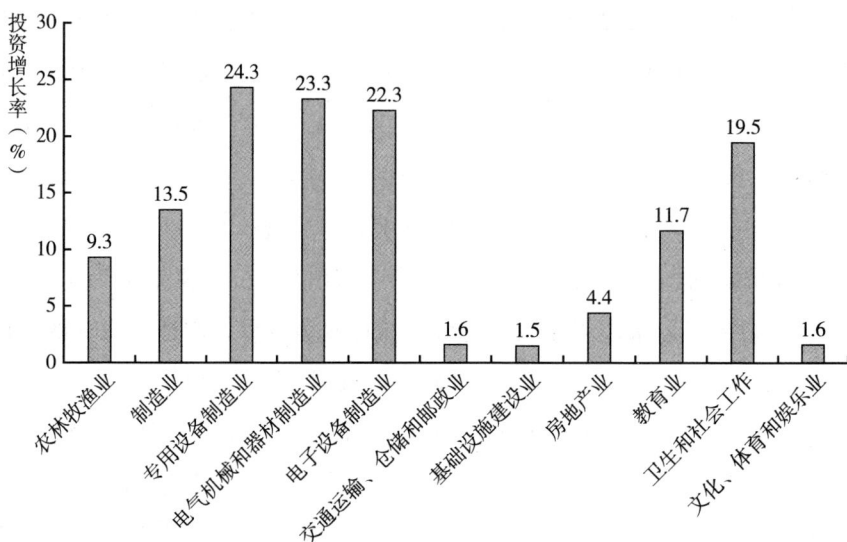

图 14 2021 年我国各行业固定资产投资（不含农户）增长率变化情况

资料来源：根据国家统计局数据整理。

对外贸易预期减弱，国际市场主体顾虑重重。我国不惧压力，坚持国内国际双循环战略，坚持对外开放的思想不动摇，持续拓展对外开放的领域和层次，维护世界贸易稳定。2021 年，我国国民经济持续恢复，主要经济指标都保持稳定增长，国内生产和消费需求为外贸稳定增长提供了强有力的支撑。自 2020 年 6 月以来，中国外贸出口月度总额实现超预期增长，连续 18 个月同比正增长，为国民经济增长注入了强大的力量。统计数据显示，2021 年货物进出口总额约 40 万亿元，同比增长 21.5%，连续 5 年蝉联全球货物贸易第一位，拉动经济增长 1.7 个百分点，对经济增长的贡献率为 20.9%，创历史新高。其中，出口 21.73 万亿元，增长 21.2%，占国际市场份额高达 15.1%；进口 17.37 万亿元，增长 21.6%。货物进出口顺差 4.36 万亿元，比上年增加 0.72 万亿元（见图 15）。

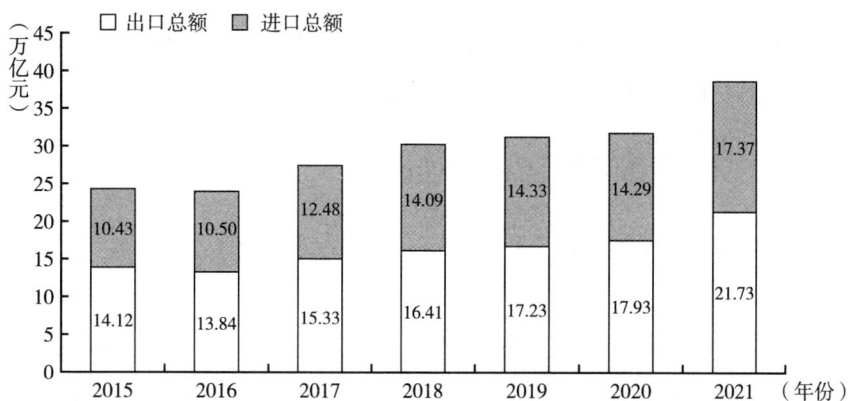

图 15　2015~2021 年我国进出口总额情况

资料来源：根据国家统计局数据整理。

从出口的结构来看，我国出口商品中成品（尤其是消费品）占比较高，达到 60%以上；其次是半成品，主要以工业原材料为主，占比 35%左右。我国以成品为主的贸易结构在疫情冲击全球工业生产的情况下明显受益，这也是我国 2021 年出口增长的重要原因。据统计，2021 年一般贸易进出口比重为 61.6%，同比提高 1.6%，其中机电产品出口额同比增长 20.4%。2021 年服务进出口额比上年增长 16.1%，增长较快，其中知识密集型服务出口额增长 18.0%。新的贸易业态初露锋芒，2021 年跨境电商出口额同比上升

24.5%，市场采购出口额同比上升 32.1%。加快优化我国进出口产品结构，提升出口产品质量，丰富出口产品多样化，增强服务贸易出口能力，是我国对外贸易在充满不确定性的大环境中稳步发展的重要任务。

同时，我国推进"一带一路"共同建设，发展自由贸易区，为全球贸易注入新动力。截至 2022 年 4 月，我国累计签署 200 多份共建"一带一路"合作文件，涉及 149 个国家、32 个国际组织。自由贸易区积极建设拓展，持续对外开放成效显著。2021 年，我国对"一带一路"沿线国家进出口总额达 11.6 万亿元，同比增长 23.6%。综合保税区进出口额同比增长 24.3%，自由贸易试验区进出口额同比增长 26.4%，海南自由贸易港进出口额同比增长 57.7%。我国与自贸伙伴进出口额增长 23.6%，高于外贸总体增速 2.2 个百分点。《区域全面经济伙伴关系协定》（RCEP）正式生效，为我国外贸高水平发展带来新机遇。

（四）PMI 平稳回升，CPI 波动较大

PMI 即采购经理指数，反映了经济总体情况和总的变化趋势。据国家统计局统计数据显示，综合 PMI 指数先降后升。2021 年 2 月，受供求增速放缓影响，就业市场继续承压，综合 PMI 指数下降至 51.6%，虽处于扩张区间，但已经连降 3 个月，经济复苏边际效应明显减弱。同年 3 月，受产需扩张、进出口指数保持在扩张区间、价格指数高位运行等因素的影响，综合 PMI 指数逐渐回升。2021 年 8 月，疫情反弹影响了服务业的正常生产经营，供需出现不同程度收缩，综合 PMI 指数跌至 48.9%，是自 2020 年 3 月以来首次落入收缩区间。2021 年 12 月，制造业 PMI 为 50.3%，环比上升 0.2 个百分点，综合 PMI 指数为 52.2%，与上月持平，经济总体保持恢复态势，景气水平平稳回升（见图 16）。

CPI 即居民消费价格指数，是衡量通货膨胀的重要价格指数。统计数据显示，2021 年 CPI 同比上涨 0.9%，低于涨幅 3% 左右的全年预期目标。从月度同比涨跌幅度来看，上半年呈单边上行的趋势，下半年则陷入震荡。从环比来看，由于猪肉价格季节性回升，以及受疫情暴发、春节、极

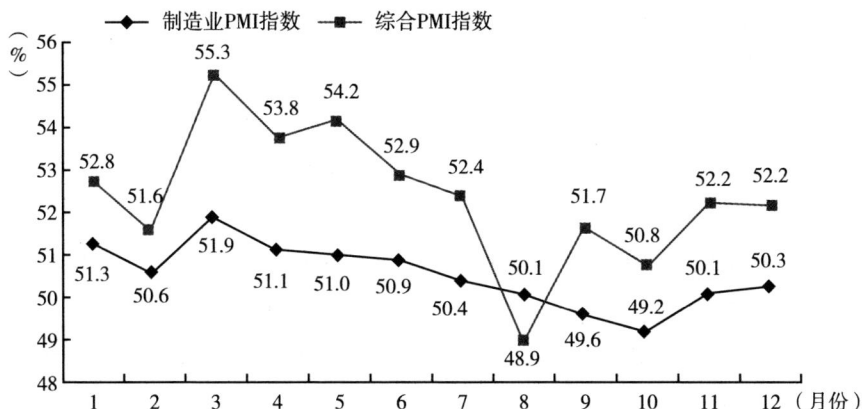

图16　2021年1~12月制造业 PMI 指数与综合 PMI 指数情况

资料来源：根据国家统计局数据整理。

端天气等因素叠加影响，夏季及年末 CPI 环比较为强势，春秋两季则较为弱势（见图17）。

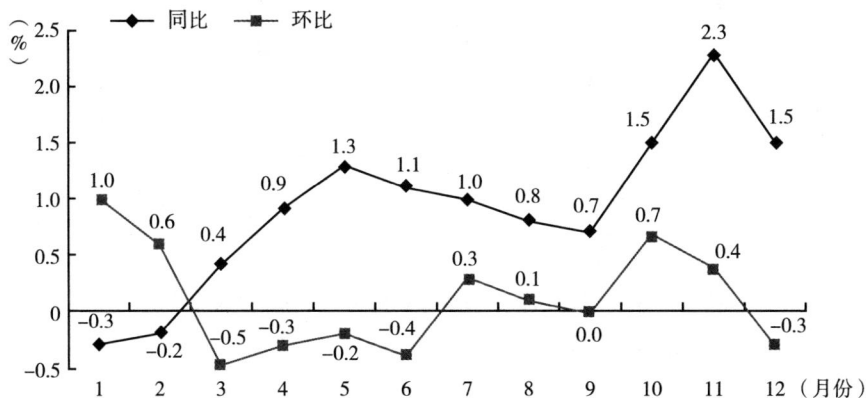

图17　2021年1~12月 CPI 指数同比、环比情况

资料来源：根据国家统计局数据整理。

（五）公共预算收入上升，支出多下沉地方基层

由于经济恢复增长、价格指数涨幅较高等因素的拉动，我国财政收入明

显增加，同时各项减税降费政策得到有效落实，政府没有通过增加市场主体税费负担的方式来增加收入。统计数据显示，2021 年全国一般公共预算收入 20.25 万亿元，增长率为 10.7%，近 5 年年均增长率为 5%，高速增长的时代已经过去。其中，税收收入 17.27 万亿元，同比增长 11.9%；非税收入 2.98 万亿元，同比增长 4.2%。2021 年全国一般公共预算支出 24.63 万亿元，增长 0.3%，中央部门支出下降，资金高效下沉到地方基层，中央一般公共预算支出 3.5 万亿元，下降 0.1%；地方一般公共预算支出 21.13 万亿元，增长 0.3%（见图 18）。为守住"六保"底线中的保居民就业、保基本民生、保基层运转，教育、科学技术、社会保障和就业分别增长 3.5%、7.2%、3.4%，均高于总体支出增长幅度。

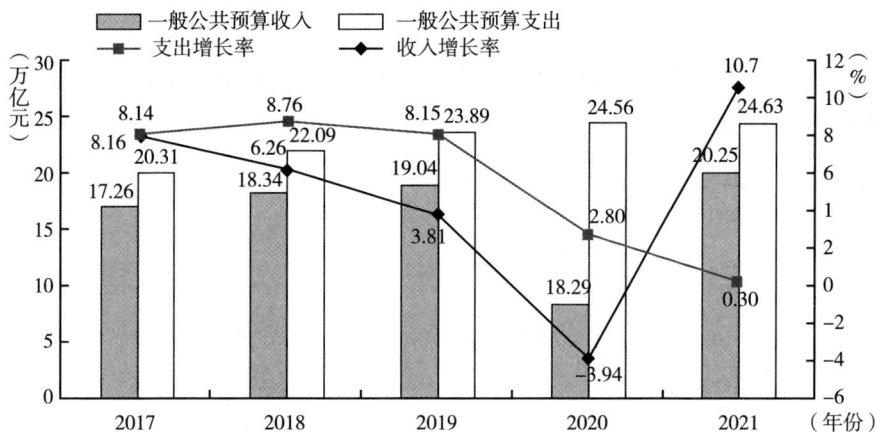

图 18　2017~2021 年一般公共收入与支出及其增长率情况

资料来源：根据国家统计局数据整理。

财政负担率整体呈现下降趋势，减税降费效果较为显著。2021 年全国财政负担率为 17.71%，较上年下降 0.33 个百分点；全国税收负担率为 15.10%，较上年下降 0.12 个百分点；全国非税负担率为 2.61%，较上年下降 0.21 个百分点。

（六）人口结构性压力攀升，人才优势逐渐显现

第七次全国人口普查结果显示，截至2020年末，全国人口14.10亿人，约占全球总人口的18%，保持了惯性增长态势，势头虽有所减弱，但仍然是世界第一人口大国。与2010年相比增加了7206万人，实现了从13亿人口到14亿人口的跨越，增长率为5.38%，年平均增长率为0.53%，比2000~2010年的年平均增长率0.57%低0.04个百分点，数据表明，我国人口近十年来持续低速增长（见图19）。

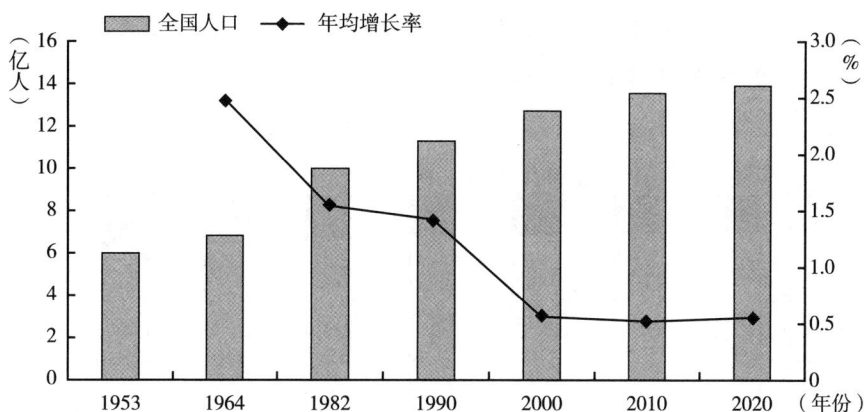

图19　我国历年人口普查情况

资料来源：根据国家统计局数据整理。

2017~2021年，出生人口持续下降，尤其是2021年，出生人口仅1062万人，人口出生率降至7.52‰，为1952年以来最低，死亡人口1014万人，死亡率为7.18‰；人口自然增长率为0.34‰（见图20）。"三孩"生育政策实施效果不容乐观，年轻一代生育意愿持续低迷。从年龄结构看，2021年0~15岁、16~64岁、65岁及以上人口的比重分别为18.6%、62.5%、18.9%。2015~2021年，16~64岁人口占比逐年下降，65岁及以上人口占比逐年上升。2021年，65岁及以上人口占比18.9%，较上年增加5.4个百分点，人口老龄化趋势愈发明显（见图21）。

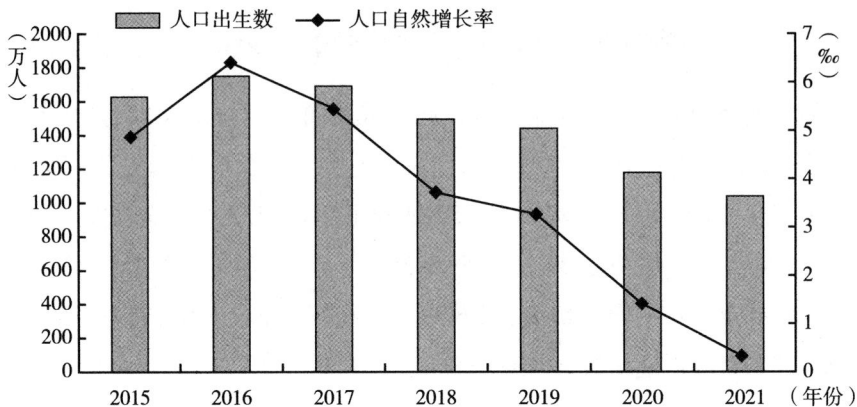

图20　2015~2021年我国人口出生情况和人口自然增长率情况

资料来源：根据国家统计局数据整理。

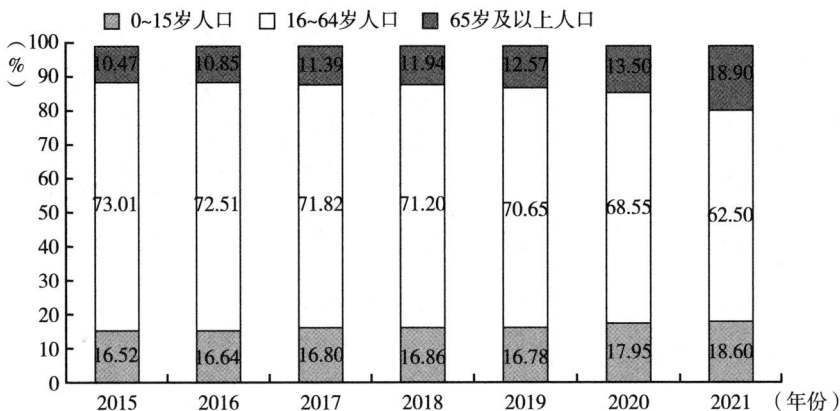

图21　2015~2021年我国各年龄段人口占比情况

资料来源：根据国家统计局数据整理。

中国劳动年龄人口在2011年达到9.4亿峰值以后逐步减少到2020年的8.9亿，劳动年龄人口比例及规模在2010年、2013年达到峰值后持续下滑，人口红利逐渐消失，劳动力成本大幅上升，社会创新创业活力下降，导致中国经济潜在增速下行。但从人口质量上来看，近十年来，劳动年龄人口平均受教育年限提高0.9年，大学文化人口增长73.2%，文盲率由4.08%降至

2.67%，受教育程度明显提高，人才红利逐渐显现。

我国人口在保持规模优势的同时，也承担着人口结构老化的挑战。老龄化加重，劳动人口占比下降，人口优势逐渐消失，但人才优势逐渐显现。这种趋势将会延续，据恒大研究院预测，未来中国人口将负增长，人口占全球比例逐步下降，同时老龄化程度将急剧攀升，由现阶段的深度老龄化进入超级老龄化。

（七）就业平稳复苏，结构性矛盾仍然存在

就业是民生之本，在新冠肺炎疫情的冲击之下，全国就业形式异常严峻，中央政府统筹推进疫情防控和经济社会发展，重点推出和落实就业优先政策，把就业列为"六稳""六保"之首，切实保障就业。2021年疫情防控到位，经济复苏，就业优先政策有效实施，我国就业形势总体平稳复苏，全国城镇登记失业率为3.96%（见图22），低于宏观调控目标，但不确定因素仍然较多，就业形势依然比较复杂，面临诸多挑战。

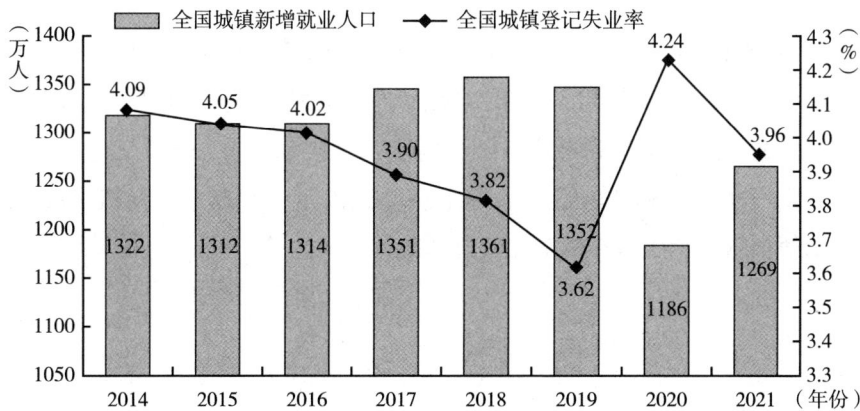

图22　2014~2021年城镇新增就业人数及失业率情况

资料来源：根据国家统计局数据整理。

2021年2月受疫情和春节的影响，失业率相对较高，达到5.5%，春节后随着企业复工复产，生产经营进入稳定状态，失业率逐渐回落。第三季度

迎来毕业潮，局部地区暴发疫情汛情，失业率小幅波动，在毕业生陆续入职、汛情缓和之后，失业率又开始回落。年底由于临近春节，部分离职人员不愿寻找工作，失业率略有上升（见图23）。

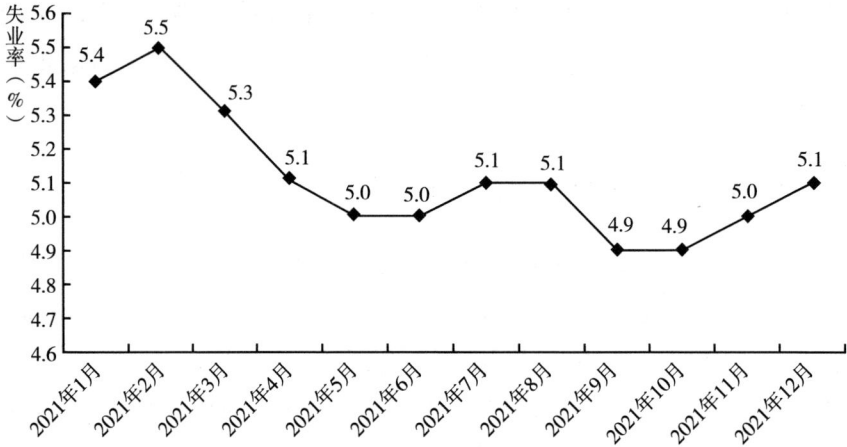

图23 2021年全国失业率情况

资料来源：根据国家统计局数据整理。

总体来说，2021年就业形势稳步恢复。国民经济复苏，市场主体活跃，发展动力增强，均为就业形势稳定提供了有力的保障。但疫情反复，部分行业和企业的生产经营受到冲击，用工需求出现波动，叠加国内经济"需求收缩、供给冲击、预期转弱"的三重压力，以及国际贸易存在不确定性，就业形势仍然面临不容小觑的压力和挑战。

B.3
2021年政策环境分析

张志兵　谢华国　陈思澄*

摘　要： 本文梳理了2021年我国城镇化、财税金融以及国资国企领域的相关政策，对未来政策形势变化及其对城投行业的影响进行分析。在此基础上，探讨城镇化领域的乡村振兴、城市更新、绿色低碳等和财税金融领域的融资政策、债务监管、风险处置等，再结合国资国企改革深化实施的情况，得出结论，认为当前城镇化政策更加关注以人为核心，同时紧密联系乡村振兴、城市更新等主题，提倡建设绿色低碳城市，全面提升智慧化水平；金融政策总体趋于宽松，强调增强经济发展韧劲、激发市场活力、纾困小微企业、降低企业融资成本等。此外，随着《国企改革三年行动方案（2020—2022年）》全面实施，国资国企改革进入高质量发展阶段。因此，城投行业可以抓住改革契机，灵活运用金融政策，开展新型城镇化建设，实现转型升级。

关键词： 新型城镇化　财税金融　国资国企　城投行业

---

* 张志兵，江苏现代资产投资管理顾问有限公司现代研究院研究员，研究方向为平台公司整合重组、发展转型、战略规划等；谢华国，江苏现代资产投资管理顾问有限公司现代研究院研究员，研究方向为整合重组、战略规划、集团资金管控等；陈思澄，江苏现代资产投资管理顾问有限公司现代研究院研究员，研究方向为战略规划、组织管控、薪酬架构、营销规划等。

一 2021年城镇化政策环境分析

（一）2021年城镇化领域政策梳理

2021年是"十四五"规划和实现第二个百年奋斗目标的开局之年，党和政府积极出台了一系列政策措施来稳定经济社会发展。国内经济在"三驾马车"的拉动下不断发展，新型城镇化建设也迎来快速发展的机遇期。相较以往，新型城镇化建设强调注重质量，更关注以人为核心，同时紧密联系乡村振兴、城市更新等领域，建设绿色低碳城市，全面提升智慧化水平。城投公司作为城乡基础设施投资、建设与运营的重要载体，其发展转型和提升受新型城镇化政策的影响显著。

本文以相关政策文件发布时间为脉络，梳理了2021年新型城镇化领域的政策文件（见表1）。

表1 2021年新型城镇化政策文件概览

发布日期	标　　题	文号
2021年1月4日	《中共中央、国务院关于全面推进乡村振兴加快农业农村现代化的意见》	2021年中央一号文件
2021年1月13日	《工业互联网创新发展行动计划（2021—2023年）》	工信部信管〔2020〕197号
2021年2月22日	《国务院关于加快建立健全绿色低碳循环发展经济体系的指导意见》	国发〔2021〕4号
2021年2月24日	《国家综合立体交通网规划纲要》	—
2021年3月12日	《中华人民共和国国民经济和社会发展第十四个五年规划及二〇三五年远景目标纲要》	—
2021年3月26日	《中央财政衔接推进乡村振兴补助资金管理办法》	财农〔2021〕19号
2021年4月6日	《住房和城乡建设部等部门关于加快发展数字家庭提高居住品质的指导意见》	建标〔2021〕28号
2021年4月11日	《关于2021年银行业保险业高质量服务乡村振兴的通知》	银保监办发〔2021〕44号

续表

发布日期	标　题	文号
2021 年 4 月 13 日	《国家发展改革委关于印发〈2021 年新型城镇化和城乡融合发展重点任务〉的通知》	发改规〔2021〕493 号
2021 年 4 月 20 日	《关于加强现代农业科技金融服务创新支撑乡村振兴战略实施的意见》	国科发农技〔2021〕95 号
2021 年 4 月 22 日	《社会资本投资农业农村指引（2021 年）》	农办计财〔2021〕15 号
2021 年 5 月 4 日	《关于切实加强就业帮扶巩固拓展脱贫攻坚成果助力乡村振兴的指导意见》	人社部发〔2021〕26 号
2021 年 5 月 6 日	《关于确定智慧城市基础设施与智能网联汽车协同发展第一批试点城市的通知》	建城函〔2021〕51 号
2021 年 5 月 25 日	《住房和城乡建设部等 15 部门关于加强县城绿色低碳建设的意见》	建村〔2021〕45 号
2021 年 6 月 11 日	《关于印发巩固拓展健康扶贫成果同乡村振兴有效衔接实施意见的通知》	国卫扶贫发〔2021〕6 号
2021 年 6 月 17 日	《关于巩固拓展交通运输脱贫攻坚成果全面推进乡村振兴的实施意见》	交规划发〔2021〕51 号
2021 年 6 月 28 日	《人力资源社会保障部国家乡村振兴局关于印发〈国家乡村振兴重点帮扶地区职业技能提升工程实施方案〉的通知》	人社部发〔2021〕45 号
2021 年 6 月 29 日	《关于金融支持巩固拓展脱贫攻坚成果全面推进乡村振兴的意见》	银发〔2021〕171 号
2021 年 8 月 30 日	《关于在实施城市更新行动中防止大拆大建问题的通知》	建科〔2021〕63 号
2021 年 8 月 31 日	《国家发展改革委办公厅关于推广第三批国家新型城镇化综合试点等地区经验的通知》	发改办规划〔2021〕668 号
2021 年 10 月 21 日	《关于推动城乡建设绿色发展的意见》	中办发〔2021〕37 号
2021 年 11 月 4 日	《关于开展第一批城市更新试点工作的通知》	建办科函〔2021〕443 号
2021 年 11 月 22 日	《国家发展改革委等部门关于印发〈"十四五"支持革命老区巩固拓展脱贫攻坚成果衔接推进乡村振兴实施方案〉的通知》	发改振兴〔2021〕1619 号

资料来源：依据公开资料整理。

（二）2021年新型城镇化政策变化及对城投公司的影响

1. 耦合乡村振兴，全面推进新型城镇化建设

城乡发展面临城镇化速度快但整体质量不高、大城市集聚效应明显、农

村吸引力不强、城乡二元结构问题依旧严重的现状，因此，2018年发布的《国家乡村振兴战略规划（2018—2022年）》明确指出要坚持乡村振兴和新型城镇化双轮驱动，并提出完善城乡布局结构和推进城乡统一规划的目标方案。2019年，国务院为进一步促进乡村振兴与新型城镇化的战略耦合，在《关于建立健全城乡融合发展体制机制和政策体系的意见》等政策文件中就建立健全城乡要素合理配置的体制机制等方面提出了指导意见。2021年中央一号文件再次提出加快县域内城乡融合发展的要求，并且"十四五"规划中就乡村振兴与新型城镇化的战略耦合确立了基本原则和方向，要求着力实现工农互促、城乡互补、协调发展和共同繁荣。由此可见，进入新发展阶段，耦合乡村振兴，全面推进新型城镇化建设已经受到广泛的认可和关注，配套政策措施逐步完善。可以说，推进乡村振兴，破解城乡现存问题，优化城乡资源配置，从而实现城市与乡村建设相对均衡发展，是提升我国新型城镇化建设质量的一次深刻变革。

我国财政周期预计将经历整体收缩，地方政府债务也将受到严格控制，乡村振兴领域是为数不多的仍得到政策支持和资金倾斜的领域，处于市场化转型的城投公司应给予高度重视。城投公司参与乡村振兴应主要围绕农村土地资本化、乡村基础设施建设、乡村产业振兴三个方面展开。第一，2021年中央一号文件提出"积极探索实施农村集体经营性建设用地入市制度"，2021年3月1日生效的《农村土地经营权流转管理办法》等政策文件将农村土地资源作为资产的价值逐步激活。城投公司可以根据不同土地资本化的特征，发挥自身资金、信用和业务优势，发展农业社会化服务，参与全域土地综合整治等项目。第二，全面推进乡村振兴，必须加快补齐公共基础设施等突出短板，因地制宜、精准施策，改善农村人居环境。建设发展广袤的乡村地区将获得丰富的交通、供水、生态环境优化、乡村清洁能源、乡村公共服务等建设运营业务。城投公司可以发挥资本优势和业务优势，通过直接投资、资本金注入、PPP等模式承接乡村公共基础设施和人居环境改善等建设运营业务，或结合项目特点，相机与产业形成横纵向联合。第三，乡村振兴的"五个振兴"首先要实现的就是产业振兴，推进农村一二三产业融合发展，着力发展县域富民产业，促进农民就地就近就业增收，这既是乡村振兴的重要目标，也是实现目标的关键举措。城投公司，尤其是区县级城投公司，可结合自身主业特点，丰富各类现代农业产业园、农村一二三产业融合发展示范园、科技示范园等农村产业园区以及村级工业园改造、产业园等载体的投资建设运营，助力农村种养殖、种业、农业科技研发、农业装备制造等，助力农业农村发展和实现农民就地就业增收。

2. 坚持以人为核心，促进人产城融合

2021年4月，《国家发展改革委关于印发〈2021年新型城镇化和城乡融合发展重点任务〉的通知》发布，全文8个章节，就促进农业转移人口有序有效融入城市、提升城市群和都市圈承载能力、促进大中小城市和小城镇协调发展、加快建设现代化城市、提升城市治理水平、加快推进城乡融合发展、组织实施方面提出24条具体举措。总体来说，相比往年，2021年城镇化重点任务不仅涉及的范围更加广泛，侧重点也更加详细清晰，特别强调了"促进农业转移人口有序有效融入城市"。

现阶段新型城镇化建设更注重以人为核心，处理人与城市的关系尤为重要。以往对此只提及要"加快市民化"，如今则更注重提高"市民化质量"，具体从有序放开放宽城市落户限制、推动城镇基本公共服务覆盖未落户常住人口、提升农业转移人口技能素质、健全配套政策体系这四个方面去解决外来人口在城市的落户、就业、生活、工作等各种现实问题。2021年8月发布的《国家发展改革委办公厅关于推广第三批国家新型城镇化综合试点等地区经验的通知》再次提及"提高农业转移人口市民化质量""加快推进城乡融合发展"等，并推广试点示范地方的典型经验。

为了促进人产城融合，《国家发展改革委关于印发2021年新型城镇化和城乡融合发展重点任务的通知》再次强调"房住不炒"。为着力解决大城市突出的住房问题，提出要合理调控租金水平、大力发展保障性租赁住房，这一举措无疑将加速租赁市场的发展。尤其对于城投公司来说，可以将旗下众多土地、经营性房产和闲置厂房改造为住房，开展租赁业务，这样不仅可以盘活城市存量资产，发掘实现资产的协同利用价值，而且还可以实现城投公司相关资源到资产、资产到资本、资本到资金的转变，确保国有资产保值增值，更好地推动城市建设发展。

3. 实施城市更新行动，改善城市生活品质

2021 年 3 月，李克强总理在政府工作报告中明确提出"发展壮大城市群和都市圈，要实施城市更新行动，完善住房市场体系和住房保障体系，提升城镇化发展质量"。这是"城市更新"首次出现在政府工作报告中，并且"实施城市更新行动"也写入我国"十四五"规划，标志着城市更新已上升为国家战略。在"十四五"期间，国家将加快城市更新的步伐，对老旧小区、厂房等进行改造提升，具体举措包括完成 2000 年底前建成的 21.9 万个城镇老旧小区改造、基本完成大城市老旧厂区改造等。在"十三五"规划中，相关内容仅以棚改、老旧小区改造为主。此外，2021 年 8 月，住建部发布《关于在实施城市更新行动中防止大拆大建问题的通知》，进一步明确城市更新由政府主导，重点强调不应沿用过度房地产化的开发建设方式，不应大拆大建。2021 年 11 月，住建部继续发布了《关于开展第一批城市更新试点工作的通知》，要求各城市"严格落实城市更新底线要求，转变城市开发建设方式"，并决定在北京等 21 个城市（区）开展第一批城市更新试点工作，通过结合各地实际，因地制宜地探索和推动城市更新。

可以看出，新形势下的城市更新更加突出"以人为本"，以改善广大群众的居住环境和居住条件、优化城市空间结构、提升城市生活品质为目标。在建设内容方面上，从以棚改、老旧小区改造为主，转变为注重城市功能、补足短板、保留城市特色风貌和城市记忆等多方面、多功能的改造。在模式上，以往城市更新更注重房地产开发、追求短期利益，现阶段则鼓励因地制宜，实现政府引导、市场运作、公众参与的可持续发展模式。

作为主要承担城市基础设施建设运营任务的城投公司，未来将成为城市更新的实施主体。城投公司可以通过政府授权、PPP、城市更新基金、"投资人+EPC"等模式直接参与城市更新，还可以参与城市更新带来的工程咨询、建筑材料、停车场、社区广告、社区养老、医疗、托幼、保洁等方面的新业务机会。通过深度参与城市更新项目，城投公司可以向内不断提高自身的竞争力，向外准确把握市场机遇，实现自身的二次转型和产业升级。

4. 建设低碳绿色城市，促进实现碳达峰、碳中和目标

2021年2月，《国务院关于加快建立健全绿色低碳循环发展经济体系的指导意见》发布，提出要加快基础设施绿色升级，推动城镇生活污水收集处理设施"厂网一体化"，加快城镇生活垃圾处理设施建设。2021年4月，《国家发展改革委关于印发〈2021年新型城镇化和城乡融合发展重点任务〉的通知》进一步明确提出要建设低碳绿色城市。考虑到县城是推进城乡绿色发展的重要载体，2021年5月发布的《住房和城乡建设部等15部门关于加强县城绿色低碳建设的意见》进一步细化绿色低碳建设的要求，补齐县城建设短板。2021年10月，《关于推动城乡建设绿色发展的意见》更加整体、系统地提出要加快转变城乡建设方式，包括建设高品质绿色建筑、提高城乡基础设施体系化水平、实现工程建设全过程绿色建造等，促进经济社会发展全面绿色转型，推动构建人与自然生命共同体。

作为国企，城投公司有责任和使命积极参与建设低碳绿色城市，促进实现碳达峰、碳中和目标。将低碳绿色纳入业务类型、业务模式选择的综合考量，将企业内外部资源向绿色产业倾斜，在传统基建领域中发展绿色建筑、绿色仓储物流、便民环保设施等。在发展新兴产业上，积极布局"碳排放权"交易市场，实施绿色金融，包括探索绿色基金、绿色债券、绿色信贷、绿色股票等多样化绿色金融工具。此外，随着低碳观念的普及和居民环保意识的提升，城投公司可以打造旅游城市品牌，发展生态旅游产业，促进企业的转型升级。

5. 推进智慧城市建设，拓展智慧产业规模化应用

随着城镇化进程的加快，一些地区出现了严重的"城市病"。为了破解城市发展困境，实现可持续发展，推进智慧城市建设已经是当今世界城市发展的必然趋势。2021年1月，《工业互联网创新发展行动计划（2021—2023年）》提出要拓展智慧城市规模化应用，打造跨产业数据枢纽与服务平台，形成产融合作、智慧城市等融通生态。2月，《国家综合立体交通网规划纲要》提出要推动智能网联汽车与智慧城市协同发展，建设城市道路、建筑、

公共设施融合感知体系，打造基于城市信息模型平台、集城市动态静态数据于一体的智慧出行平台。3月，"十四五"规划提出要"分级分类推进新型智慧城市建设""建设智慧城市和数字乡村"，为新时期加快推进智慧城市建设指明了方向。4月，《住房和城乡建设部等部门关于加快发展数字家庭提高居住品质的指导意见》发布，提出推进数字家庭系统基础平台与新型智慧城市"一网通办""一网统管"、智慧物业管理、智慧社区信息系统以及社会化专业服务等平台的对接。一系列密集的政策文件发布，宣告我国智慧城市建设在经历早期探索、碎片化应用之后进入了规模化应用的"2.0时代"，智慧城市的建设将更加系统全面，在创新协同、为民服务、数据共享、产业赋能、应急安全等方面出现新发展导向。

城投公司应积极培育和发展新兴智慧产业，聚焦"智慧基础设施投资建设者、核心平台运营服务商、关键领域解决方案集成商"的定位，通过发起新设、合资合作、投资并购、战略同盟等方式参与智慧城市建设，在"规划、融资、建设、运营"等流程上，向智慧城市建设者转变，整合城市资源，建立服务运营体系，为城市基础设施建设赋能，促进城市经济转型，提高社会治理能力。

二 2021年财税金融政策环境分析

（一）2021年财税金融领域政策梳理

中美经贸关系持续恶化、国内新冠肺炎疫情多点散发、地缘政治动荡等多重因素，造成2021年国内经济下行压力增大。为深化供给侧改革，促进国民经济稳定恢复，保障国计民生，2021年我国多措并举，支持实体经济健康平稳发展。在金融领域，政策总体趋于宽松，促进了企业融资成本的降低和市场活力的激发，有效纾困小微企业，显著增强了经济发展韧性。按照时间脉络，2021年国家出台的金融监管领域的政策如表2所示。

表2 2021年城投行业相关的金融政策一览

发布日期	标　　　题	文　号
2021年1月29日	《上海证券交易所公开募集基础设施证券投资基金（REITs）业务办法（试行）》	上证发〔2021〕9号
2021年2月7日	《国务院反垄断委员会关于平台经济领域的反垄断指南》	国反垄发〔2021〕1号
2021年2月22日	《国家发展改革委关于印发〈引导社会资本参与盘活国有存量资产中央预算内投资示范专项管理办法〉的通知》	发改投资规〔2021〕252号
2021年2月26日	《公司债券发行与交易管理办法》	证监会令第180号
2021年3月26日	《关于加强地方国有企业债务风险管控工作的指导意见》	国资发财评规〔2021〕18号
2021年4月13日	《国务院关于进一步深化预算管理制度改革的意见》	国发〔2021〕5号
2021年4月22日	《深圳证券交易所公司债券发行上市审核业务指引第1号——公司债券审核重点关注事项》	深证上〔2021〕430号
2021年4月29日	《关于做好2021年降成本重点工作的通知》	发改运行〔2021〕602号
2021年5月6日	《绿色债券支持项目目录（2021年版）》	—
2021年6月29日	《国家发展改革委关于进一步做好基础设施领域不动产投资信托基金（REITs）试点工作的通知》	发改投资〔2021〕958号
2021年7月9日	《银行保险机构进一步做好地方政府隐性债务风险防范化解工作的指导意见》	银保监发〔2021〕15号
2021年8月6日	《关于促进债券市场信用评级行业健康发展的通知》	—
2021年8月17日	《关于推动公司信用类债券市场改革开放高质量发展的指导意见》	—
2021年9月3日	《关于加强产融合作推动工业绿色发展的指导意见》	工信部联财〔2021〕159号
2021年9月8日	《地方政府专项债券用途调整操作指引》	财预〔2021〕110号
2021年9月30日	《系统重要性银行附加监管规定（试行）》	中国人民银行、中国银行保险监督管理委员会令〔2021〕第5号
2021年11月29日	《关于规范国有金融机构资产转让有关事项的通知》	财金〔2021〕102号

发布日期	标　题	文号
2021年12月29日	《国家发展改革委办公厅关于加快推进基础设施领域不动产投资信托基金（REITs）有关工作的通知》	发改办投资〔2021〕1048号
2021年12月31日	《地方金融监督管理条例（草案征求意见稿）》	—

资料来源：依据公开资料整理。

（二）2021年财税金融政策变化及影响

1. 政策持续发力，城投融资环境整体良好

在稳增长要求下，2021年金融政策持续发力，有效应对了需求收缩、供给冲击和预期转弱等多重压力冲击，促进了市场活力的恢复与提升、国民经济的平稳增长。2021年4月1日，人民银行、银保监会等五部门决定延长对普惠小微企业的贷款延期还本付息政策和信用贷款支持政策；9月，央行新增3000亿元支小再贷款额度；11月15日，旨在打造创新型中小企业服务主阵地、支持中小企业创新发展的北京证券交易所开市，打通中小企业融资通道，有利于解决创新型中小企业融资难等问题；12月7日，人民银行下调支农、支小再贷款利率0.25个百分点；12月15日，国务院常务会议明确将普惠小微企业贷款延期还本付息支持工具转换为普惠小微贷款支持工具，同时表示做好小微企业、制造业、科技创新、绿色发展等重点领域的支持工作，发挥结构性货币政策工具的牵引带动作用。在税务方面，为提升市场主体活力，相关部门坚决落实减税降费有关政策，2021年新增减税降费达1.1万亿元，有效激发了市场经济主体活力。此外，为稳定市场预期、改善金融系统流动性和融资环境，人民银行两次实施全面降准，共计下调金融机构存款准备金率1个百分点，释放长期资金约2.2万亿元。受益于多项政策的密集出台和落实，2021年城投债总发行规模为5.79万亿元，净融资规模为2.37亿元，均实现了正增长，分别较2020年增长了26%和10%。

2021年下半年，城投债券利差出现上扬趋势，但降息降准等多项利好政策的发力，使得城投债的总体利差相对于 2020 年收窄，优质城投债的信用利差收窄幅度更为明显。永煤违约、华晨破产重组等一系列事件不仅对所在区域，也对全国的信用债市场造成了严重冲击。而中高评级城投公司发行的城投债被部分投资者视为避风港。值得注意的是，在总体收窄的大趋势下，城投债信用利差在区域间出现了明显分化，即融资吸引力强的区域，城投债信用利差下降，而少部分融资吸引力较弱的区域，城投债信用利差在扩大。

在流动性被大量释放的条件下，城投公司融资整体表现较好。但由于地方政府性债务到期规模大，2021 年城投公司净融资规模仍略低于 2020 年。近年来，地方债额度持续大幅增长，部分地方政府债务率已落入警戒区间内。要完成稳增长、严防系统性金融风险等多个调控目标，地方债发行需做好防风险的平衡。

2. 监管更加完善，城投融资管理更趋规范

金融部门持续规范对金融领域和政府性融资的监管。鉴于近年来我国非法集资事件频发且引起社会广泛关注，旨在将防范和化解非法集资纳入社会综合治理"全链条"体系中的《防范和处置非法集资条例》于 2021 年 5 月 1 日正式实行，该条例能够有效保护社会公众合法权益、维护经济社会稳定。监管部门还强化了互联网金融业务的监管。互联网不是法外之地，国家支持平台经济正常发展，同时也要求平台经济规范、有序发展。2021 年 4 月，中国人民银行、银保监会、证监会等金融管理部门对从事金融业务的 13 家互联网平台企业进行监管约谈，并对金融活动纳入监管、支付业务回归本源、打破信息垄断、落实审慎监管要求等七大方面提出整改要求。2021 年 12 月 31 日，中国人民银行发布的《地方金融监督管理条例（草案征求意见稿）》，强调防范区域金融风险，指出要构建权责清晰、执法有力的地方金融监管框架，该文承认了地方金融组织在服务地区实体经济和中小企业融资方面发挥的积极作用，但也提出地方金融组织应当服务本地、原则上不得跨省开展业务的明确要求。

系统性金融风险主要来源于地方隐性债务，这已然成为共识，对隐性债务的金融监管延续了高压态势。我国经济发展面临着复杂多变的国内外环境，必须有效管控重点风险，守住不发生系统性风险的底线。监管部门对地方隐性债务风险有着十分清醒和正确的认识。地方政府平台公司市场化转型较慢，普遍不具备市场化经营能力，却又承受着大量非营利性基础设施建设和推动地方经济发展的重任，致使地方隐性债务总量节节攀升，资产负债率居高不下。隐性债务已成为我国经济高质量健康发展的隐患之一。因此，在稳增长的大背景下，监管部门延续了对地方隐性债务进行严格监控的政策要求。2021年初，沪深证券交易所和中国银行间市场交易商协会对地方城投发债进行分档管理和约束，即对于红色档暂停发放批文、黄色档只能借新还旧、绿色档用途不受限制。2021年3月，国务院颁布《关于加强地方国有企业债务风险管控工作的指导意见》，明确提出防控地方国企违约是重中之重，要求各地方国资委加强国有企业债务风险管控，对高负债企业的负债规模和资产负债率实行双约束。国务院公布《关于进一步深化预算管理制度改革的意见》，提出健全地方依法适度举债机制，清理规范地方融资平台公司，剥离其政府融资职能，对失去清偿能力的要依法实施破产重整或清算。2021年6月，中共中央办公厅印发《关于加强地方人大对政府债务审查监督的意见》，提出地方人大要"盯紧"地方政府债务管理。部分地方政府积极贯彻落实中央相关文件精神，印发相应文件响应中央号召，深化预算管理制度改革、主动维稳、防范财政金融风险，尤其关注城投债领域的风险防控。

2021年7月，简称为"15号文"的《银行保险机构进一步做好地方政府隐性债务风险防范化解工作的指导意见》一经银保监会发布，便引起城投行业广泛关注，该文从"是否承担隐性债务"的实质角度对融资平台进行划分，明确各银行保险机构要严格执行地方政府融资相关政策，还要打消财政兜底幻觉，不得以任何形式新增地方政府隐性债务，同时要做实做细化债方案，妥善化解存量地方政府债务。城投公司的大部分资金都来源于银行，对银行融资进行约束，使得部分隐性债务较多的城投公司的金融风险陡然增大。"15号文"表达了严禁新增地方政府隐性债务的鲜明态度，表明了强化地方政府隐性债务监管的决心，有助于将金融风险防范化解工作常态化，加大了银行保险机构、地方政府相关融资业务的监管力度，因此被广泛认为是目前最严格的融资监管政策。

同时，为落实"抓实隐性债务化解"工作，避免有些区域搞虚假化债、数字化债，监管部门对化债情况加强了审计核查。

近年来，随着各项法律法规和相关政策的发布，我国针对政府举债融资的管理运行机制已涵盖了政府债务限额管理、预算管理、风险评估和预警、风险事件应急处置、债务违约分类处置等多个环节。

3. 多措并举，严守城投债券违约底线

经济总体下行压力增大，监管政策一再收紧，而2021年却没有发生一起城投债券违约事件，这得益于多项管控国企债券的政策。"15号文"出台、金交所非标业务清理、城投发债分档管理，压缩了城投债券、信贷、非标等融资通道，土地市场遭遇寒潮也使得地方实际可用财力捉襟见肘。这对城投融资、还款造成了较大压力，也是2021年城投公司非标违约事件增多的直接原因。然而，设立地方信用保障基金、发行8000亿元特殊再融资债券、建立并落实地方党政主要领导负责的财政金融风险处置机制等稳定国企债券的措施提供了保障，使2021年没有出现一单城投债券违约。

具体来看，8000亿元特殊再融资债券主要用于置换隐性债务。虽然无法降低债务本金存量，但能达到拉长债务周期、压降融资成本、节省财政资金的目的。隐性债务置换为法定债务将进一步增加法定地方政府债务风险，也可能引起道德风险，不利于"两个幻觉"的打消。推动平台整合升级、设立信用保障基金，也是部分风险较高的地区出于维护区域信用环境和保障平台债务兑付的目的所采取的重要化债措施。2021年4月和7月，政治局会议分别提出，要建立、落实地方党政主要领导负责的财政金融风险处置机制。从建立到落实，体现了中央对各级地方政府财政金融风险防控责任的压实，以及对完善防范化解隐性债务风险长效机制紧迫性的认识和防范系统性金融风险的决心。

4. 疏堵结合，妥善处置做好化债试点

遏制增量、转化存量是化解隐性债务风险的一贯政策要求。《关于进一

步深化预算管理制度改革的意见》强调"把防范化解地方政府隐性债务风险作为重要的政治纪律和政治规矩",并表明要"妥善处置和化解隐性债务存量","坚决遏制隐性债务增量,不允许新增隐性债务上新项目、铺新摊子"。2021年5月6日,财政部党组书记、部长刘昆发表题为《建立健全有利于高质量发展的现代财税体制》的文章,强调要落实地方政府不得以任何形式增加隐性债务的要求,积极稳妥化解存量,强化与金融系统协同配合,对隐性债务实行穿透式监管。2021年7月发布的"15号文"也在妥善化解地方政府隐性债务上提出了具体措施和要求。2021年12月16日,国新办举行国务院政策例行吹风会,在严禁新增隐性债务方面,表示要严堵违法违规举债融资的"后门",着力加强风险源头管控,硬化预算约束,强化地方国有企事业单位债务融资管控;在稳妥化解隐性债务存量方面,再次强调中央不救助原则,要建立市场化、法治化的债务违约处置机制,坚持分类审慎处置,纠正政府投资基金、政府和社会资本合作、政府购买服务中的不规范行为。

事实上,隐性债务化解早已提上日程。有别于前两轮建制县区隐性债务风险化解试点,此次为直接化解债务风险而选择了风险较高的地区。2021年,为贯彻落实党中央、国务院有关地方政府隐性债务风险防范化解的决策部署,上海、广东先后获批全域无隐性债务试点。选取财力强、经济发展好的地区作为试点,探索地方政府债务化解和缓释的新做法、新途径,可以为全国更大范围内化解政府性债务提供经验借鉴和实践探索,也可以避免更多的地方少走弯路、少付出代价。

三 2021年国资国企政策环境分析

(一)2021年国资国企领域政策梳理

2021年,随着《国企改革三年行动方案(2020—2022年)》全面实施,国资国企改革进入了一个全新的高度。这不仅是深化国资国企改革,实现市场化经营的重要一环，也是在全球疫情持续发展、国际政治环境越发复杂、经济增长减缓、产业转型深化的背景下对国资国企作为经济发展的压舱石和驱动器的新要求。国资国企应不断加强党在国有企业中的领导，不断完善现代企业制度，不断深化市场经济改革，做强做优做大国有资本和国有企业，在增强竞争力、提高创新能力、增加影响力的同时，加强控风险的能力。按照时间脉络，2021年国资国企改革领域的重要法规和政策梳理如表3所示。

表3 2021年国资国企改革政策梳理

序号	审议发布时间	政策文件	审批、发布机构
1	2021年1月19日	《"双百企业"和"科改示范企业"超额利润分享机制操作指引》	国务院国有企业改革领导小组办公室
2	2021年2月1日	《行政事业性国有资产管理条例》	国务院
3	2021年2月20日	《国资监管责任约谈工作规则》	国务院国资委
4	2021年3月2日	《关于加强中央企业资金内部控制管理有关事项的通知》	国务院国资委
5	2021年3月2日	《关于做好2021年中央企业违规经营投资责任追究工作的通知》	国务院国资委办公厅
6	2021年3月26日	《关于加强地方国有企业债务风险管控工作的指导意见》	国务院国资委
7	2021年4月12日	《关于切实加强金融衍生业务管理有关事项的通知》	国务院国资委办公厅
8	2021年5月19日	《关于进一步促进中央企业所属融资租赁公司健康发展和加强风险防范的通知》	国务院国资委
9	2021年5月30日	《关于中央企业在完善公司治理中加强党的领导的意见》	中共中央办公厅
10	2021年9月8日	《中央企业董事会工作规则(试行)》	国务院国资委
11	2021年11月1日	《关于进一步深化法治央企建设的意见》	国务院国资委

资料来源：依据公开资料整理。

（二）2021年国资国企改革政策变化及影响

从2021年密集出台的政策脉络可以看出国资国企改革的政策变化和改

革方向，这些政策取得的成效有如下几个方面。

1. 国有经济布局结构和功能更加明确

国资国企应聚焦更好服务国家战略目标，快速适应高质量发展的需求，构建符合新发展要求的格局，从而深化供给侧结构性改革，强化国有经济的战略安全、产业引领、国计民生、公共服务等功能，调整存量结构，优化增量投向，把国有企业做强做优做大，在增强国资国企的竞争力、创新能力、影响力的同时，加强其防控风险的能力。

2. 规范行政事业性国有资产管理

《行政事业性国有资产管理条例》是我国第一部针对行政事业性国有资产管理的行政法规，是行政事业性国有资产保障行政单位履行职能和事业单位提供公共服务的法律依据，有利于国有资产在管理方面的法治化、规范化和科学化，构建了规范、高效、公开、权责一致的国有资产管理机制，不仅提高了国有资产管理能力，还提高了其治理水平。该条例专设一章对资产的预算管理做了规定，对预算的编制与执行、收入管理、决算管理、绩效管理都做出了明确规定；还特别规定，县级以上人民政府投资建设公共基础设施应当依法落实资金来源，加强预算约束，防范政府债务风险。

3. 从完善公司治理机制向突出治理效能转变

进一步明确党委（党组）在决策、执行和监督各环节的权责，规范了工作方式；正确处理党委（党组）、董事会和经理层之间的关系，完善了权责法定和透明、治理主体协调运作和有效制衡的公司治理机制，从而将制度优势有效转变为治理效能。推动董事会应建尽建、配齐建强，立足于强化董事会运行的规范性和有效性，明确董事长对董事会的规范化运行负主要责任，并强化外部董事在决策和监督方面的职责。

4. 国有企业公司章程管理进一步规范

2020年12月31日印发的《国有企业公司章程制定管理办法》，对公司章程的制订、修改、审核、批准等管理行为提出了明确的规范性要求，明确和解决了国有企业党支部（党总支）如何行使职权、发挥作用的问题。该管理办法规定职工民主管理事项、审计、法律顾问制度、财务和会计制度一并作为必备条款纳入国有企业章程，明确审计部门对董事会负责，进一步强化内部监督；明确总法律顾问由董事会聘任，且应为公司高级管理人员，防范法律风险，推进依法治企。

5. 国有企业中长期激励工具选择更加灵活

《"双百企业"和"科改示范企业"超额利润分享机制操作指引》为完善和促进更为灵活的中长期激励方式提供了政策性依据。一是适用范围更广，商业一类企业符合条件的都可以设计实施，对股权设置、企业科技性质以及上市与否均没有要求和限制。重资产类企业、成熟且增长不突出的企业以及难以实施其他中长期激励的企业也可以依据该操作指引设计实施。二是激励力度更大，从提取总额上限看，超额利润分享总额不超过超额利润的30%。从单体分享额度看，超额利润分享机制仅规定公司班子成员的整体比例，虽然对单个岗位激励额度有影响，但整体上并未限制激励上限，贡献突出的岗位可以有更大的激励额度。三是激励对象放宽，对超额利润分享对象的规定，要求一般与本企业签订劳动合同并工作1年以上，兼职等特殊情况也可纳入激励范围。整体上，以岗位价值贡献为中心，激励对象进一步放宽，超额利润分享将上级股东等兼职人员和营销、业务等核心骨干人才纳入激励范围。

6. 加快国有企业数字化转型

《关于加快推进国有企业数字化转型工作的通知》明确提出数字化转型是企业高质量发展的重要引擎，是构筑国际竞争新优势的有效路径，是构建创新驱动发展格局的有力抓手。国有企业可以从数字化创新、智能化运营、便捷化服务和体系化产业四个方面积极实现数字化转型，更好地实现转型价值。同时，突出新型基础设施建设、关键核心技术攻克和数字化产业发展三种赋能举措。

7. 地方国有企业债务风险管控逐步升级

《关于加强地方国有企业债务风险管控工作的指导意见》对地方国有企业债务风险管控明确提出要求。一是明确地方的主体责任。根据"统一所有、分级监管"原则，明确各地方国资委应该遵从其地方政府领导，并在其指导下履行属地责任。二是主动监管问题风险。对于部分地方国有企业的债务违约情况，发掘根本原因，并提出具有针对性的可行解决方案，明确监管要求。三是加强分类管控。要求地方国资委对债券发行的比例做出合理的限制，科学匹配债券期限，同时加强对高负债企业的分类管控。要求企业建立健全资金的内部管控体制，以提升资金内控有效性为目标，以强化资金内控监督为抓手，以健全资金内控制度体系为保障，落实内控部门的资金内控监管责任、工作职责与权限，明确监管工作程序、标准和方式方法，构建事前有规范、事中有控制、事后有评价的工作机制，形成内控部门与业务、财务（资金）、审计等部门运转顺畅、有效监督、相互制衡的工作体系。

业务发展篇

Business Development

B.4
2021年基础设施建设业务分析

朱国庆 刘梦雅 李沁轩*

摘　要： 进入 2021 年以来，新冠肺炎疫情起伏反复，牵动全球经济发展，
在"十四五"开局之年，面临风云变幻的国际政经环境，稳增
长压力持续，加大基础设施领域的有效投资，尤其民生等领域补
短板，仍是政策重点支持方向与实际需要。本报告从固定资产投
资、基础设施建设投资、传统基础设施建设、新型基础设施建设
四个方面对 2021 年基础设施建设市场发展状况进行研究，在此
基础上提出 2021 年基础设施建设发展过程中存在的基础设施建
设市场融资环境严峻、传统基础设施建设市场需求趋于饱和等问
题；随后，选取样本从经营概况、盈利水平、运作模式变化三个
维度重点剖析 2021 年城投公司开展基础设施建设业务的情况，

* 朱国庆，江苏现代资产投资管理顾问有限公司现代研究院研究员，研究方向为平台公司整合
重组、战略规划、产业规划与分析；刘梦雅，江苏现代资产投资管理顾问有限公司现代研究
院研究员，研究方向为平台公司整合重组、战略规划、宏观政策研究；李沁轩，江苏现代资
产投资管理顾问有限公司现代研究院研究员，研究方向为平台公司整合重组、战略规划、资
本运作。

最后对基础设施建设业务发展趋势进行了研判。

关键词： 新基建　乡村振兴　全生命周期　盘活存量

一　2021年基础设施建设市场发展状况

2021年，世界疫情形势依旧不容乐观，全球经济复苏进度缓慢。疫情起伏反复、多点发生，给全球产业链恢复带来较大阻力。此外，动荡的国际环境增加了国际市场的不确定性。虽然国内经济形势整体来看较为平稳，但对基础设施建设持续投资的动力不足，特别是在传统基础设施建设的核心领域，地方政府和城投公司作为基础设施建设的主力军，受到了资金不足的限制。2021年，保障民生是首要任务，支出向民生等短板领域倾斜，鉴于此，在基础设施建设方面的投入有一定程度的下降。与此同时，2021年地方政府专项债发行进度明显放缓，直到下半年才进入发行高峰期，而资金使用有一定的滞后性，也影响了基础设施投资。从趋势来看，国家对地方隐性债务和非标融资的监管力度持续加码，城投公司在转型发展的过程中融资能力较之以前有所减弱，这将继续制约基础设施建设投资发展。

（一）基础设施建设情况

1. 固定资产投资情况

随着2021年经济增速回升，固定资产投资呈现回暖趋势。截至2021年末，全社会固定资产投资总量（不含农户）54.45万亿元，增长4.9%，相较2020年末，固定资产投资探底回升，投资总量与增速双双上行（见图1）。

2. 基础设施建设投资情况

基础设施建设投资包括交通运输、邮政与仓储行业，电信、广播电视和卫星传输服务业，互联网和相关服务业，水利、环境和公共设施管理业等投

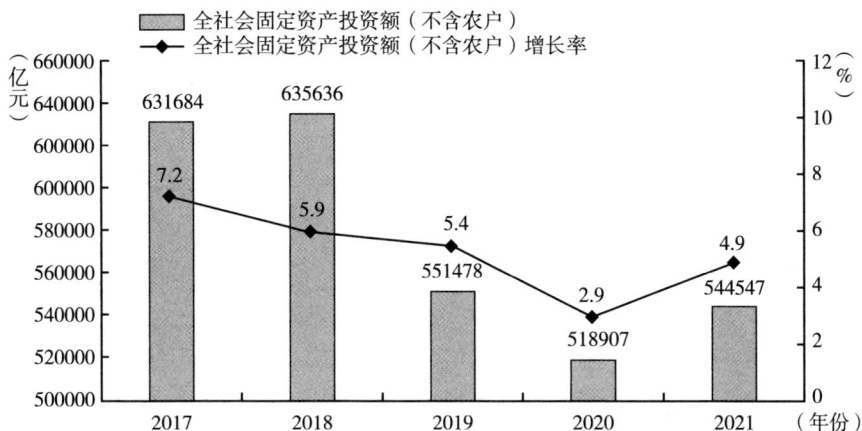

图1 2017~2021年全社会固定资产投资额（不含农户）及增长率情况

资料来源：国家统计局。

资，相关投融资政策和债务监管常态化持续产生影响，同时受到新冠肺炎疫情反复的影响以及国内外局势动荡的冲击，基础设施建设投资发力不足。截至2021年末，基础设施建设投资增长率为0.4%，较2020年增速进一步下滑（见图2）。从行业角度分析，2021年交通运输、邮政与仓储行业投资同比上升1.6%；信息传输、软件和信息技术服务业投资同比下降12.1%；水利、环境和公共设施管理业投资同比下降1.2%。

3. 传统基础设施建设情况

传统基础设施建设投资仍主要集中在铁路、公路和机场等领域。2021年，交通固定资产投资共计完成约3.62万亿元，较上年增长了4.1%，投资规模高位运行。2021年末全国铁路营业里程达15.0万公里，较上年增长了2.74%，其中高铁营业里程4万公里左右，较上年增长了5.26%，铁路路网密度156.7公里/万平方公里，较上年增加了4.4公里/万平方公里；全国公路总里程528.07万公里，较上年增长了1.59%，公路密度55.01公里/百平方公里，增加了0.86公里/百平方公里，公路养护里程525.16万公里，占公路总里程的99.4%，各等级公路里程均有所增加。

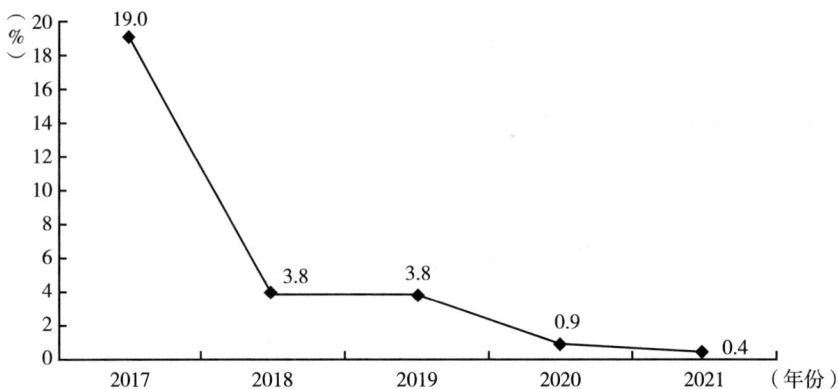

图 2　2017～2021 年基础设施投资增长率情况

资料来源：国家统计局。

4. 新型基础设施建设情况

2021 年，经济面临新一轮下行压力，在"房住不炒"和出口存在不确定性的背景下，新型基础设施建设开始发挥重要作用。数据显示，截至 2021 年末，规模以上互联网企业实现营业收入 15500 亿元，同比上升 21.2%（见图 3），实现营业利润 1320 亿元，同比上升 13.3%。其中，互联网企业在信息服务方面实现营业收入 8254 亿元，同比上升 17%；在互联网平台服务方面实现营业收入 5767 亿元，同比上升 32.8%；在互联网接入服务方面实现营业收入 444.4 亿元，同比上升 1.7%；在互联网数据服务方面实现营业收入 258.3 亿元，同比上升 23.1%。

（二）基础设施建设中存在的问题

1. 基础设施建设市场融资环境严峻

随着前期大量 PPP 项目形成的隐性债务进入还款高峰期，即便在国家支持发行政府专项债的情况下，部分财政实力相对不强的区域也由于债务负担较重，没有充足的资金用于偿还前期债务，导致大部分涉及政府投资的项目工程款项不能按时支付。在当前经济整体下行的情况下，施工单位和工程咨询服务机构在维持企业基本运转时出现困难，甚至破产，随着运营风险的

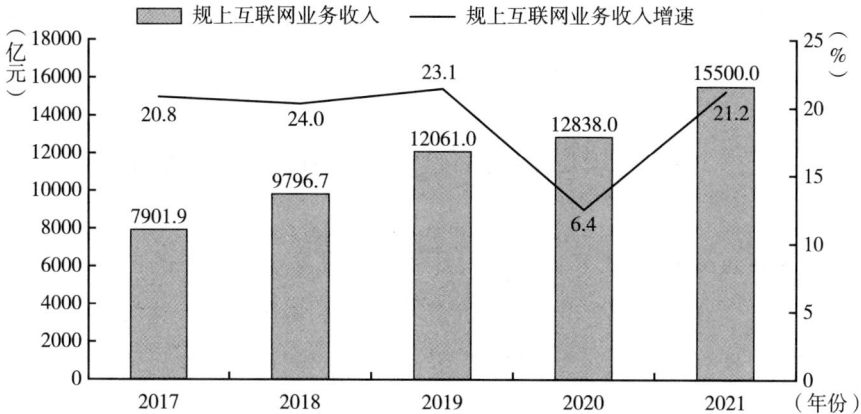

图3 2017~2021年规上互联网业务收入及增长情况

资料来源：中华人民共和国工业和信息化部。

提升，连锁反应引发较为严重的系统性风险的可能性也随之加大。

过去几年间，政府严格防范金融风险，大部分民营性质的社会资本投入基础设施建设的渠道不畅。2021年，由于国外局势动荡和国内对房地产市场的严格管控，社会资本更偏好稳健投资。而基础设施建设资产重和周期长的特点在一定程度上限制了社会资本投资的热度。在没有政策保障的前提下，大量资本进入基础设施建设的可能性不大，基础设施建设市场的扩大开放和内资外资的有效引进成为难题。

2. 传统基础设施建设市场需求趋于饱和

基础设施建设投资的前提是存在对基础设施建设的需求，但在经历了好几番规模较大的基础设施建设后，国家对传统基础设施建设的需求在逐渐降低，总体来看，道路和城市的基础设施建设已经相对完善，我国的基础设施建设开始步入成熟期，增长放缓。

传统产业的增长空间有限，基础设施建设目前面临着转型升级的压力，越来越需要在发挥传统基础设施建设效用的基础上运用新兴技术带动新需求增长，新型基础设施建设显得越发重要。如何利用好以信息网络为基础、技术创新为驱动、面向数字经济和智能经济发展的新型基础设施建设，带动产业链上下游以及各行业应用投资，刺激当下趋于饱和的基础设施建设市场产生新的需求，成为当下破局的关键。

二 2021年城投公司基础设施建设业务分析

为了重点分析 2021 年城投公司开展基础设施建设业务的情况，本报告选取了全国 200 家已有公开数据的地市级城市的城投公司作为统计样本进行业务分析，通过对样本对象 2021 年审计报告、评级报告等公开资料进行汇总与整理，可以看出 200 家城投公司中开展基础设施建设业务的共 158 家。以下着重从经营概况、盈利水平、运作模式变化三个维度进行深度阐述。

（一）经营概况

城投公司与地方城市建设及发展相伴相生，在基建稳投资方面发挥了举足轻重的作用。从统计的 158 家样本数据来看，计入城投公司基础设施建设业务的收入主要包括项目代建、保障房建设、工程施工、路桥建设、基建类资产养护、园林绿化服务、工程设计咨询及质量检测、智慧城市开发、环境治理等，呈现了围绕基础设施建设产业链"多点开花"的趋势，说明城投公司在基建领域的转型已迈出步伐。在 200 家总样本中，有 158 家从事基础设施建设业务，占比接近 80%，说明基建业务对于城投公司而言依旧不可或缺，也从侧面说明当前地方政府仍需要城投公司勇担重任，发挥城市基础设施建设投资的使命。2021 年，158 家有效样本的营业总收入为 9821.14 亿元，其中基础设施建设业务收入 2942.58 亿元，占比达 29.96%，在各类业务收入占比中最高，可以看出基础设施建设业务收入仍旧是城投公司营业收入的最重要来源之一。

（二）盈利水平

为了进一步评估城投公司 2021 年开展基础设施建设业务的盈利能力，基于前述 158 家城投公司的样本数据，从业务营收规模、业务营收占比、业务毛利占比以及业务毛利率四个指标进行详细分析基础设施建设业务，研究结果显示2021年城投公司开展基础设施建设业务取得的营收规模主要集中在0~20亿元，平均营业收入为18.62亿元，仍有较多城投公司在经营上较大程度依赖基础设施建设业务；但总体上城投公司基础设施建设业务的毛利率仍较低，大多数城投公司在20%以下，并且基础设施建设业务在毛利角度的贡献度低于在营收角度的贡献度，城投公司整体基础设施建设业务的盈利能力有进一步挖掘提升的空间。

1. 基础设施建设业务营收规模分析

2021年，158家城投公司基础设施建设业务的平均营业收入为18.62亿元。其中，5亿元以下的有44家，占样本量的27.85%；5亿（含）~10亿元的有29家，占样本量的18.35%；10亿（含）~20亿元的有33家，占样本量的20.89%；20亿（含）~30亿元的有24家，占样本量的15.19%；30亿（含）~40亿元的有15家，占样本量的9.49%；40亿（含）~50亿元的有3家，占样本量的1.90%；50亿元及以上的有10家，占样本量的6.33%（见图4）。

2021年，随着城投公司基础设施建设业务营业收入的增加，样本数量在总体上呈现递减趋势；基础设施建设业务营业收入在5亿元以下的样本所占比重最大，接近30%；基础设施建设业务营业收入20亿元以下的合计占样本量的67.09%。

2. 基础设施建设业务营收占比分析

158家城投公司中基础设施建设业务收入占营业收入比重小于10%的有29家，占样本量的18.35%；处在10%（含）~20%的有19家，占样本量的12.03%；处在20%（含）~30%的有23家，占样本量的14.56%；处在30%（含）~40%的有14家，占样本量的8.86%；处在40%（含）~50%的有12家，占样本量的7.59%；处在50%及以上的有61家，占样本量的38.61%（见图5）。

基础设施建设业务营收占比低于30%的约占样本总量的45%，基础设施建设业务营收占比达到50%及以上的约占样本总量的40%，两者合计占

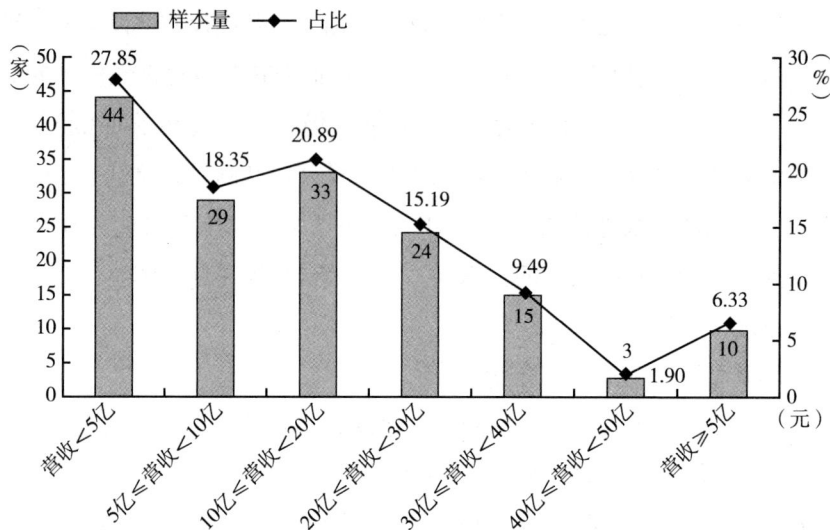

图4　2021年158家城投公司基础设施建设业务营业收入情况

资料来源：城投公司年度审计报告、公开评级文件。

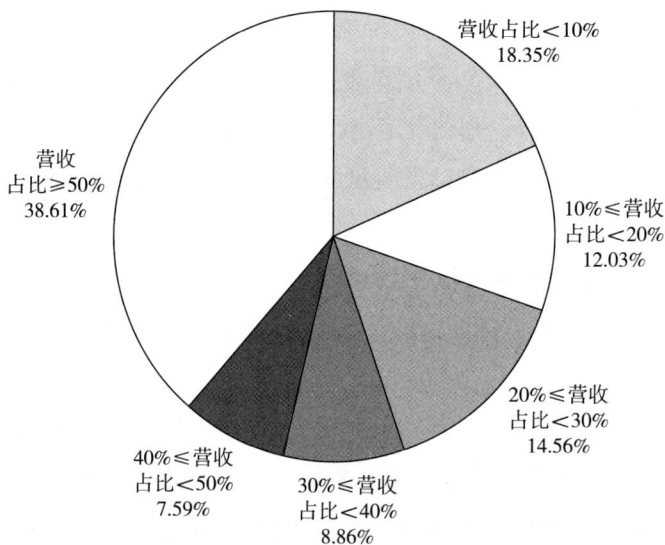

图5　2021年度158家城投公司基建业务营收占比情况

资料来源：城投公司年度审计报告、公开评级文件。

比约85%，说明2021年城投公司基础设施建设业务收入占营业收入的比重呈现"中间小两端大"的情况，城投公司业务分化依然明显，部分城投公司业务已经走向多元化，基础设施建设业务营收占比较低，而仍有较多城投公司在经营上较大程度依赖基础设施建设业务。

3. 基础设施建设业务毛利占比分析

158家城投公司中基础设施建设业务毛利占总毛利比重小于10%的有38家，占样本量的24.05%；处在10%（含）~20%的有24家，占样本量的15.19%；处在20%（含）~30%的有16家，占样本量的10.13%；处在30%（含）~40%的有18家，占样本量的11.39%；处在40%（含）~50%的有10家，占样本量的6.33%；处在50%及以上的有52家，占样本量的32.91%（见图6）。

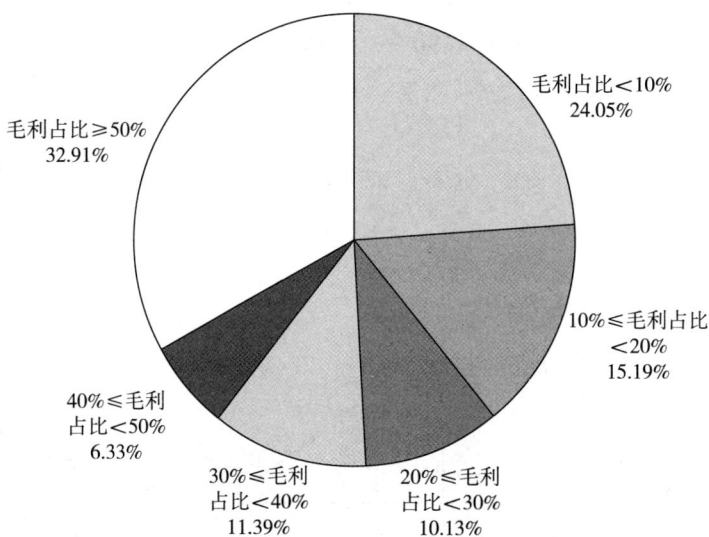

图6 2021年158家城投公司基建业务毛利占比情况

资料来源：城投公司年度审计报告、公开评级文件。

基础设施建设业务毛利占比低于20%的约占样本总量的40%，基础设施建设业务毛利占比达到50%及以上的约占样本总量的33%，两者合计占比约73%，与前述基础设施建设业务营收占比情况相似，2021年城投公司基础设施建设业务毛利占总毛利的比重表现为向两端集聚，说明城投公司基础设施建设业务获利能力差异明显。

此外，将158家从事基础设施建设业务的城投公司毛利占比情况与营收占比情况进行对比，发现有93家城投公司基础设施建设业务的毛利占比小于营收占比，约占样本量的58.86%，说明从总体看，2021年城投公司基础设施建设业务在盈利角度的贡献度要弱于在营收角度的贡献度。

4. 基础设施建设业务毛利率分析

158家城投公司开展基础设施建设业务平均毛利率为13.39%。其中，基础设施建设业务毛利率小于0的有3家，占样本量的1.90%；毛利率为0（含）~10%的有46家，占样本量的29.11%；10%（含）~20%的有68家，占样本量的43.04%；20%（含）~30%的有22家，占样本量的13.92%；30%（含）~40%的有6家，占样本量的3.80%；40%（含）~50%的有3家，占样本量的1.90%；毛利率在50%及以上有10家，占样本量的6.33%（见图7）。

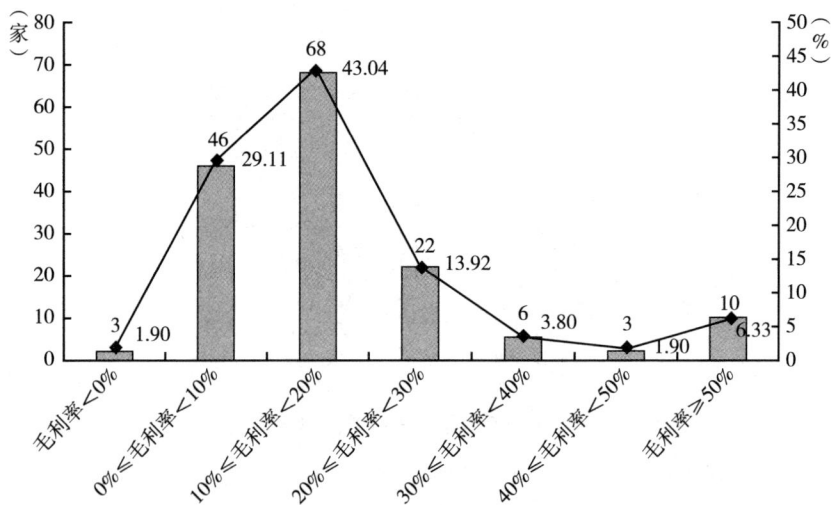

图7 2021年158家城投公司基础设施建设业务毛利率情况

资料来源：城投公司年度审计报告、公开评级文件。

2021 年，随着城投公司毛利率水平的提升，样本数量呈现先递增后递减的趋势，10%（含）~20% 的区间为峰值；样本量主要落在 0（含）~20% 区间内，合计占比约 74.05%，说明 2021 年城投公司整体基础设施建设业务毛利率水平不高；但仍存在部分城投公司基建业务毛利率超过 40% 甚至更高，说明城投公司基础设施建设业务有进一步提升的空间。

（三）运作模式变化

1. 基础设施建设领域的变化

城投公司基础设施建设业务主要以"铁公基"类的传统基础设施为主。在"十四五"期间，基于我国城市发展及城镇化建设在前期取得的一些成就，城投公司基础设施建设业务着重向"补短板"与"新拓展"转变，即围绕传统基础设施建设领域的短板与新型基础设施建设领域的拓展统筹推进，"两新一重"（新型基础设施建设、新型城镇化建设和交通、水利等重大工程建设）类项目备受关注。

2. 基础设施建设逻辑的变化

城投公司开展基础设施建设业务的底层逻辑是"政府式"思维，以完成政府性任务为核心目标，随着严控地方政府隐性债务以及投融资体制机制改革的深入推进，地方盲目投资的冲动得到有效遏制，城投公司以"市场式"思维开展基础设施建设业务成为主流，建立基础设施建设投资领域的循环机制成为其核心目标，并逐渐在地方政府层面形成共识。

3. 基础设施建设业务承担角色的变化

"融资代建"逐步退出历史舞台后，城投公司开展基础设施建设业务一度呈现委托代建、政府购买服务、PPP、项目业主、以租代建、ABO、"F+EPC"等"百花齐放"的情形，因政策理解不到位等因素影响，常有涉嫌违规操作的情况发生。但随着"市场式"思维开展基础设施建设业务渐成共识，"政企命运共同体"的打造成为地方政府与城投公司共同追求的目标，城投公司在其中的角色开始因项目类型的不同而确定为甲方与乙方两类，并在此过程中逐渐打通基础设施建设产业链。

城投公司作为项目业主，即甲方，项目类型多为经营性项目或经营性与非经营性项目的组合，城投公司着重发挥统筹主体的角色，侧重以市场化的方式实现平衡运作，既要积极争取地方政府及职能部门的支持，又要与社会资本及金融机构展开密切合作。在此过程中，城投公司通常会通过"债贷组合"、金融机构项目贷、与社会资本合作、自有资金投资实现项目资金的筹措。

城投公司作为乙方的项目多为公益性项目，项目业主通常是地方政府各职能部门，城投公司着重以利润主体的身份介入，如通过代建管理取得项目管理收入、通过招标代理取得代理收入、通过开展施工取得施工及运维收入、通过建材物资供应取得销售收入等。

三　城投公司基础设施建设业务发展趋势

受疫情影响，国内基础设施建设速度有所放缓，目前国内疫情已经得到一定程度的控制，基础设施建设将重新迎来发展时机。经过多年的投资建设，我国基础设施建设已经形成了庞大的体量和规模，但在质量和结构上还存在较大的短板，如消费型基础设施较为缺失、基础设施建设缺乏系统性和规划性、乡村基础设施有待提高等，疫情的出现让这些短板更加凸显，今后国家将瞄准这些短板，推进基础设施建设的转型升级，进一步提高我国基础设施建设投资质量与效率，提升基础设施运营效率。作为基础设施投资建设主力军的城投公司，可依据趋势调整自身建设模式，并瞄准相应方向提前布局，抢占先机。

（一）传统消费向新型消费升级，消费基础设施建设前景广阔

众所周知，消费主要分为传统消费和新型消费，传统消费是生产决定消费，是通过线下接触的方式满足基础衣食住行的生存型消费，而新型消费则是消费引导生产，是通过线上平台线下实体融合的方式进行追求生活质量的享受型消费。目前，随着科学技术的进一步发展，5G、人工智能、物联网

等新型技术成为日常生活中必不可少的技术，再加之近两年疫情的发展，日常消费结构逐渐体现高速化、智能化、网联化、平台化、共享化的趋势，同时教育、医疗、文旅休闲等服务消费规模不断提升，日常消费不再局限于吃穿住行，新型消费升级成为必然趋势。但与未来美好的消费发展趋势比，我国目前的消费基础设施和服务配套设施仍存在短板，尤其是中小城市、城乡接合部、农村等地区，主要体现为消费基础设施缺乏、设施陈旧等问题。新型消费之"新"要求获客渠道的线上化、用户服务的智能化以及消费的多元化和场景化，客户将不再仅仅追求物美价廉，而更加追求消费体验，因此消费基础设施必须转型升级以满足新型消费的需求。随着新型城镇化建设推进，以及产业转型升级及居民消费升级需求不断加大，消费基础设施建设前景广阔，城投公司可趁此机会瞄准智慧零售、智慧教育、智慧旅游、智慧广电、智慧康养、智慧家政等多个细分领域，积极进行基础设施提质改造和新型消费业务布局。

（二）"轻运营"转向"重运营"，多种方式盘活存量资产

基础设施建设是经济社会发展的重要支撑，经过多年的投资建设，我国在交通能源、城市建设、仓储物流、生态环保等领域积累了大批存量资产，但长期以来基础设施习惯于"做加法""做增量"，重视投资建设，轻视存量资产运营管理，导致大批基础设施存量资产未得到有效开发利用。近几年来，中央相关会议多次指出要盘活基础设施存量资产，拓宽社会投资渠道，扩大有效投资，降低政府债务风险。随着基础设施 REITs 试点进一步深入，发展驶入"快车道"，同时 PPP、产权交易、进场交易、无偿划转、资产置换、联合开发等资产盘活方式也将根据存量资产特点综合利用，以推动闲置低效资产改造与转型。未来，基础设施建设投资将重点关注优质存量资产盘活，"重建设轻运营"转变为"重建设重运营"是必然趋势，城投公司应改变观念，由粗犷式建设发展转变为精细化投资运营，做好旗下资产盘活工作，深挖存量基础设施资产价值，提高存量资产利用效率与盈利能力，提高资产规模效益，助力城投公司市场化转型发展。

（三）乡村振兴仍是重点，全面加强农业农村现代化建设

"十三五"时期现代农业建设取得了重大进展，"十四五"时期则是乘势而上开启全面建设社会主义现代化国家新征程的重要时期。全面建设社会主义现代化国家最艰巨、最繁重的任务仍是农村现代化，因此需加快推进村庄规划工作、加强乡村公共基础设施建设、实施农村人居环境整治提升、提升农村基本公共服务水平、推进农村消费和加快城乡融合发展等。经过多年的努力，目前我国农村设施在农村通路通车、供水供电、通信等方面已有显著提升，接下来，农业农村工作重心将主要放在"强弱项"，聚焦农田基础设施建设、农村清洁能源设施建设、农村物流设施建设、农村供水设施建设、农村信息基础设施建设等方面。基于该项趋势，城投公司应加强前瞻研究，做好科学规划，根据各地区自身特点及相关基础，合理规划、分类施策，做好农业农村现代化基础设施相关布局。

（四）构建新型融资体系，探索基础设施全生命周期融资模式

基础设施投资是一种长期投资，受市场与政府影响较大，在融资工具上，基础设施投资最优匹配为长期、大额、低成本的融资工具。近几年，受政策及市场环境影响，政府举债被严格限制，传统融资模式遇见瓶颈，为适应基础设施建设投资发展，应通过创新融资模式设计与融资工具使用组合，着力构建与基础设施发展规律相适应的投融资体系，保障基础设施高质量发展。同时，新型基础设施建设项目的不断增多，要求在技术发展的不同阶段融入充足的资金，融资模式需与各阶段盈利特征和风险程度相适应，因此，"建设期融资模式"转向"全生命周期融资模式"是必然趋势。基于以上考虑，在基础设施建设过程中，城投公司可探索"REITs+"全生命周期融资模式，在项目规划阶段可由金融机构规划投融资方案，在项目运营期可通过发行基础设施 REITs 实现存量债务退出和新项目资金沉淀，以存量带增量，实现基础设施建设"融资规划+中长期贷款+基础设施 REITs"的全生命周期闭环融资循环。

B.5
2021年土地整理业务分析

周小琴　张玉*

摘　要： 本报告描述了2021年土地整治服务市场发展状况，分析了土地整治服务运作过程中存在的问题，梳理了土地整治相关政策，并结合2021年城投公司土地整理业务发展主要情况，探讨在土地全域综合整治背景下城投公司土地整理业务的未来发展趋势。

关键词： 全域土地综合整治　乡村振兴　城投公司

土地整理的概念第一次正式写入中央文件，是在《中共中央国务院关于进一步加强土地管理切实保护耕地的通知》（中发〔1997〕11号）中，该通知明确提出了土地整理思路，即"积极推进土地整理，搞好土地建设"。自此土地整理的内涵得到逐步丰富，包括对田、水、路、林、村的综合整治，提出了对土地建设、耕地质量、耕地有效面积、农业生产条件和环境等内容的具体要求。1999年1月1日，《中华人民共和国土地管理法》正式实施，标志着国家从法律层面正式规范了土地整理的内容。

2000年，国土资源部编制实施的《土地开发整理规划编制规程》（TD/T1011-2000）提出了明确的规划目标、任务和主要内容，规范了土地开发整理规划的编制工作，以引导土地整治工作有序展开。2004年，《国务院关于深化改革严格土地管理的决定》（国发〔2004〕28号）提出了建设用地

---

* 周小琴，博士，江苏现代资产投资管理顾问有限公司现代研究院高级研究员、管理咨询事业部项目总监，研究方向为战略规划、资产管理和土地政策；张玉，江苏现代资产投资管理顾问有限公司现代研究院研究员，研究方向为集团管控、战略与组织管控等。

增减挂钩，为城乡建设用地布局调整提供了政策依据。这一时期土地整理的内容以农用地为主，目标多是增加耕地面积和提高耕地质量，在实践中探索农用地整理与村庄土地整治相结合，整治范围也开始由农村向城镇工矿用地延伸。

2008年，《全国土地利用总体规划纲要（2006—2020年）》发布，第二轮土地规划编制工作拉开序幕。2010年，《国土资源部关于开展土地整治规划编制工作的通知》（国土资发〔2010〕162号）发布，对各级土地整治规划编制及14个试点市、县的土地整治规划编制工作做出了全面部署。2012年国务院正式批准颁布实施的《全国土地整治规划（2011—2015年）》对全国土地整治工作进一步做出了明确指示，随后推出了关于基本农田、高标准基本农田、耕地质量等的一系列政策文件。2016年发布的《中共中央国务院关于落实发展新理念加快农业现代化实现全面小康目标的若干意见》明确指出，要"大力实施农村土地整治"，并希望通过土地整治促进现代农业基础夯实、农业绿色发展、农村产业融合、农村改革推进。2018年，国土资源部提案建议全面实施土地综合整治助推乡村振兴。2019年，自然资源部印发《关于开展全域土地综合整治试点工作的通知》（自然资发〔2019〕194号），文件指出要按照《乡村振兴战略规划（2018—2022年）》的相关部署要求，组织开展全域土地综合整治试点工作，明确了全域土地综合整治的重点任务，即农用地整理、建设用地整理和乡村生态保护修复。这是土地综合整治首次提出"乡村生态保护修复"任务。[1] 2020年6月，自然资源部印发《全域土地综合整治试点实施要点（试行）》（自然资生态修复函〔2020〕37号），着力从区域发展和城乡统筹的角度，统筹安排农用地整治、农村建设用地整治、低效工矿用地整治、土地复垦和未利用地开发，全面实施高标准农田建设、耕地质量提升、"旱改水"、表土剥离、农田水利建设、生态环境整治及对传统历史文化村落的保护，将孤立、分散

---

① 周燕妮：《乡村振兴背景下都市近郊区全域土地综合整治模式初探》，《小城镇建设》2020年第11期。

的土地开发整理项目转变为连片集中的综合整治项目，着力延展土地整治的产业链和价值链，从而促进区域土地环境质量的提升。2021 年 4 月，自然资源部国土空间生态修复司印发《全域土地综合整治试点实施方案编制大纲（试行）》，指导土地综合整治实施方案编制。2021 年中央一号文件更是释放了乡村振兴战略的积极信号，"十四五"规划将"规范开展全域土地综合整治"作为实施乡村建设行动的一项重点内容。这一时期，土地整治的内涵扩展完善，实施目标与发展任务更加多元，从原先单纯的土地整治发展到"全域土地综合整治+"模式，各地如火如荼开展高标准基本农田建设与保护、乡村振兴、美丽乡村建设等探索实践。

城投公司作为我国各地区城乡建设和产业发展的重要承担者，敢于承担，与时俱进，持续推进服务城乡土地整治、基础设施及配套建设、矿山修复、城市更新、乡村振兴、全域土地综合整治等业务，在相关业务中积累了丰富的实践经验和政策资源。

一　2021年土地整治服务市场发展状况

（一）土地市场发展情况

2021 年，全国 300 城土地出让金总额为 56199 亿元，同比下滑 9%；土地供应 138000 万平方米，同比下降 7%；成交量 103525 万平方米，同比下降 17%。此外，楼面均价 2820 元/平方米，同比上涨 12%；全国 300 城各类用地平均溢价率为 10%，较 2020 年同期下降 4 个百分点（见表 1）。

1. 整体供应同比小幅下降，成交面积同比走低，成交楼面均价增逾一成，土地市场保持稳定

2021 年，全国 300 城土地供应同比小幅下降，成交量同比减少近两成，出让金缩水近一成，楼面均价走高，平均溢价率下降 4 个百分点。住宅用地成交楼面价为历史最高水平，平均溢价率保持在低位。

表1 2021年全国300城土地一级市场情况

时间	指标	供应面积（万平方米）	成交面积（万平方米）	出让金（亿元）	楼面均价（元/平方米）	溢价率（%）
2021年	绝对量	138000	103525	56199	2820	10
	同比(%,百分点)	−7	−17	−9	12	−4
一季度	绝对量	25350	22877	9935	2380	15
	同比(%,百分点)	8	16	23	11	4
二季度	绝对量	33114	23939	19843	3738	16
	同比(%,百分点)	−13	−15	8	26	0.4
三季度	绝对量	31340	23403	10541	2465	7
	同比(%,百分点)	−12	−29	−33	−3	−8
四季度	绝对量	48196	33306	15880	2574	3
	同比(%,百分点)	−5	−23	−18	11	−9

资料来源：CREIS中指数据，现代咨询整理。

2021年，全国300城整体成交楼面均价为2820元/平方米，同比上涨12%。其中，住宅用地成交楼面均价为5571元/平方米，同比上涨25%。楼面价的上涨一方面受今年集中供地特别是第一批次的交易火热的影响，二季度住宅用地楼面均价达到历年高值；另一方面，一线城市住宅用地成交规模明显增大，且优质地块增多，带动全国成交楼面均价结构性上涨。

分季度来看，2021年一季度全国300城整体供求各指标均同比上升，出让金同比上涨23%；二季度，第一批集中供地陆续成交，楼面均价处于年内高位；三季度，各项调控政策收紧，供求各指标同比走低，土地市场整体呈现低温态势；四季度，各城市推地的节奏加快，但供求总量仍不及2020年同期。

分城市来看，2021年，一线供需两旺，二线均价走高，三、四线收紧下滑。一线城市土地供需同比走高，出让金较2020年上涨9%，成交均价基本持平；二线城市土地供需较2020年下滑，成交楼面均价增长14%，出让金总额同比小幅下滑；三、四线城市则出现成交量及出让金双下滑，溢价率同比下滑4个百分点（见表2）。

表2　2021年全国300城土地一级各类市场情况

城市类别	指标	供应面积（万平方米）	成交面积（万平方米）	出让金（亿元）	楼面均价（元/平方米）	溢价率（%）
一线城市	绝对量	5143	4461	9309	8738	5
	同比(%,百分点)	26	16	9	−1	−5
二线城市	绝对量	46857	37554	26917	3624	10
	同比(%,百分点)	−8	−18	−7	14	−3
三、四线城市	绝对量	86000	65510	19973	1747	13
	同比(%,百分点)	−7	−18	−17	5	−4

资料来源：CREIS中指数据，现代咨询整理。

从各用途用地来看，成交面积占比稳定，住宅用地收紧、占比微涨。在出让金方面，2021年住宅用地出让金占比较2020年上涨0.7个百分点，达到85.8%，商办用地出让金占比为8.5%，工业和其他用地出让金合计占比5.7%，较上年上涨0.4个百分点。在成交面积方面，2021年全国各类用地供求结构较稳定，工业用地占半数，较2020年上涨4.5个百分点；住宅用地成交面积占比为35.9%，较2020年下滑近4个百分点；其他用地占比较2020年上涨0.3个百分点。

2.供应量与成交量大幅下降，成交面积略超前年水平

2021年，土地供应与成交总量均低于2020年，但仍超出以前年份，其中成交面积仅略微超出2019年水平。土地供应与成交增速在2017~2020年持续上涨，2021年则出现负增长（见图1）。二、三、四线城市的土地成交热度均有明显下滑，大部分城市的成交量均不及上年同期。土地供应量下降一方面受集中供地新政和市场下行的双重影响，另一方面受政策调控、融资收紧以及疫情反复影响。土地成交量下降主要是因为政府不断强调"房住不炒"的核心基调，调控力度加大，加上融资收紧、土地供给端改革的影响，房企拿地越趋谨慎。

3.出让金收入总量小幅下滑，2016年以来增速首次转负

2021年，全国300城土地出让金收入实现56199亿元，同比下降9%，

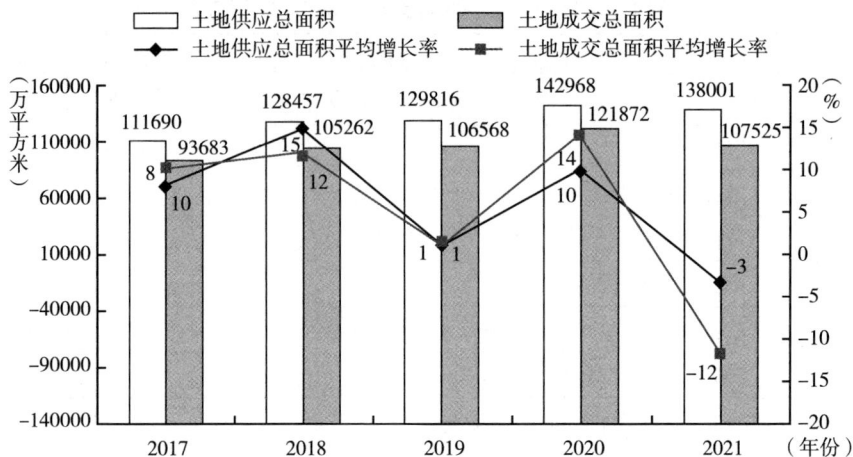

图1 2017～2021年土地供应与成交情况

2016年以来首次出现增速转负。2017～2020年土地出让金收入保持上升趋势，2017年增长率为40%，但2018年增长率骤降到4%（见图2），主要是由于城市调控政策持续收紧，"土地财政"作为地方政府的重要收入保障逐渐"褪色"，受供地结构、土拍政策等影响，企业拿地更加谨慎。2019年，土地市场呈现前高后低的走势，重点城市的土地出让金创下新高，土地市场高位运行，使土地出让金收入增长率再度上涨。2020年，结合中央和地方政策调整趋势，"宽供应、降成本、紧融资"成为土地市场常态，2020年土地出让金收入增长速度放缓。2021年土地出让金收入出现负增长，主因是随着融资环境收紧，监管力度加强，部分房企出现债务违约，房企整体拿地更加审慎，拿地规模不高。

4.平均溢价率有所下滑

2021年，全国300城土地平均溢价率为10%，低于2017～2020年土地平均溢价率的水平，虽有所下滑，但仍维持在平稳发展的水平（见图3）。受城市成交结构变化及热点城市严控溢价率影响，城市地价出现下滑趋势，未来各地或将调低土地出让价格以顺利完成土地出让，土地市场将保持低位运行，溢价率指标或将进一步走低。

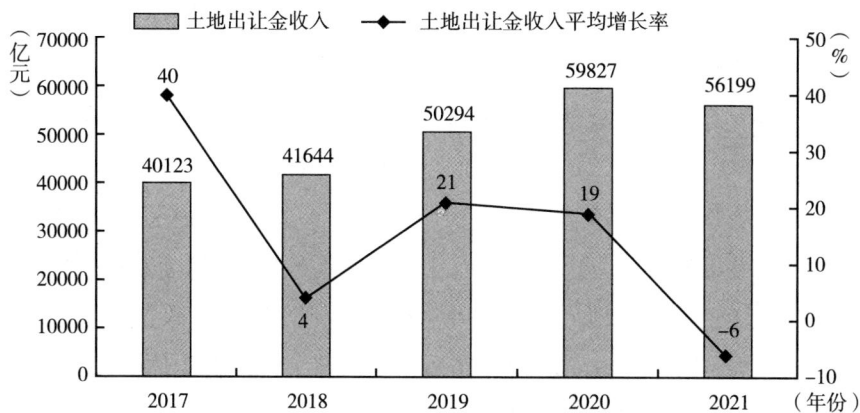

图2　2017~2021年土地出让金收入及增长率

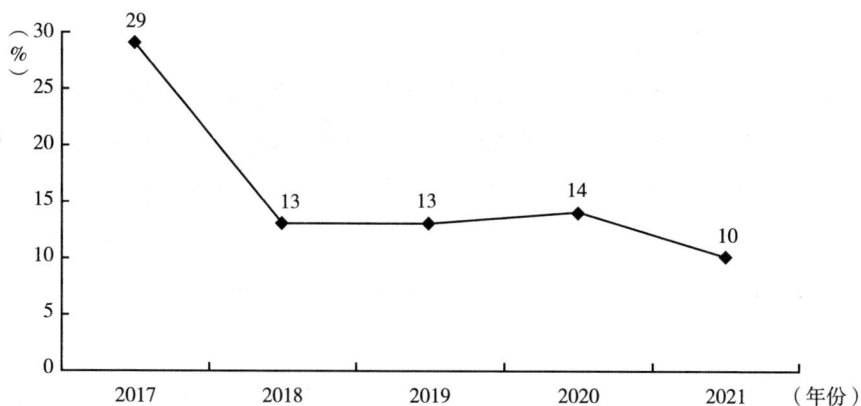

图3　2017~2021年土地平均溢价率

（二）政策发展情况

2018 年以来，土地整治逐步成为国家实施乡村振兴战略、促进城乡融合发展、加快新型城镇化建设的重要抓手。2018 年，《乡村振兴战略规划（2018—2022 年）》发布，提出"加快国土综合整治，实施农村土地综合整治重大行动"。2019 年，《关于完善建设用地使用权转让、出租、抵押二级市场的指导意见》发布，提出"建立城乡统一的建设用地市场，促进土地要素流通流畅，提高存量土地资源配置效率"。2020年发布的《关于调整完善土地出让收入使用范围优先支持乡村振兴的意见》明确"到'十四五'期末，以省（自治区、直辖市）为单位核算，土地出让收益用于农业农村比例达到50%以上"。2021年修订通过实施的《中华人民共和国土地管理法实施条例》首次将划定落实"三条控制线"写入法规。国家从政策法规等多层面逐步系统规范了全域土地整治工作，尤其是2019年《中共中央国务院关于建立国土空间规划体系并监督实施的若干意见》发布，对全域土地综合整治开展具有十分重要的指导作用。从内容上说，将主体功能区规划、土地利用规划、城乡规划等空间规划融合为统一的国土空间规划，实现多规合一，形成"一本规划、一张蓝图"，按照五级三类，建立统一的编制审批体系、实施监督体系、法规政策体系和技术标准体系，构建统一的基础信息平台，形成全国国土空间开发保护"一张图"。从发展趋势上说，明确了"十四五"期间健全国土空间规划法规政策和技术标准体系，全面实施国土空间监测预警和绩效考核机制的发展目标和重要举措。国土空间规划和全域土地综合整治天然具有紧密的政策与业务关联，可以说国土空间规划对全域土地整治工作开展具有重要指导意义：一是全域土地综合治理的区域必须与国土空间规划划定的综合整治潜力区域充分衔接；二是充分把握国土空间的功能、特征，以明确土地综合整治的方向和重点，有效指导土地综合整治项目具体措施；三是在实施过程中，应该充分整合协同国土空间规划明确的近期重点建设项目与全域土地综合整治实施方案。

梳理2021年土地整治相关政策条例（见表3）可以发现以下三点。一是全域土地综合整治与乡村振兴战略的结合度更紧密了，因为全域土地综合整治能够有效解决各个产业发展中的用地瓶颈，围绕全域土地综合整治着重开展粮食安全、精准扶贫、引资下乡和返乡就业甚至创业等，不但有利于坚守耕地保护红线，而且有利于实现农民脱贫增收，还可以增强乡村产业的竞争力，推动乡村产业发展，借此做实全域土地综合整治，助力乡村振兴。二是生态文明建设在土地整治和乡村振兴领域越来越重要，第十三届全国人民代表大会将生态文明建设写入宪法，生态文明建设被提高至空前的历史高度和战略地位。三是土地整治与土地生产要素的流通、使用等产生了更紧密、更具体的联系。比如中共中央办公厅、国务院办公厅印发的《建设高标准市场体系行动方案》提出，开展土地指标跨区域交易试点。对城乡建设用地增减挂钩节余指标跨省域调剂政策实施评估，探索建立全国性的建设用地指标跨区域交易机制。改进完善跨省域补充耕地国家统筹机制，稳妥推进补充耕地国家统筹实施。《中国中央、国务院关于全面推进乡村振兴加快农业农村现代化的意见》提出，开展乡村全域土地综合整治试点，制定落实提高土地出让收益用于农业农村比例考核办法，确保按规定提高用于农业农村的比例。

表3　2021年土地整治相关政策

公告日期	政策文件	文号	主要内容
1月31日	中共中央办公厅、国务院办公厅印发《建设高标准市场体系行动方案》	—	开展土地指标跨区域交易试点。对城乡建设用地增减挂钩节余指标跨省域调剂政策实施评估，探索建立全国性的建设用地指标跨区域交易机制。改进完善跨省域补充耕地国家统筹机制，稳妥推进补充耕地国家统筹实施。在有条件的地方探索建立省域内跨区域补充耕地指标交易市场，完善交易规则和服务体系
2月21日	《中共中央、国务院关于全面推进乡村振兴加快农业农村现代化的意见》	—	明确耕地和永久基本农田不同的管制目标和管制强度，严格控制耕地转为林地、园地等其他类型农用地，强化土地流转用途监管。开展乡村全域土地综合整治试点
3月22日	《中共中央、国务院关于实现巩固拓展脱贫攻坚成果同乡村振兴有效衔接的意见》	—	坚持最严格耕地保护制度，强化耕地保护主体责任，严格控制非农建设占用耕地，坚决守住18亿亩耕地红线。以国土空间规划为依据，按照应保尽保原则，新增建设用地计划指标优先保障巩固拓展脱贫攻坚成果和乡村振兴用地需要，过渡期内专项安排脱贫县年度新增建设用地计划指标，专项指标不得挪用；原深度贫困地区计划指标不足的，由所在省份协调解决

公告日期	政策文件	文号	主要内容
4月14日	《中华人民共和国土地管理法实施条例》	国令第743号	国家对耕地实行特殊保护。省、自治区、直辖市人民政府对本行政区域的耕地保护负总责,国务院对其耕地保护责任目标落实情况进行考核。建立耕地保护补偿制度,规定国家建立耕地保护补偿制度
6月2日	《国务院办公厅关于科学绿化的指导意见》	国办发〔2021〕19号	鼓励通过农村土地综合整治,利用废弃闲置土地增加村庄绿地;结合高标准农田建设,科学规范、因害设防建设农田防护林
7月2日	《国务院办公厅关于加快发展保障性租赁住房的意见》	国办发〔2021〕22号	保障性租赁住房由政府给予土地、财税、金融等政策支持,充分发挥市场机制作用,引导多主体投资、多渠道供给,坚持"谁投资、谁所有",主要利用集体经营性建设用地、企事业单位自有闲置土地、产业园区配套用地和存量闲置房屋建设,适当利用新供应国有建设用地建设,并合理配套商业服务设施。支持专业化规模化住房租赁企业建设和运营管理保障性租赁住房
10月24日	《中共中央、国务院关于完整准确全面贯彻新发展理念做好碳达峰碳中和工作的意见》	—	实施生态保护修复重大工程,开展山水林田湖草沙一体化保护和修复。深入推进大规模国土绿化行动,巩固退耕还林还草成果,实施森林质量精准提升工程,持续增加森林面积和蓄积量。加强草原生态保护修复。强化湿地保护。整体推进海洋生态系统保护和修复,提升红树林、海草床、盐沼等固碳能力。开展耕地质量提升行动,实施国家黑土地保护工程,提升生态农业碳汇。积极推动岩溶碳汇开发利用
11月10日	《国务院办公厅关于鼓励和支持社会资本参与生态保护修复的意见》	国办发〔2021〕40号	针对生态功能减弱、生物多样性减少、开发利用与生态保护矛盾突出的农田生态系统,开展全域土地综合整治,实施农用地整理、建设用地整理、乡村生态保护修复、土地复垦、生物多样性保护等,改善农田生境和条件

公告日期	政策文件	文号	主要内容
12月15日	中共中央办公厅、国务院办公厅印发《农村人居环境整治提升五年行动方案（2021—2025年)》	—	通过集约利用村庄内部闲置土地等方式扩大村庄公共空间。地方各级政府要保障农村人居环境整治基础设施建设和运行资金,统筹安排土地出让收入用于改善农村人居环境,鼓励各地通过发行地方政府债券等方式用于符合条件的农村人居环境建设项目

资料来源：现代咨询根据公开资料整理。

（三）我国土地整治存在的问题

1.土地整治目标单一，生态系统修复不足

一是由于"十三五"期间土地整治规划仅分解了高标准农田建设和补充耕地两项控制性指标，没有设定生态类指标，造成土地整治活动大多以高标准农田建设和补充耕地为主，相对全域土地综合整治，缺乏整体性、系统性且目标方式较为单一，随着土地整治项目规模的不断扩大，山水林田等生态资源的整治与修复工作力度不足。二是落实生态文明建设更多停留在规划的原则要求和发展理念上，缺乏具体任务举措引领，因此以土地整治服务绿色发展、推动生态修复和综合治理的主客观动力不足。为了在实践中贯彻生态文明建设的理念，在土地整治过程中建设与维护生态系统，需细化设定生态类指标，通过监管生态指标，实现土地治理与生态文明建设协同发展。

2.资金整合难度较大，亟待建立多元化资金投入机制

土地整治相关部门的资金投入均有较严格的申请程序、投资对象、审计审核等管理要求，且差异较大，整合难度大。随着全域土地综合整治开启，重点任务转向存量挖潜、生态修复等，投入成本要求更高，财政资金难以满足资金需求，加之社会资金融资方式、利益分配机制等还不够健全，多元融资效果还不明显。未来需要进一步调动社会资金积极参与，实现融资渠道多

元化。

3. 整合协调机制不足，综合性技术标准支撑不健全

全域土地综合整治是生态系统性工程，与山、水、林、田、湖、草、路、村、城、镇等多个方面息息相关，需要多个政府职能部门参与其中，并强化统筹管理。但各种政策出自不同部门，规划机制一定程度上缺乏协同推进和统筹落实。再加上现有土地整治技术标准、规范多为单项内容，缺少以生态为导向或聚焦农村土地的标准和规范，难以适应土地综合整治、国土空间生态修复的新形势、新要求。地方政府需要积极引导社会各界参与整治工作，拓宽参与渠道和参与形式，优化土地整治管理决策，吸纳更多专业领域的人才、团队和社会力量投入土地整治过程，如在农业用地规划发展、土地整治专业技术、基础设施建设、产业管理运营等方面具有丰富实操经验的专家和团队积极投身土地整治工作，在实现连片集中、方便耕作的基础上，提升农业水利基础设施、发展新产业新业态、推动适度规模经营、发展农业经营主体、保护生态环境等，形成因地制宜、系统完善的土地整治模式，切实提高土地整治的生态建设成效和土地产出能效①。

二 2021年城投公司土地整理业务分析

为了深度研究2021年城投公司土地整理业务的开展情况，本报告选取全国地市级城市有公开数据的市属非专门行业的200家城投公司作为统计样本进行行业务分析，通过对样本对象2021年审计报告、评级报告等公开资料的汇总与整理，可以看出200家城投公司中开展土地整理业务的共55家，以下主要从经营概况、盈利能力、运作模式三个维度进行详细阐述。

（一）经营概况

城投公司在开展国有建设用地征地拆迁和"七通一平"建设过程中积

---

① 梁梦茵、孔凡婕、梁宜：《"十三五"土地整治规划的回顾与反思》，《中国土地》2021年第1期。

累了丰富的资源和经验，并天然地与自然资源部（土储中心）等土地管理机构有业务对接，因此在土地建设开发与流转方面具有明显优势。城投公司承担的土地整理业务主要为接受政府或其授权方委托，承担标的地块的道路、供水、供电、供气、排水、通信、围挡等基础设施建设，并进行土地平整，达到"三通一平""五通一平""七通一平""九通一平"，使土地达到建设要求或出让标准。城投公司成立之初，地方政府对其注资的方式多是少量财政拨款加上土地资产和少量特许经营业务，尤其是土地资产和土地整理业务占比较大，所以多数城投公司拥有较多的土地资产，土地储备与整理相关的营业收入是城投公司的主要收入来源。2010 年以来，国家陆续出台多项政策法规剥离城投公司土地储备功能，造成城投公司土地整理收入出现一定的波动。随着土地出让收入返还机制逐步规范，城投公司土地整理业务收入主要来自剔除业务成本之后的加成利润。

从 55 家城投公司样本数据来看，相关业务主要为土地出让、土地整治、土地开发整理、土地整理转让、土地指标转让、拆迁劳务、土地增减挂钩、土地开发、土地熟化业务等，基本反映了当下城投公司对土地整理相关业务的几种定位：一是将土地整治作为工程类或服务类业务；二是以实现土地指标转让作为业务运作的标的；三是将土地价值开发作为土地整治业务的起点。相较而言，全域土地综合整治更需要在国土空间规划指引下，以深入挖掘土地价值为导向的多类型业务发展思路，也更考验城投公司各类业务能力的系统性统筹。

在 200 家统计总样本中，有 55 家从事土地整理业务，占比 27.5%。2021 年 55 家城投公司的土地整理营业收入合计约 554.81 亿元，占统计总样本营业收入的 4.14%，土地整理营业成本占统计总样本营业成本的 3.38%，平均毛利 3.16 亿元，占统计总样本平均毛利 10.68 亿元的 29.59%，平均毛利率达 31.37%，约为总样本平均毛利率 17.96% 的 2 倍，说明土地整理业务收入对城投公司营业收入的贡献度相对不高，业务成本支出规模相对较低，但业务的政府资源属性和土地资本属性，使它的利润贡献度较高，仍旧是城投公司应该重视发展的重要业务之一。

（二）盈利能力

营业收入、毛利率指标通常能反映企业主营业务的盈利能力，而营收占比则能凸显某一类业务的重要程度。本文通过对 55 家城投公司 2021 年和 2020 年土地整理业务的营业收入、营业成本和毛利率三个指标的对比分析，更全面地反映土地整理业务的盈利水平及其对城投公司业务运作的重要性。

从整体来看，2021 年城投公司参与土地整理业务的营业收入合计约 554.81 亿元，相比 2020 年的营业收入 645.15 亿元同比下降了约 14.00%。土地整理业务平均收入规模从 2020 年 11.73 亿元下降至 10.08 亿元。2021 年城投公司参与土地整理业务的营业成本合计约 380.75 亿元，同比 2020 年的 440.16 亿元下降约 13.50%，土地整理业务平均成本规模从 2020 年 8.00 亿元下降至 2021 年 6.92 亿元。2021 年样本城投公司土地整理业务毛利总和 174.06 亿元，相较于 2020 年毛利总和 204.99 亿元下降了 15.09%，平均毛利下降至约 3.16 亿元。毛利率由 2020 年的 31.77% 小幅下降至 2021 年的 31.37%。从以上数据可以看出，2021 年土地整理业务规模整体有一定收缩，营业收入和营业成本下降均超过 10%，盈利能力也产生一定程度下滑，这可能与房地产行业发展收缩和 2020 年下半年开始新增专项债"坚持不安排土地储备项目、不安排产业项目、不安排房地产相关项目"有较大关系。

1. 土地整理业务营业收入

在 55 家城投公司中，2021 年土地整理业务营业收入在 20 亿元以上的有 7 家，分布在 20 亿元至 90 亿元不等，占比 12.73%；营业收入为 15 亿~20 亿元的有 1 家，占比 1.82%；营业收入为 10 亿~15 亿元的有 6 家，占比 10.91%；营业收入为 5 亿~10 亿元的有 14 家，占比 25.45%；营业收入在 5 亿元以下的有 27 家，占比 49.09%。可以看出，2021 年，随着城投公司土地整理业务营业收入的增加，样本数量在总体上呈现递减趋势；土地整理业务营业收入在 5 亿元以下的占比最大，约为 50%；土地整理业务营业收入在 10 亿元以下的合计占比 74.54%，说明 2021 年大多数城投公司土地整理业务的营业收入在 10 亿元以下。进一步对比不同营业收入分层对应的营业收入合计占比，可以发现，占样本量74.54%的营业收入在10亿元以下的城投公司，其营业收入合计占样本量的 26.95%；余下 25.46% 的城投公司，其营业收入合计占样本量 73.05%。可见，土地整理业务在城投公司中显示出一定的"二八分布"的特征，头部企业往往更容易积聚规模优势（见图 4）。

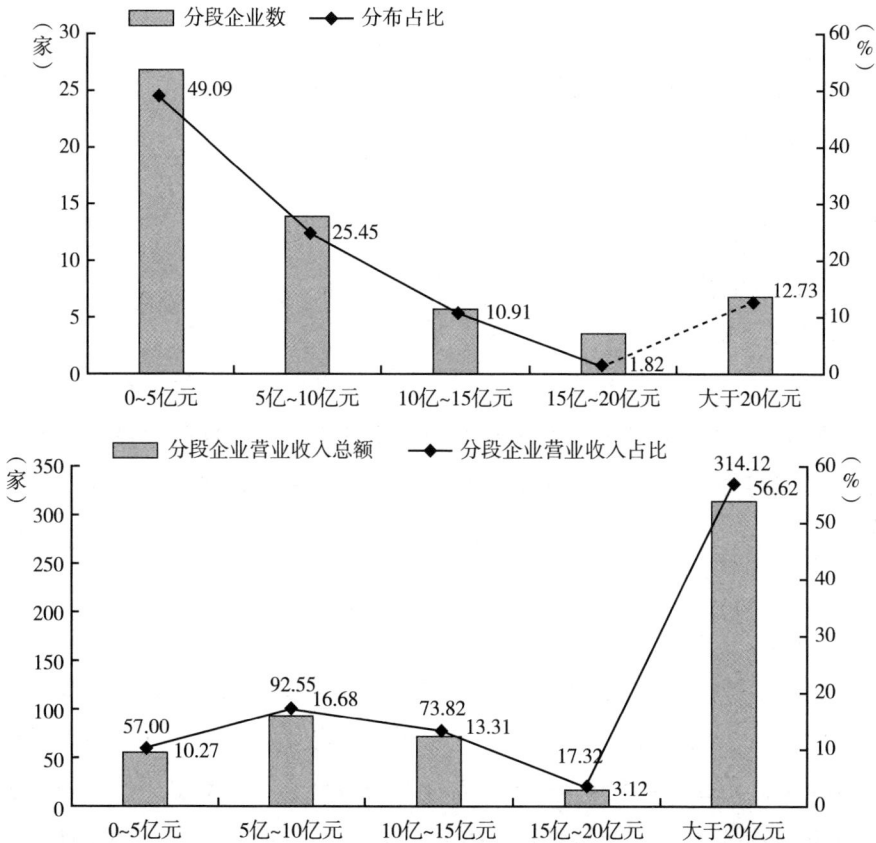

图 4　2021 年 55 家城投公司土地整理业务营业收入分布情况

资料来源：城投公司年度报告、评级文件。

在 55 家城投公司中，长沙城市发展集团有限公司土地整理业务的营业收入最高，为 85.54 亿元。长沙城市发展集团有限公司 2019 年成立，主要

101

实施"一核三极",即"城市开发、城市建设、城市运营、产融投资"的发展格局,负责湖南金融中心、洋湖总部经济区、会展片区、马栏山片区、高铁西城、月亮岛文旅新城、南部融城、南湖新城、金霞消费电子产业集聚区、九华高铁片区等重点片区开发建设运营工作,在湖南省"强省会"城市发展战略的推动下,其城市开发相关业务(如土地整理)得到高速发展。

2. 土地整理业务营业成本

在 55 家城投公司中,2021 年土地整理业务营业成本在 10 亿元以上的有 9 家,占比 16.36%;5 亿~10 亿元之间的为 10 家,0~5 亿元之间的 31 家,还有 5 家企业未产生营业成本,55 个样本平均营业成本规模约为 6.92 亿元,营业成本超过平均营业成本规模的有 13 家,营业成本合计占比 23.64%,营业收入成本合计占比为 71.14%。可见土地整理业务投入具有较大的不均衡性,收入实现因转让或开发等可能有滞后性,且土地整理业务本身具有一定的规模效应,头部企业比较明显。如长沙城市发展集团有限公司、济南城市投资集团有限公司、汉江国有资本投资集团有限公司等城投公司的土地整理业务营业成本处于平均规模以上,这些城投公司所在的城市往往是区域中心城市或重要节点城市,且土地整理业务往往与土地开发、土地出让挂钩,因此其营业收入、营业成本、毛利均具有规模大的特点。

3. 土地整理业务毛利率

在 55 家城投公司中,2021 年毛利率处于均值以上的城投公司共 27 家,其对应营业收入平均值为 8.59 亿元,营业成本均值为 4.04 亿元,毛利平均值为 4.54 亿元,其业务除了一部分与土地开发经营、土地出让挂钩外,还有一部分与拆迁劳务、土地平整等相关,说明劳务、工程类的土地整理业务一般具有业务规模小、毛利相对高的特点。毛利处于均值以上的样本主要分布如下:一是城市开发比较深入的城投公司,如天津城市基础设施建设投资集团有限公司、重庆市城市建设投资(集团)有限公司、北京市基础设施投资有限公司等;二是尚处于建设发展期、中心城市地位不够显著的区域城投,如恩施城市建设投资有限公司、随州市城市投资集团有限公司、仙桃市城市建设投资开发有限公司、滁州市城市投资控股集团有限公司、渭南市城市投资集团有限公司、巴中市国有资本运营集团有限公司等；三是区域经济财政实力不显的地方城投公司。绵阳市投资控股（集团）有限公司、常德市城市建设投资集团有限公司、临沂城市发展集团有限公司土地整理业务由于较高的成本支出，毛利率接近于零，反映出土地整理业务成本管控的必要性。

结合毛利率和营业收入进行分析，如图5所示，2021年毛利率在60%以上的城投公司占比27.27%，其营业收入合计占比相对较低为12.26%，呈现毛利率高、营业收入低的特征；毛利率在20%以下的城投公司占比38.18%，其营业收入合计占比也相对较低，为32.86%，呈现毛利率低、营收低的特征；毛利率在20%～60%的城投公司占比34.54%，其营业收入合计占比54.33%，说明土地整理业务的盈利水平（毛利率）在营业收入贡献上存在头部陷阱和尾部陷阱，盈利水平反映了城投公司在土地整理业务上的运作统筹能力，因此盈利水平相对合理的城投公司，其营业收入创造能力更大（见图5）。

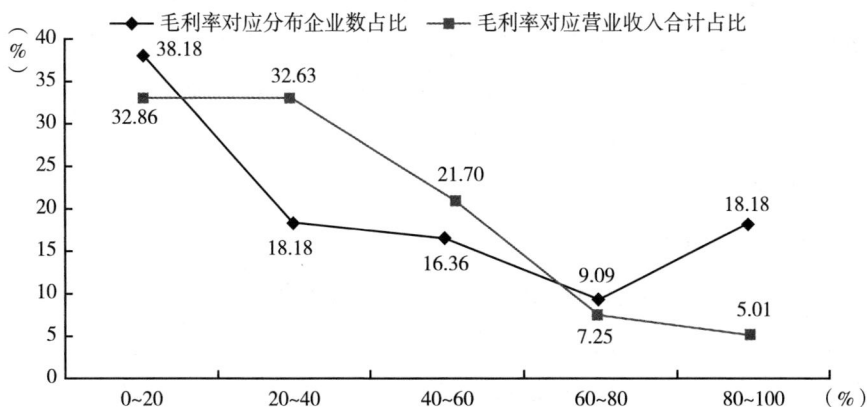

图5 2021年55家城投公司土地整理业务毛利率分布情况

资料来源：城投公司年度报告、评级文件。

（三）运作模式

在城投公司建立之初，地方政府注入土地资产较为随意，城投公司因此拥有了大量土地资产（包括生地与熟地）。2012 年以后，政府注入土地资产逐步规范化，土地储备（生地）注入被禁止。城投公司获取土地使用权现有两种规范方式：一是城投公司参与"招拍挂"，及时缴纳足额土地出让金，获得经营用地或工业用地等建设用地的土地使用权；二是以政府划拨方式无偿获得的土地使用权，必须经过有关部门依法批准，并严格将土地用于指定用途。总结城投公司土地整理运作方式，有如下四种。

1. 土储中心模式

城投公司建立初期承担土地储备职能，参与土地征购、储存、供应三个环节。城投公司除了一级开发业务，也负责前期的土地征购和土地资产入账。在这种模式下，城投公司可以用土地收益权进行抵押融资，将所获资金用于一级开发业务或其他业务。待土地挂牌上市后，由财政资金返还开发成本。土地整治遵循"谁储备、谁整治"的原则，城投公司可以直接参与一级开发。在以土储中心模式开展土地整理业务的模式下，一方面，城投公司可通过质押土地收益权从银行获取融资，将所获资金用于土地一级开发或其他领域的投资，扩张业务规模；另一方面，城投公司以征地或收购的方式取得生地储备后，可进行土地一级开发使其变为熟地，再进行挂牌出让，以获取土地增值收益。

2. 政府采购模式

《财政部、国土资源部、中国人民银行、银监会关于规范土地储备和资金管理等相关问题的通知》（财综〔2016〕4 号）明确了"土地储备工作只能由纳入名录管理的土地储备机构承担，城投公司不得新增土地储备工作"，土地征收、收购、收回涉及的拆迁安置补偿服务可由自然资源部作为采购主体，通过政府购买服务模式进行相关的运作，土地前期开发相关的基础设施建设可以由土储机构作为采购主体进行政府采购。按照相关规定，土地储备支出优先从国有土地收益基金、土地出让收入、存量贷款资金中安排，不足部分通过省级政府发行的地方政府债券筹集资金解决。2017 年 6 月，财政部发布《关于坚决制止地方以政府购买服务名义违法违规融资的通知》（财预〔2017〕87 号），严禁将土地储备前期开发作为政府购买服务项目，限制地方政府以政府购买服务的名义违法违规融资的行为，进一步规范土地储备前期开发的资金来源。从 2020 年开始，专项债不得用于土地储备、棚改等与房地产相关的领域。"十四五"期间，在"住房不炒"的基调下，以土地有效需求驱动得到的土地出让收入返还在很大程度决定了区域土地整理规模和土地供给规模。

3. 委托代建模式

2010 年 9 月，《中共国土资源部党组关于国土资源系统开展"两整治一改革"专项行动的通知》（国土资党发〔2010〕45 号）及后续相关文件颁布后，城投公司仅能与土地储备机构签订代建协议，实际进行土地整理流程后将熟地交还土储机构。在代建模式下，业务委托方理应按照工程进度向代建主体拨付资金，城投公司按照一定比例收取委托代建费用。土地储备机构负责土地储备，通过签署委托协议等方式，委托城投公司负责具体工作，主要包括场地调查和风险评估、修复过程咨询、规划咨询、制订技术方案、实施方案编制服务、投融资咨询等。在该模式下，城投公司不承担融资职能，地方政府负责解决建设资金，企业对工程的质量、安全、进度等负责。在实际情况中，各地土地出让情况存在波动和不确定性，城投公司土地整理业务的资金拨付普遍存在滞后的情况。

4. BOT 模式（PPP/特许经营）

BOT 模式（Build-Operate-Transfer）即建设—运营—移交模式，指签订特许经营权协议，城投公司承担全域土地整治项目的投资、建设、经营与维护。在协议规定的运营期限内，城投公司获得运营收益，以此收回项目投资、建设和运营维护成本，并获得合理回报。约定期限结束后，城投公司将项目整体无偿移交给政府/业主。此模式下，项目资金由城投公司、社会投资人承担，政府负责项目规划、协调、监督等工作。此种模式在片区开发类业务中常用。

在实际业务操作中，大部分城投公司在土地整理业务中存在不同程度的资金垫付情况，随着地方政府财政支出监管趋严和"十四五"期间城投公司融资形势趋严，土地整理垫付资金回收严重依赖土地出让，而土地变现的难易程度取决于当地土地市场景气度，2022 年集中供地政策实施，初步表现为一线城市和热点城市抑价难，一定程度上挤压了开发商盈利空间，城投公司更要因地制宜采取合规适宜的业务模式，加强业务风险管控。

三　城投公司土地整理业务发展趋势

（一）深耕土地整治业务，因地制宜选择项目和产业

县域开发推动新型城镇化建设，乡村振兴促进农村发展，城市有机更新助力城市发展，均需要系统推进土地及相关资源整治、开发、盘活。城投公司应在继续从事传统城乡基础设施建设、土地整理和增减挂业务的同时，积极纵深挖掘土地价值。第一，城投公司应以产业提升为基础，采取规模集群、一二三产业融合开发的思路，集中连片规划建设开发高标准农田项目，兼容农业新科技、农事服务、美丽乡村建设、休闲农业等农文旅要素，以展示美丽乡村、智慧乡村、生态乡村的特点，整合涉农资金，吸引社会资本投入，打造现代生态农业示范区。第二，围绕市场完善功能，针对当前我国大部分县域内农业机械和特色农产品交易的配套设施不足、管理松散，特色农产品种植养殖、加工、销售没有形成完整的产业链且没有市场带动和窗口展示等现状，城投公司可聚焦特色农产品交易和冷链大市场、农业机械交易大市场等建设，夯实区域农业社会化服务基础。第三，围绕区域生态补齐短板，坚持源头减量、过程控制、末端利用的治理路径，城投公司可以涉足农业服务业，服务畜禽规模养殖场、规模养殖场粪污处理、农用有机肥生产、沼液储运等配套设施建设发展，支持推广节水养殖、发酵饲料等绿色新技术新模式，支持推进畜禽养殖废弃物资源化利用、秸秆等农业废弃物综合利用，服务于种养结合、农牧循环的现代农业农村可持续发展。第四，在城市

存量发展的时代背景下，把全域土地综合整治与城市更新结合是整合盘活土地资源的重要手段，城镇建设用地规模连片集中、发展潜力较大且适宜进行局部集中开发建设的城边村，可通过全域土地综合整治中的增减挂钩、拆旧复垦等方式整理开发建设空间、产业发展空间、生态保护空间、历史文化保护空间等，逐步构建新的空间格局，同时发挥城市更新对于产业导入、引入合作企业、安置补偿、土地出让等方面的政策优势，鼓励社会资本参与项目实施，解决土地整合的资金来源、后续运营等问题。第五，结合废弃矿坑实际情况和新增耕地奖补政策，对适宜占补平衡土地整理的地块进行土地整理，将矿山修复治理与占补平衡土地整理打包作为一个整体项目招标处理，既能解决矿山修复治理资金来源，保证完成修复任务，又能通过土地整理增加耕地面积，为城乡经济发展做出贡献。

（二）解决项目建设资金，创新全域土地综合整治投融资模式

第一，推动各地健全全域土地综合整治的投入保障制度，持续探索创新投融资机制，形成财政优先保障、金融重点倾斜、社会积极参与的多元投入格局，确保投入力度不断增强、总量持续增加。同时充分发挥各地城投、农投类公司在项目融资、引导和培育新兴产业等方面的重大作用。发挥全域土地综合整治涉及的规划、融资、投资、建设、运营等各项职能，资金集中规划、项目集中管理，协助政府提升财政资金使用效率和公用服务质量。

第二，积极采用基于项目实践的 EOD 模式，以区域综合开发为载体，遵循生态保护和环境治理为发展导向和目标，重视特色产业运营作为支撑，采取产业链延伸、联合经营、组合开发等方式，有效融合收益较差的生态环境治理项目与收益较好的关联产业。通过环境治理、生态系统修复、生态网络构建与完善公共设施、交通能力、城市布局优化、特色塑造等结合，为城市发展创造良好的生态基底，提升城市整体环境质量，带动土地价值提升，奠定产业运营的优质条件，实现区域经济激活与生态环境提升相结合的双赢效应。

第三，构建并完善"一表两池"，实现项目的动态投融资平衡机制。其

中，"一表"是指现金流量表。城投公司应建立完善基于项目的资金动态平衡机制，对投资建设运营项目实施投融资规划，测算项目现金流缺口，实现项目资金的长期动态平衡。"两池"指资金池和资产池。各级地方政府应构建资金池支持全域土地综合整治项目建设，全面集合土地收益、基金收益、地方政府债券、专项补贴、土地资产注入等方式，特别是用好项目实施涉及的土地收益、基金收入及村居土地综合治理新增用地指标跨区域交易收益。

B.6
2021年房地产业务分析

石一川*

摘　要： 2021年是我国房地产行业跌宕起伏的一年，随着经济从疫情中逐渐复苏，房地产业务也同步出现反弹，全年房地产市场"先扬后抑"特征明显，并逐步进入调整期。"保障性租赁住房""城市更新"等相关政策陆续出台，为房地产市场的长远健康发展提供了政策引导和保障。本报告从房地产开发投资完成情况、商品房销售、房地产开发景气指数等方面分析了2021年全国房地产市场情况，在此基础上提出了房地产行业在现阶段存在供需失衡、融资难等主要问题，同时重点分析了城投公司2021年房地产业务开展情况，并对未来发展趋势进行了展望。未来，城投公司借助自身优势以及政策红利，有望在房地产业务上取得更大的发展，并将随着数字化变革迎来更加广阔的发展机遇。

关键词： 房地产　长效调控　城市更新　租赁住房

一　2021年房地产市场发展状况

"房住不炒"仍是房地产市场平稳理性发展的总基调。2021年2月，为应对后疫情时代部分城市房地产市场过热的情况，自然资源部发布了22个重点城市实施住宅用地"两集中"的政策，从土地端发力，促进各地土地

---

* 石一川，江苏现代资产投资管理顾问有限公司现代研究院研究员，研究方向为平台公司产业转型、房地产、企业战略管理等。

交易市场平稳。2021 年第二季度开始，随着"两集中"政策的实施以及 2020 年针对房地产开发企业的"三条红线"新规影响逐渐传导至市场端，房地产市场降温明显，房企拿地意愿显著下降。2021 年下半年，房地产政策基调出现了阶段性调整，9 月央行及银保监会联合召开专题会议，明确提出"维护房地产市场的健康发展，维护住房消费者的合法权益"，住房金融政策出现边际改善。2021 年第四季度，从中央到地方不断推出一系列政策，部分地区的商业银行开始下调个人房贷利率，购房政策开始小幅松动。纵观 2021 年全年，我国房地产市场较为罕见的呈现由"降温"转向"维稳"的发展态势，全国楼市呈现"先扬后抑"，发展势头趋缓，逐步进入调整期。

（一）房地产市场发展主要情况

1. 房地产开发投资完成情况

根据国家统计局数据，2021 年全国房地产开发共完成投资 147602 亿元，比上年增长 4.4%，增速下降 2.7 个百分点，连续两年出现回落（见图 1）。其中，住宅投资 111173 亿元，办公楼投资 5947 亿元，商业营业用房投资 12445 亿元，从数据上看，住宅依旧是我国房地产投资的绝对主力，占全年房地产开发总投资的 75.3%，占比连年上升。分月度看，2020 年第一季度由

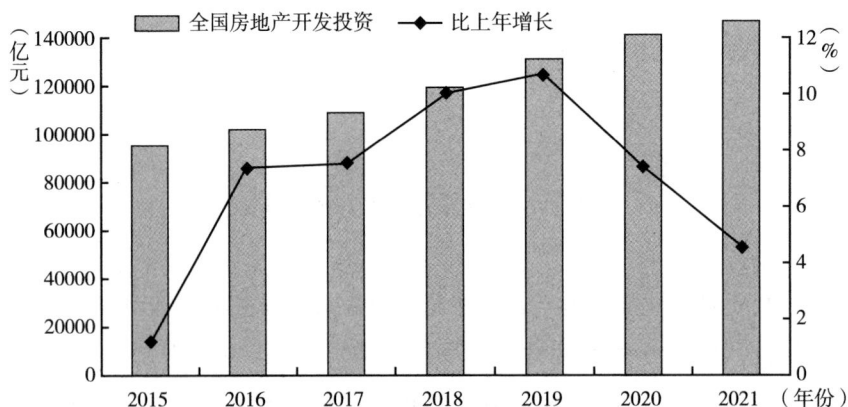

图 1　2015～2021 年全国房地产开发投资及增长情况

资料来源：国家统计局。

于受疫情影响投资额大幅下降，导致 2021 年第一季度投资额出现了同比较高的增速，但全年投资增速呈现持续下降态势（见图 2）；分地区看，东部地区依旧是全国房地产投资最为集中的地区，但增速开始趋缓，中部地区投资出现了较快增长，东北地区房地产开发整体投资出现负增长（见表 1）。

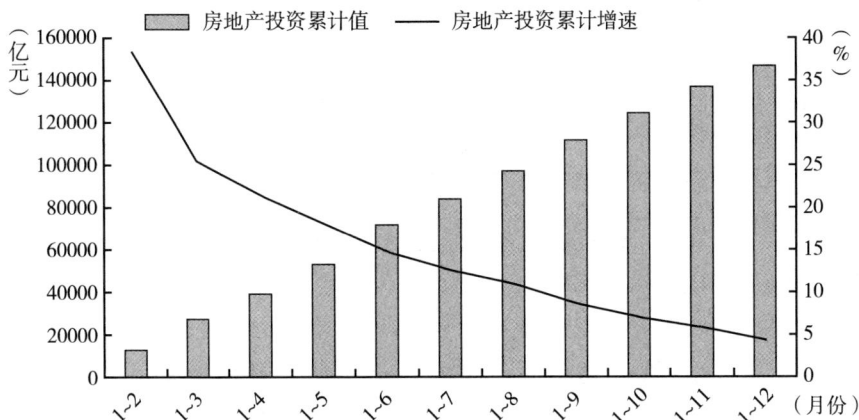

图 2　2021 年全国房地产开发投资增速情况

资料来源：国家统计局。

表 1　2021 年不同地区房地产开发投资情况

地　区	投资额（亿元）	住宅	比上年增长（%）	住宅
全国总计	147602	111173	4.4	6.4
东部地区	77695	56636	4.2	5.7
中部地区	31161	25248	8.2	11.4
西部地区	33368	25150	2.2	4.2
东北地区	5378	4140	-0.8	2.1

资料来源：国家统计局。

2. 商品房销售情况

2021 年，全国商品房销售面积 179433 万平方米，比上年增长 1.9%，增幅进一步收窄，与前三年相比继续维持小幅波动（见图 3）。

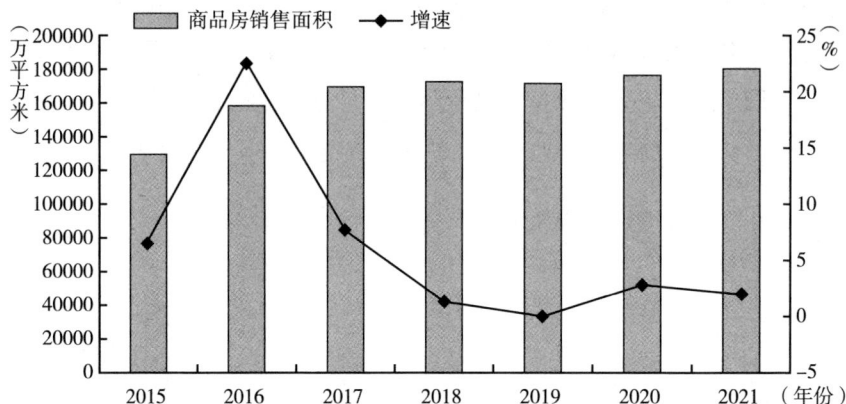

图 3   2015~2021 年全国商品房销售面积及增速走势

资料来源：国家统计局。

分业态来看，住宅销售面积增长 1.1%，办公楼销售面积增长 1.2%，商业营业用房销售面积下降 2.6%。2021 年，我国商品房销售额 181930 亿元，较上年增长 4.8%。其中，住宅销售额增长 5.3%，办公楼销售额下降 6.9%，商业营业用房销售额下降 2.0%①。根据测算，2021 年商品房单位面积销售价为每平方米 10139.2 元，比上年上涨 2.8%，涨幅趋于平缓（见表 2）。

表 2   2021 年不同地区及不同业态商品房销售情况

类型	商品房销售面积		商品房销售额		单位面积销售价	
	绝对数（万平方米）	比上年增长（%）	绝对数（亿元）	比上年增长（%）	平均数（元/平方米）	比上年增长（%）
全部总计	179433	1.9	181930	4.8	10139	2.8
按地区划分：						
东部地区	73248	2.7	103317	8.0	14105	5.1
中部地区	51748	5.4	38157	6.4	7374	0.9
西部地区	47819	-1.7	35241	-2.8	7370	-1.2

① 《2021 年全国房地产开发投资增长 4.4%》，国家统计局网站，2022 年 1 月 17 日。

续表

类型	商品房销售面积		商品房销售额		单位面积销售价	
	绝对数 (万平方米)	比上年 增长(%)	绝对数 (亿元)	比上年 增长(%)	平均数 (元/平方米)	比上年 增长(%)
东北地区	6618	-6.4	5215	-10.3	7880	-4.2
按业态划分:						
住宅	156532	1.1	162730	5.3	10396	4.3
办公楼	3375	1.2	4701	-6.9	13929	-7.9
商业营业用房	9046	-2.6	9692	-2.0	10714	0.6

资料来源：国家统计局。

分季度看，2021年第一季度商品房销售面积及销售额出现了较高的增幅，这主要是由于2020年第一季度疫情引发经济活动停滞，第二季度开始增幅曲线逐渐恢复正常，随着调控政策的影响逐渐显现，商品房销售面积及销售额增速开始持续走低（见图4）。

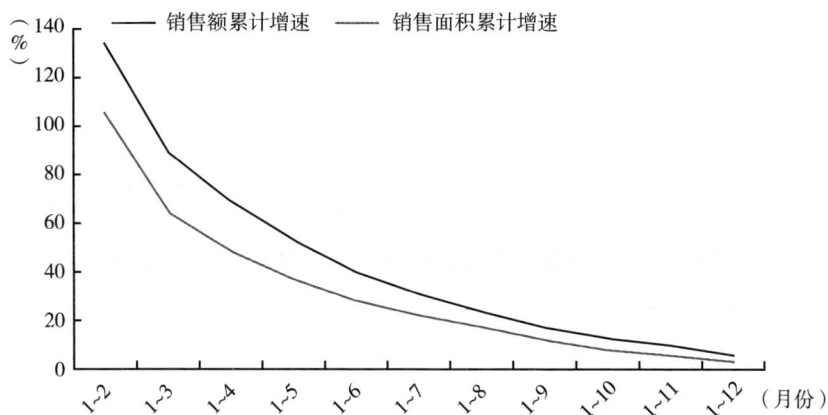

图4 2021年全国商品房销售面积及销售额增速情况

资料来源：国家统计局。

分地区看，东部地区和中部地区商品房销售额同比分别增长8%和6.4%，高于全国平均水平，而西部地区和东北地区均出现负增长，其中东北地区商品房销售额较上年下降超过10%，降幅进一步扩大。2021年，东部和中部地区是拉动整体成交量价上涨的主力军，也仅有这两个地区实现量价齐升，凸显了其价值潜力。这是因为东部的大湾区、长三角经济圈和环渤海经济圈等经济发达地区需求依然旺盛、购买力整体强劲，中部地区有国家层面政策利好。西部地区和东北地区量价齐跌，与其经济发展低迷、人口流出以及住宅存量较多等关系较大。

分城市看，不同能级城市的商品住宅售价已逐步呈现分化态势，一线城市新建商品住宅售价全年保持着同比4%以上的增幅，而二、三线城市的同比增幅出现较为明显的下滑。2021年12月二线城市同比增速降至不足3%，三线城市同比增速降至不足1%[①]（见图5）。

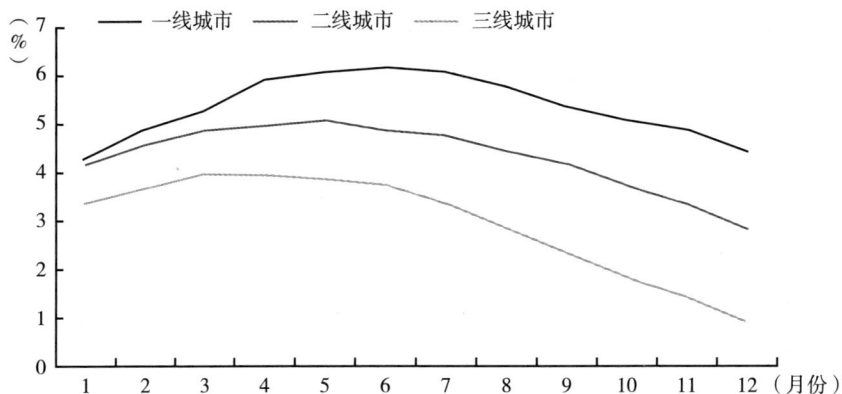

图5　2021年全国70个主要城市新建商品住宅售价增速情况

资料来源：国家统计局。

---

① 70个大中城市房地产价格统计一、二、三线城市划分：一线城市指北京、上海、广州、深圳4个城市；二线城市指天津、石家庄、太原、呼和浩特、沈阳、大连、长春、哈尔滨、南京、杭州、宁波、合肥、福州、厦门、南昌、济南、青岛、郑州、武汉、长沙、南宁、海口、重庆、成都、贵阳、昆明、西安、兰州、西宁、银川、乌鲁木齐31个城市；三线城市指唐山、秦皇岛、包头、丹东、锦州、吉林、牡丹江、无锡、徐州、扬州、温州、金华、蚌埠、安庆、泉州、九江、赣州、烟台、济宁、洛阳、平顶山、宜昌、襄阳、岳阳、常德、韶关、湛江、惠州、桂林、北海、三亚、泸州、南充、遵义、大理35个城市。

分业态看，商品住宅量价齐升，单价涨幅相对较快。受疫情和经济下行影响，办公楼和商业营业用房市场继续低迷，相比商品住宅需求严重萎缩。办公楼销售面积较上年小幅增加，但销售额和销售单价出现明显下滑，商业营业用房量额齐跌，但跌幅较上年有所减少（见表2）。

3. 房地产开发景气指数

2021年，国家对于房地产的调控政策效果较为明显，自3月开始，景气指数开始缓慢下降，至年底为100.36（见图6），但全年房地产开发景气指数仍维持在100以上，呈现稳定发展的态势。[①]

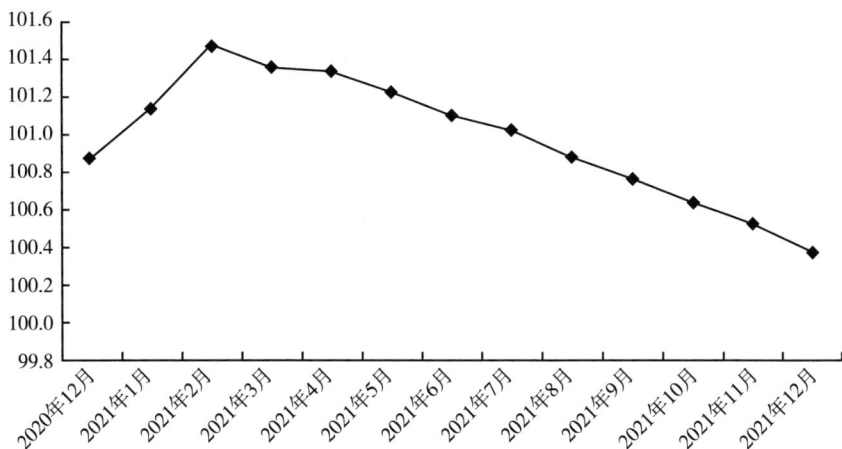

图6 2021年全国房地产开发景气指数

资料来源：国家统计局。

4. 房地产开发企业到位资金情况

2021年，全国房地产开发企业到位资金总计201132亿元，较上年增长4.2%，增速较上年降低3.9个百分点。从资金来源上看，仍以购房定金及预收款和企业自筹资金为主，占比分别为36.76%和32.53%（见图7），而国内贷款占比较2020年下降2.23个百分点，连续三年出现下滑，体现了银

---

① 房地产开发景气指数100点是最合适的景气水平，95~105点为适度景气水平，小于95为较低景气水平，大于105为偏高景气水平。

行等金融机构对房地产开发投资贷款的严监管态度以及房企对外融资难度持续增加。

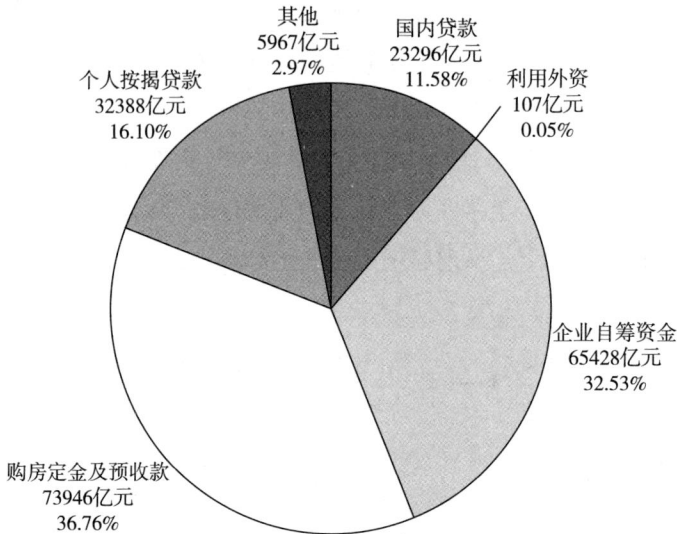

图7　2021年全国房地产开发企业到位资金占比情况

资料来源：国家统计局。

（二）房地产市场发展中存在的问题

1. 房地产市场供需失衡依旧存在，并呈现多样化态势

近年来我国对房地产的调控政策持续收紧，在坚持"房住不炒"的定位之下，实施"因城施策"的调控手段。通过放松按揭贷款、放松限购政策等进行需求端刺激，通过强化企业融资和资金管理、强化供给结构调整、增加有效供给等进行供给端改革，但从实际效果看，房地产市场依然存在供需不平衡的现象。一方面，随着近年来房地产价格持续快速上涨，普通消费者购房压力持续上升，购房能力和意愿持续下降。与此同时，开发商为追求高利润、高回报，对中小户型、中低档住房投资态度冷淡，建设力度较小，进一步加剧了供需结构的失衡。另一方面，随着我国各大都市圈的快速发展，人口持续向京津冀、长三角、粤港澳大湾区等重点城市群流动，而二、

三线城市及中西部省份开始出现人口净流出的现象，这导致了一线城市住房供不应求，二、三线城市住房库存不断积压。随着我国人口增长率的持续放缓，区域性的房地产供需失衡将愈发显著。

2. 房地产开发融资难问题尚未解决，普遍存在财务和流动性风险

房地产开发因具有投资规模大、投资回报周期长等特点，存在较高的进入门槛，导致我国房地产行业发展初期市场被大型央企、国企和资本雄厚的民企所垄断。1994年开始实施的商品房预售制则大大降低了对企业资金实力的要求，从而助推房地产行业进入高速扩张时期。但随着时间的推移，预售制也逐渐导致了房价过高、过快上涨，房屋质量得不到保障等问题，也使得房地产开发企业走上了"高杠杆"模式，成为房地产市场健康发展的一大隐患。2016年底的中央经济工作会议首次提出，"房子是用来住的，不是用来炒的"，此后，与房地产相关的部门陆续出台了与之相配套的政策，涉及房企融资、购房者信贷等方面。2020年8月，住建部与中国人民银行对重点房地产企业划出了"三条红线"的要求，并划定了完成目标的时间线。2021年，中国人民银行在1月的工作会议和3月的全国24家主要银行信贷结构优化调整座谈会中均明确提出实施好房地产金融审慎管理制度。2021年3月，银保监会发布《关于防止经营性用途贷款违规流入房地产领域的通知》，从贷款风险管理、银行内部管理、中介机构管理、监管协同监督等方面出发，全方位、多链条严控经营贷流向房地产领域。2021年7月，监管部门对纳入"三条红线"管理的重点房企新增了"买地金额不得超过年度销售额40%"的要求。在多重监管措施的作用下，房地产行业快速扩张的趋势一定程度上得到遏制，但也在短期内为房地产企业带来了较大的财务和流动性风险。受调控政策影响，2021年恒大、华夏幸福、佳兆业等多家房企接连爆出债务危机，对市场信心造成了一定的影响，但总体风险可控。总而言之，我国房地产行业投融资仍将延续"保持收紧"和"边际放松"的趋势，各大房企"融资难"和资金短缺的问题将愈发凸显，提升资金使用效率和调整优化发展方向是整个行业急需解决的新课题。

3.房地产行业已进入新的发展常态，传统开发模式亟待改变

我国房地产行业借助城镇化的东风，在过去 20 多年间取得了高速发展。截至 2021 年底，我国常住人口城镇化率已接近 65%，即将由城镇化中期向后期过渡，城镇化进程即将由高速增长逐渐转变为低速增长、高质量发展。目前大多数房企依托增量土地的"高杠杆、高周转"发展模式已不再适应新的发展形势。2021 年底召开的中央经济工作会议精神指出，要坚持房子是用来住的、不是用来炒的定位，加强预期引导，探索新的发展模式，坚持租购并举，加快发展长租房市场，推进保障性住房建设，支持商品房市场更好地满足购房者的合理住房需求，因城施策促进房地产业良性循环和健康发展。预示着房地产行业正在由过去的增量发展逐步转向存量发展，房地产企业也应顺应趋势，拓展新的业务模式，实现高质量发展。

二 2021年城投公司房地产业务分析

为了更好地分析 2021 年城投公司房地产业务的开展情况，本报告选取全国地市级城市有公开数据的 200 家城投公司作为统计样本进行业务分析。对样本对象 2021 年审计报告、评级报告等公开资料进行汇总与整理，结果显示，城投公司样本中公开数据中涉及房地产业务的共计 93 家，以下主要从城投公司参与房地产业务的经营概况、盈利能力及运作方式三个维度进行分析。

（一）经营概况

城投公司基于自身从事基础设施建设、土地整理等土地一级开发业务的优势，在进行以房地产开发为代表的土地二级开发业务时具有一定的资源优势。房地产业务也是城投公司市场化转型过程中最为便利的途径，是城投公司重点培养和发展的业务领域。从 200 家城投公司的数据样本来看，共有 93 家城投公司开展了房地产业务，占比为 46.5%，营业总收入为 6978.1 亿元，其中房地产业务的营业收入合计 1193.8 亿元，占总营业收入的约

17.1%。从数据上看，房地产业务已逐渐成为城投公司营收结构的重要补充。93 家样本企业中房地产业务毛利占总毛利的 29.4%，可以看出房地产业务对城投公司毛利的贡献度较大，城投公司也应充分重视房地产业务发展。

（二）盈利能力

为了更清晰地了解城投公司开展房地产业务的盈利能力，本次研究在 93 家城投公司的样本数据中选取 2021 年房地产业务的营业收入、营收占比以及毛利率三个维度进行分析。从结果上看，城投公司房地产业务发展规模差异较大，营业收入最高的达 156.48 亿元，最少的仅约 0.01 亿元，说明各地城投公司在房地产业务的渗透程度严重不均衡，总体而言城投公司对于房地产业务的涉足相对较浅。93 家样本城投公司中房地产业务收入占比多在 35%以内，而毛利率大多处于 25%~40%。相较于基础设施建设和土地整理等基础业务，城投公司的房地产业务营收占比不高，毛利率相较于基础设施建设业务具有比较明显的优势，但不如土地整理业务。

1. 房地产业务营业收入

从绝对值来看，93 家城投公司房地产业务营业收入处于 5 亿元以下有 49 家，占比 52.7%；处在 5 亿~20 亿元范围内有 28 家，占比 30.1%；处在 20 亿~50 亿元范围内有 11 家，占比 11.8%；处在 50 亿~100 亿元范围内有 3 家，占比 3.2%；100 亿元以上有 2 家，占比 2.2%。整体来看，纳入样本的 93 家城投公司房地产业务在营业收入方面差异巨大，但集中度相对较高，主要在 20 亿元以下，占总数的 82.8%，总体来看城投公司房地产业务规模较小，营收达到 50 亿元以上的仅 5 家（见图 8）。

2. 房地产业务营收占比

在营收占比分布上，纳入统计的 93 家城投公司房地产业务营收占比主要集中在 35%以内，其中营收占比在 5%以下的有 26 家，在 5%~20%范围内的有 39 家，在 20%~35%范围内的有 16 家，合计 81 家，占比 87.1%（见图 9）。可以看出，93 家城投公司房地产业务营收占比普遍不高。这与

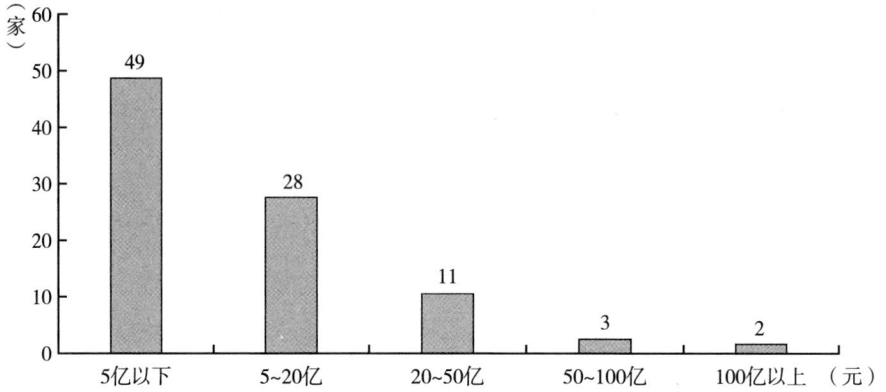

图8 2021年93家城投公司房地产业务营业收入情况

资料来源：城投公司年度报告、评级文件。

房地产业务营收占比太高将被认定为房地产企业进而影响企业融资有关，城投公司会有意识地控制房地产业务营收占比。

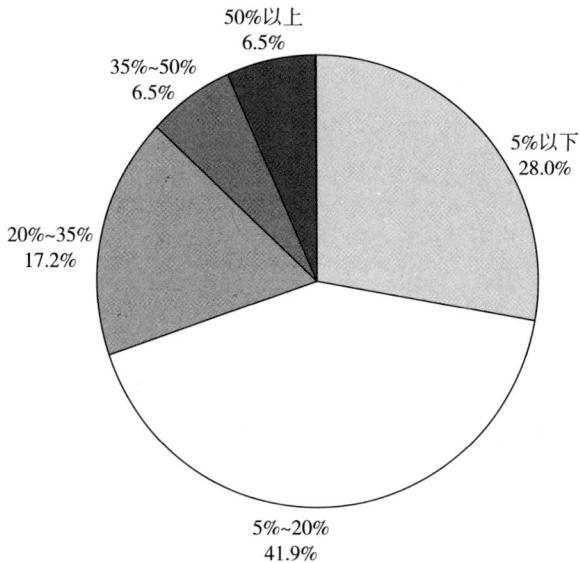

图9 2021年93家城投公司房地产业务营收占比情况

资料来源：城投公司年度报告、评级文件。

3. 房地产业务毛利润

在93家样本企业中，2021年有12家城投公司的房地产业务未产生利润或毛利润为负，占比12.9%；67家毛利润在5亿以内，占比72.0%；11家在5亿~20亿元，占比11.8%；3家在20亿~50亿元，占比3.2%。从绝对数来看，93家开展房地产业务的城投公司毛利润规模集中在5亿元以内，平均毛利润为2.9亿元（见图10）。

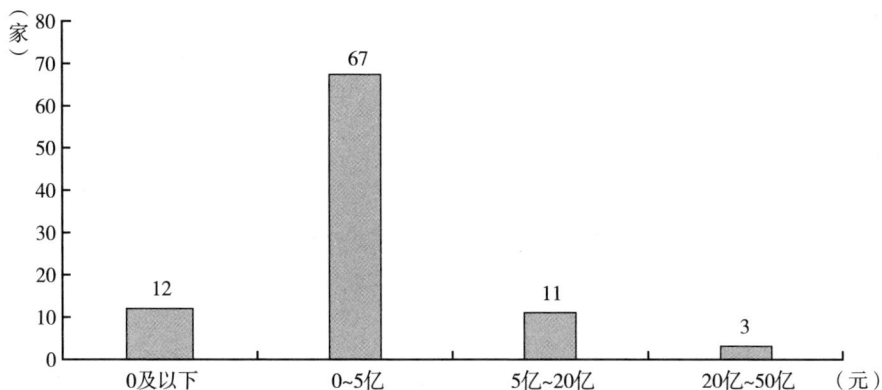

图10　2021年93家城投公司房地产业务毛利润分布情况

4. 房地产业务毛利率

在93家城投公司中，房地产业务毛利率处于0%及以下的有12家，占比12.9%；处于0%~20%范围内有39家，占比41.9%；处于20%~40%范围内有28家，占比30.1%；处于40%~60%的有13家，占比14.0%；60%以上的仅有1家，占比1.1%。可以看出，93家城投公司房地产业务毛利率多数集中在40%以内，占总数的84.9%，平均毛利率约为22.6%（见图11）。从毛利率来看，房地产业务的毛利率远高于93家城投公司总体平均毛利率13.15%，表明房地产业务在城投公司整体业务体系中拥有较强的盈利能力。

（三）运作方式

目前，城投公司基于自身在基础设施建设以及土地整理等土地一级开发

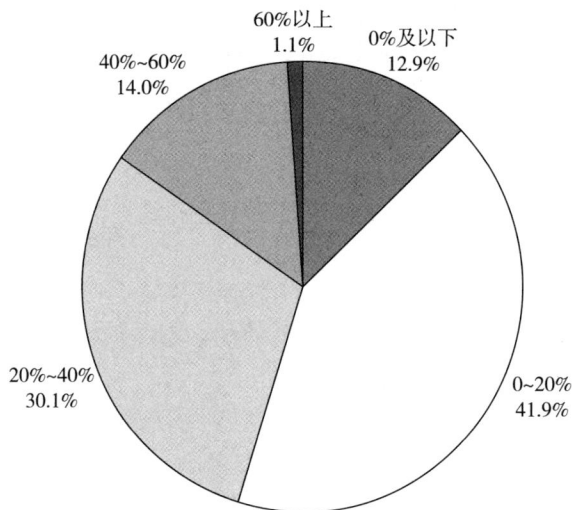

图 11 2021 年 93 家城投公司房地产业务毛利率情况

资料来源：城投公司年度报告、评级文件。

业务中优先接触和运作土地资源的优势进行房地产开发，并成为一种趋势。从样本数据分析来看，城投公司房地产业务的平均毛利率显著优于企业整体毛利率水平，但营业收入占城投公司总营业收入的比重并不大，营业收入绝对数值还相对较小，且市场化程度不高，在开展房地产业务的 93 家城投公司中，有超过一半明确指出其房地产业务包含安置房、棚改等政策性项目。

从未来趋势来看，房地产业务相较基础设施建设和土地整理业务市场空间较大、盈利能力较好，后期城投公司可充分利用自身优势积极扩大房地产业务，进一步推动自身市场化转型。需要注意的是，当前我国房地产行业下行趋势明显，已逐步进入深度调整期，城投公司开展房地产开发项目应首先加强专业能力，在项目选择上谨慎研判，加强风控，进驻部分板块市场，防止亏损。目前城投公司的房地产业务开展主要包含政策性较强的棚改、公共住房等，以及面向市场的商业住宅、商业地产。在业务开展方式上以自主开发为主，连带部分合作开发。2021 年以来，新一轮"城市更新"政策和加快发展保障性租赁住房政策纷纷出台落地，城市更新和租赁住房在房地产行业延续了近两年来的热度，持续成为行业新热点，城投公司可依托政府政策优势和土地一级开发的资源优势，整合资源逐步进入这一领域。另外，为了完善企业内部业务协同，打造内部生态圈，部分城投公司以房地产开发建设为核心，积极探索装配式建筑、绿色建材、物业管理、资产经营等上下游业务。这些衍生业务的开展将有助于带动城投公司实现良好的现金流入和营收利润，应作为未来重点发展的方向进行探索尝试。

三　城投公司房地产业务发展趋势

（一）房地产业务常态化发展，发挥土地市场"压舱石"作用

当前，中国经济发展下行压力日渐增大，2020年开始的新冠肺炎疫情对经济发展造成了较为显著的持续影响。伴随着2020年下半年开始的针对房地产的一系列调控政策（"三条红线""两集中"），土地市场迅速降温，传统房企拿地意愿显著降低，房地产行业进入调整期。在此背景下，各级政府一方面应继续坚定地保证房地产市场理性与稳定发展的长久趋势，在保持"房住不炒"的主基调下，不将房地产作为短期刺激经济的手段，切实承担城市主体责任，因城施策，确保实现"稳地价、稳房价、稳预期"目标；另一方面，持续推动建立健全房地产业务稳定发展的长效机制，保障房地产行业健康、可持续的发展。

从2021年下半年开始，城投公司在土地市场逐渐开始活跃，在土地市场遇冷之际逐步扩大拿地规模，发挥了"压舱石"功能，稳定土地市场。可以预料，对城投公司而言，作为地方政府推进城市发展的实施主体以及拉动经济发展的抓手，应继续将房地产业务作为重点业务来抓，但同时也应注意自身经营业务发展的平衡，避免出现极端化发展导致业务结构失衡，这样既能够对冲政策风险，也能够保证企业自身可持续发展。

（二）政策导向日渐明晰，租购并举成为趋势

在过去的数十年间，我国房地产行业在市场化的大潮下经历了高速发展，但也极大地拉高了房屋价格。从全国来看，住房供应已开始呈现供大于求的态势，且由于房价高企，居民购房压力持续增加，这也是政府出台多重政策、建立房地产长效调控机制的原因，房地产供需失衡导致的大量存量房产则为住房租赁市场的发展提供了基础。近年来，关于租赁住房的相关政策也在持续出台，2019 年 5 月住房和城乡建设部、国家发展改革委、财政部、自然资源部联合下发《关于进一步规范发展公租房的意见》（建保〔2019〕55 号），指出"各地可立足实际，制定在商品住房项目中配建公租房的政策，明确配建比例；可将集体建设用地建设的租赁住房长期租赁作为公租房，租赁期限一般不低于 5 年；有条件的地方要逐步推广政府购买公租房运营管理服务，吸引企业和其他机构参与公租房运营管理"。2019 年 8 月，《中央财政城镇保障性安居工程专项资金管理办法》（财综〔2019〕31 号）明确"城镇保障性安居工程中住房租赁市场实行财政专项资金安排，具体按照城市规模分档确定"。2021 年，国务院办公厅印发《关于加快发展保障性租赁住房的意见》（国办发〔2021〕22 号），首次明确了公租房、保障性租赁住房和共有产权住房为主体的住房保障体系，并进一步完善了土地支持政策、简化审批流程、资金补助、降低税费、执行民用水电气价格、加强金融支持六方面的支持政策。

在此趋势下，城投公司开展租购并举的房地产业务将成为下一个突破点。在业务开展方式上，一是可以通过土地招拍挂、划拨等形式获取土地，进行公共租赁住房、集体租赁住房的开发建设，但由于租赁住房存在资金回笼慢的问题，需注意土地出让金以及前期投资等成本压力。二是依托《关于加快发展保障性租赁住房的意见》，积极探索对包括集体经营性建设用地、对企事业单位依法取得使用权的土地、产业园区中工业项目配套建设行政办公及生活服务设施用地、闲置和低效利用的非居住存量房屋等以创新性方式发展租赁性住房业务。这样既能够消化部分城市房地产市

场的库存，促进供需平衡，又有助于降低城投公司的资金压力，提升存量资产价值。

（三）城市更新大势所趋，房地产业务是城投新方向

2020年10月，党的十九届五中全会通过了《中共中央关于制定国民经济和社会发展第十四个五年规划和二〇三五年远景目标的建议》，明确提出实施城市更新行动。2021年被称为城市更新元年，3月，国务院总理李克强在政府工作报告中指出"十四五"时期主要目标任务是发展壮大城市群和都市圈，实施城市更新行动，完善住房市场体系和住房保障体系，提升城镇化发展质量；8月，住建部印发《关于在实施城市更新行动中防止大拆大建问题的通知》，重点提出了对城市更新中拆除建筑面积规模、拆建比、就地/就近安置率、城市住房租金年度涨幅4个量化指标进行约束，防止城市更新演变为大拆大建；11月，住建部印发《关于开展第一批城市更新试点工作的通知》，确定了首批21个更新试点城市，标志着我国城市更新进入具体实施阶段。城市更新是我国城镇化从高速发展逐步转向高质量发展的重要组成部分，本质上是国家对于老旧城区、老旧厂房、老旧楼宇等的持续优化及内部完善的系统性工程。2021年12月，住建部发布《实施城市更新行动》，明确了城市更新的重要意义为提高土地利用水平、传统商圈改造升级、城中村改造及修复、实施城市生态修复、强化历史文化保护五个方面。从"十三五"期间的棚户区改造到老旧小区改造，再到提出实施城市更新，中央层面已经将城市更新提升到了远期战略规划的地位。"十四五"期间，城市更新将成为城市高质量、健康、可持续发展的重要手段，其内涵也将得到极大的延伸和扩展。从内涵来看，目前城市更新项目主要分为整治、改建、重建三大类。整治类主要是对基础设施、公共服务及其配套设施进行更新完善，在不改变建筑原有结构及使用功能的情况下进行翻新修缮，不涉及土地性质或原始权益人的改变，不新增建筑；改建类主要是对建筑局部进行功能置换、翻新修缮等改建行为，以实现对建筑所在区域的基础设施及公共服务进一步完善优化，其中可能会涉及土地性质或原始权益人的改变及新增

建筑；重建类则是将原有建筑拆除后，根据土地的经济价值及城市规划重新建造建筑，通常伴随着土地性质或原始权益人的改变以及新增建筑。在这三个城市更新类型中，改建类与重建类更新项目，因其盈利能力较强，商业模式较成熟，是房企参与城市更新的主要模式。城投公司目前可在承接城镇老旧小区综合整治的基础上，积极探索尝试重建和改建类城市更新业务，为日后重点开发城市更新领域广阔的蓝海市场做铺垫。

（四）信息化变革方兴未艾，房地产数字化将成为新的探索领域

近年来，各项宏观调控举措密集推出，房地产行业的发展格局不断发生变化，席卷整个行业的降杠杆、谋转型潮流正在逐步重塑整个行业的发展。随着房地产行业"黄金时代"成为过去式，优化企业管理机制、改善业务流程、寻找新的业务场景、提升客户服务体验以节省成本及开拓收入已成为房地产企业新的发展诉求。在此背景下，数字赋能的价值正在加速凸显，地产企业数字化、智慧化转型势在必行。城投公司作为地方城市建设发展的主力军，肩负着促进数字经济发展和数字产业建设的引领责任，同样也有着数字化转型的强烈诉求。在企业自身实现数字化之外，打造数字化应用场景也同样逐步成长为推动房地产发展的新趋势，包括以在线销售、3D 看房为主的数字营销场景；以智能安防、智慧物业为主的数字化社区场景；以 BIM、智慧工地为主的智慧建造场景等。总体来看，城投公司房地产数字化发展将聚焦于以提质增效、实现信息化管理的企业数字化和以智慧化场景打造为主的产品数字化。

B.7
2021年资产经营业务分析

陈作娟[*]

摘　要： 随着城投公司市场化转型持续深入推进，其资产规模逐渐增大，同时城市发展逐渐从"重建设"向"重运营"转变，如何提高资产经营质效，增强自我造血能力，强化市场化融资能力，走出国有资产经营特色化道路，成为国资监管部门及城投公司必须面对的问题。从发展情况来看，2021年样本城投公司中已有超过半数开展了资产经营业务，但业务规模普遍较小，经营效率和盈利能力仍有较大的提升空间。随着国资国企改革和市场化进程的不断推动，数字化、资本化、"亲清化"、风险防控常态化等将成为资产运营的趋势。

关键词： 资产经营　数字化　股权运营

一　2021年国有资产经营管理领域发展状况

城投公司的资产即地方国有资产，从法律层面上来说是为国家所有并且能为国家提供社会效益和经济效益的多种经济资源的总和。目前，全国有上万家城投公司，每家城投公司又拥有着众多国有资产。随着资源整合注入以及城投公司自身投资开发形成了越来越多的资产，如何盘活存量国有资产助推城投公司转型发展，成为当下城投公司关注的重点。

---

* 陈作娟，江苏现代资产投资管理顾问有限公司现代研究院高级研究员，研究方向为战略管理、组织管控、薪酬绩效等。

（一）国有资产经营管理发展现状

1. 稳步推进统一监管制度，大幅提升管理效能

自《中共中央、国务院关于深化国有企业改革的指导意见》（中发〔2015〕22号）提出要"以管资本为主推进经营性国有资产集中统一监管"，以及《国务院关于改革和完善国有资产管理体制的若干意见》（国发〔2015〕63号）提出要"稳步推进经营性国有资产集中统一监管"以来，各级各地国资委坚持以管资本为主，加强国有资产监管，强化依法监管，提升监管效能，各级国资委普遍制定了监管权责清单并持续动态完善，出台了违规经营投资责任追究制度。此外，贵州、青海等地制定实施国资监管工作提示函、国资监管通报工作规则等机制，北京、山西等地积极推进国资监管数字化、智能化，专业监管优势进一步彰显。各级政府已将国有资产的运营管理作为常态化工作，国有资产在市场经营理念的主导下，经营范围日趋复杂，资产经营难度增加，越来越多的国有企业成立集团性质的资产经营公司，对相关国有资产实施统一的经营与管理。以"深圳模式"为例，形成了以产权管理为主线的"国资委、国有资产经营公司、企业"三个层次的国有资产管理新体制，资产经营公司不会干预企业的生产经营活动，但会对企业进行产权管理和监督，担负着国有资产保值增值的任务。国务院国有资产监督管理委员会公开资料显示，截至2021年底，全国国资系统监管企业资产总额达259.3万亿元，比2012年底增长2.6倍，年均增长15.4%。2012~2021年，全国国资系统监管企业累计实现增加值111.4万亿元，年均增长9%，超过GDP年均增速2.3个百分点①。

2. 多元化模式探索，激发创新活力和动力

近年来，对于一些国有资本投资形成的准经营性资产或经营性资产，城投公司不仅在前期建设环节贡献了力量，在后期运营过程中也创新了运营管理模式。同时，城投公司的可经营性资产也呈现多元化格局，不再局限于传

---

① 《259.3万亿，国资监管企业资产十年增长2.6倍》，证券日报网，2022年6月18日。

统的基础设施建设类资产，逐步拓展到酒店、景区、文体会展、商业住宅、公寓、商业配套等业态资产。对于这类资产，城投公司的运营模式已从传统的自主运营模式发展到了委托管理、整租外包、合作运营等创新模式。其中委托管理是委托专业公司负责公司项目运营管理、支付相应的委托管理费及品牌费，这种模式有利于打造整体的品牌形象，最大限度保障资产经营业务的市场竞争力；整租外包是以纯租赁的方式将资产外包给专业公司，收取固定租金或分成；合作运营一般是与专业公司合资成立公司，借助合资方的专业能力以及商业资源进行租赁经营，这种模式既保障了城投公司较强的市场竞争力也保障了业务经营的专业化水平。对于金融性资产，一般可以分为上市公司股权和产业投资基金两类。近年来，城投企业入主的上市公司越来越多。一般来说，城投公司基于营利性考虑，会入主与其有业务关联的上市公司以寻求业务协同。同时，城投公司为了寻求多元化投资发展，也会入主一些与公司无业务关联的上市公司来进行产业投资，优化企业的资产结构，例如徐州市新盛投资控股集团有限公司入主维维股份。入主上市公司为城投企业拓宽融资方式、降低融资成本提供了新的较好的方式，成为现今很多城投公司的选择。

3. 多层次服务体系建立，提升企业核心竞争力

过去，城投公司由于自身特性一般承担公共服务产品的运营，但近年来城投公司由于市场化进程的不断推动、资产规模的不断增加和业态的丰富，逐步完善和衍生出更多层次的服务体系。由原来单纯的公共服务演变成集商旅服务、办公服务、产业服务、生活服务、商圈运营等的多层次服务体系。大多数城投公司越来越重视服务品质的提升，而服务品质的提升也将不断提升运营水平，为塑造品牌加分，形成特有的市场竞争力。

（二）国有资产经营管理存在的问题

1. 资产经营盈利能力较差

城投公司依托其自身职能定位，大多承担公益性、政策性和导向性的项目，导致其进行市场化转型的行动力慢、起步晚。由于与地方政府关系密切，城投公司具备较强的资源整合及市场先导优势，但也正因如此，城投公司的业务运营及资产配置多来源于行政指令，缺乏自主权。城投公司以优先服务地方建设为主要目的，所以其资产多为不以营利为目的的非经营性资产和投资规模较大、回报周期长的经营性资产，而成员企业的业务也多来自集团分配，自身市场化、专业化水平不足，导致资产经营效率低下，市场化业务开拓不足，不能有效形成良好的现金流。

2. 资产管理专业人才缺乏

由于历史特性，很多城投公司的经营层往往是由地方政府部门委派的，大多缺乏企业管理和市场化运作的经验积累，给城投公司的市场化转型带来了一定的阻力。此外，地方政府部门人事管理方式不灵活，导致考核与薪酬管理、晋升机制等竞争性不够，不利于公司充分调动人力资源的积极性，从而无法为公司长期可持续发展提供充足的智力支持。一些城投公司囿于工资总额的限制，薪酬水平低且多年未调整，造成员工积极性差、人才流失的局面，整个企业缺乏内生的活力和动力。

3. 经营管理粗放，难协同形成合力

随着城投公司运营规模的逐渐扩大和业务拓展，经营性资产的经营权属分布在多家成员企业，要想实现国有资产的保值增值，从城投公司的角度来看，对成员企业的合理管控是非常重要的。此外，部分城投公司的投资运营尚未形成资产"投、融、建、管、退"一体化全闭环，未将资产资本化运营理念贯穿项目开发全周期。各部门间、各相关成员企业间缺乏清晰可靠的协同机制，往往前期开发和后期运营管理脱节，不同阶段由不同利益体介入，导致碎片化，难以达到整体协同、持续发展的最佳效益。同时，由于城投公司与成员企业间分工不明确，有可能导致城投公司对成员企业的管理，要么偏行政管理，需事事报批，影响经营成本和效率；要么过于随意，管控不到位，影响城投公司协同效益的发挥。

4. 风控机制缺乏，影响抗风险能力

城投公司资产具有前期投入大、建设周期较长和回报期长的特点，容易面临管理、市场和财务等方面的风险。因此城投公司不仅需要在投资决策时进行

可行性研究分析,在运营过程中进行战略决策,还应建立健全企业内部控制制度和风险管理机制,强化资产管理风险监管力度,避免前期投资决策和运营过程决策流于形式,提高资产经营效率,保证国有资产保值增值。

二 2021年城投公司资产经营业务分析

为了深度研究2021年城投公司资产经营业务的开展情况,本报告选取全国地市级城市已有公开数据的200家城投公司作为统计样本进行业务分析,通过汇总和整理样本公司2021年审计报告、评级报告等公开资料,得出城投公司2021年资产经营情况。以下主要从经营概况和盈利能力两个维度进行详细阐述。

(一)经营概况

在200家统计总样本中,有131家城投公司从事资产经营业务,占比65.5%,较上年有小幅上涨,说明越来越多的城投公司开始重视资产经营盘活,促进资产保值增值。从131家样本数据来看,计入城投公司资产经营业务的主要包括租赁服务、旅游服务、物业服务、酒店服务、门票、广告业务、维修维护服务、停车服务、车辆通行费、医疗服务、餐饮业务、公墓运营、会展服务、光伏运营、智慧充电等,呈现围绕资产经营的多元化业态趋势,说明城投公司在资产经营的市场化转型中迈出了一大步。2021年,这131家城投公司的资产经营业务总营业收入约545.4亿元,占200家总样本营业收入的4.14%,占比较低,说明虽然大多数城投公司已经意识到资产经营的重要性,但限于资产结构的规模等现实因素,经营效率并不高。2021年,131家城投公司资产经营业务的营业成本合计约483.19亿元,毛利率由2020年的14.15%小幅下降至2021年的11.41%,主要是由于受疫情等情况影响,资产经营收入下滑,同时也说明资产经营的盈利能力还有提升的空间。

(二)盈利能力

为了进一步评估城投公司2021年开展资产经营业务的盈利能力,基于前述

131 家城投公司的样本数据情况，从营业收入、营收占比以及毛利率三个指标进行具体分析。结果显示，2021 年城投公司资产经营业务的营业收入主要集中在 0~15 亿元区间内，平均营业收入为 4.16 亿元；绝大多数城投公司资产经营业务出现亏损，可能主要受两方面因素影响：一是资产经营业务虽然在城投公司越来越受到重视，但受制于城投公司的资产结构，经营性资产占比较少，盈利能力仍然不强；二是受疫情影响，国有资产施行减免房租政策及经营受限，导致 2021 年资产经营收入下降。

1. 资产经营业务的营业收入

据统计，131 家城投公司资产经营业务的平均营业收入为 4.16 亿元。其中，1 亿元以下的有 53 家，占样本 40.46%；1 亿（含）~5 亿元的有 54 家，占样本的 41.22%；5 亿（含）~15 亿元的有 17 家，占样本的 12.98%；15 亿（含）~30 亿元的有 4 家，占样本的 3.05%；30 亿（含）~50 亿元的有 2 家，占样本的 1.53%；50 亿元以上的有 1 家，即北京市基础设施投资有限公司，营业收入为 73.57 亿元（见图 1）。

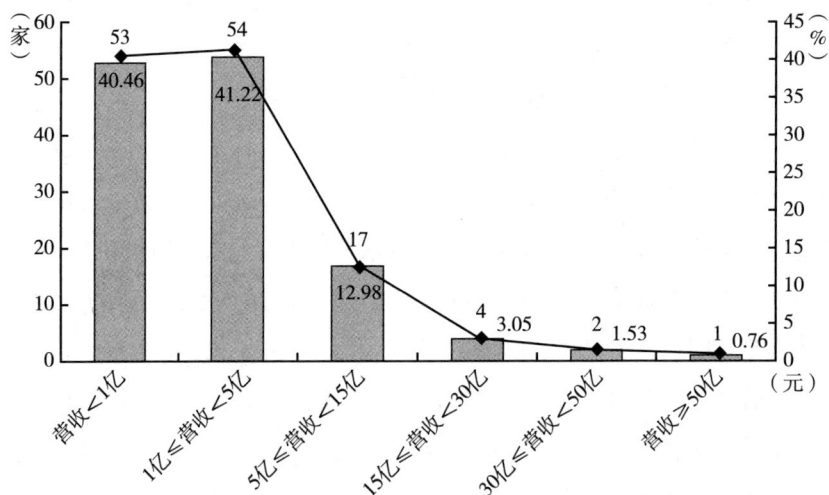

图1　2021 年 131 家城投公司资产经营业务营业收入情况

资料来源：城投公司年度报告、评级文件。

可以看出，2021 年随着城投公司资产经营业务的营业收入增加，样本数量在总体上呈现递减趋势。资产经营业务营业收入在 1 亿~5 亿元的样本数量占样本量的比重最大；资产经营业务营业收入在 15 亿元以下的样本数量合计占到样本量的 94.66%，说明绝大多数城投公司资产经营业务的营收规模普通，甚至偏少，需要进一步加大有效资产的聚集，并积极通过多种方式盘活存量资产和资源，提升资产经营业务的营业收入和效益。

2.资产经营业务的营收占比

根据各家城投公司的业务内容，2021 年 131 家城投公司资产经营业务的营业收入在本企业总营业收入中的占比各不相同。据统计，营收占比处于 0~10% 范围内有 105 家，处于 10%~20% 范围内有 11 家，处于 20%~30% 范围内有 8 家，处于 30%~50% 范围内的有 4 家，处于 50% 以上的有 3 家（见图 2）。超过 80% 的城投公司资产经营业务营收占比不超过 10%，说明城投公司资产经营业务营收规模相对较小，但随着资产经营管理模式的改变，运营管理能力逐步提升，后续资产经营业务营收占比可能会持续上升。同时，也有部分公司营收占比超过 30% 甚至 50%，可以看出城投公司开展资产经营业务还有较大的发展空间。

总体来看，2021 年受疫情等因素影响，全国各地城投公司开展资产经营业务的规模仍较小，资产经营业务营业收入占整个公司的收入比重较低，盈利能力不足。虽有不少城投公司在战略布局时将资产经营业务作为重要的业务板块，但由于经营性资产占比不高、市场化业务规模较小、区域资源禀赋不足、专业人员和能力有限、市场化经营理念缺乏等原因，总体发展处于较低水平。在加强资产盘活的政策背景下，随着城投公司资产经营模式的不断创新，加大对资产经营业务的投资发展力度或将成为城投公司的重要战略选择。

3.资产经营业务毛利率

2021 年，根据各家城投公司资产经营能力的不同，资产经营业务的毛利率差距较大。统计显示，131 家城投公司开展资产经营业务平均毛利率为

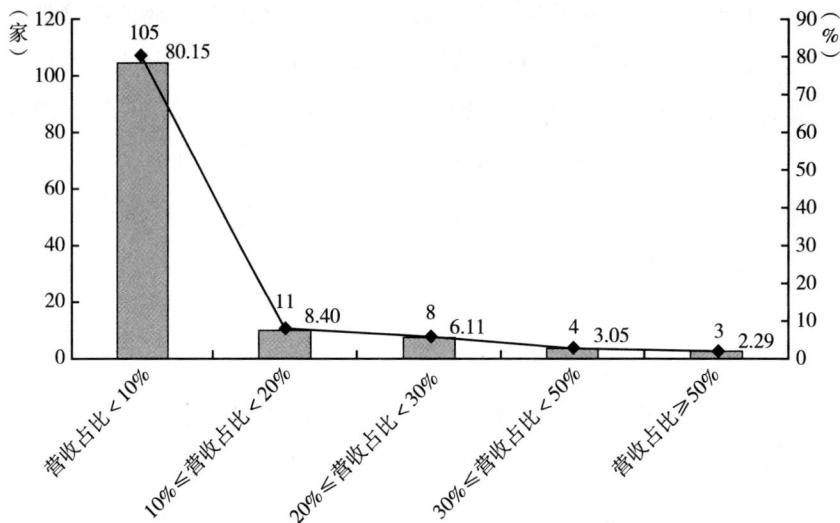

图2 2021年131家城投公司资产经营业务营收占比情况

资料来源：城投公司年度报告、评级文件。

28.32%，毛利率处于均值以上的城投公司共有75家。其中，资产经营业务毛利率小于0的有21家，占样本量的16.03%；处于0（含）~10%区间的有12家，占样本量的9.16%；处于10%（含）~30%区间的有26家，占样本量的19.85%；处于30%（含）~50%区间的有29家，占样本量的22.14%；处于50%（含）~70%区间的有27家，占样本量的20.61%；大于70%的有16家，占样本量的12.21%（见图3）。

由此可见，2021年随着城投公司毛利率水平的提升，样本数量呈现先升后降的趋势，30%（含）~50%的区间为峰值，围绕峰值一定程度上呈正态分布，然而由于超16%的城投公司资产经营毛利率低于0%，拉低了样本整体毛利率，使平均毛利率偏离了峰值区间，一定程度上说明部分城投公司资产经营业务存在问题，同时超过30%的城投公司资产经营业务毛利率超过50%，说明对于毛利率偏低的城投公司资产经营业务仍有进一步提升的空间。

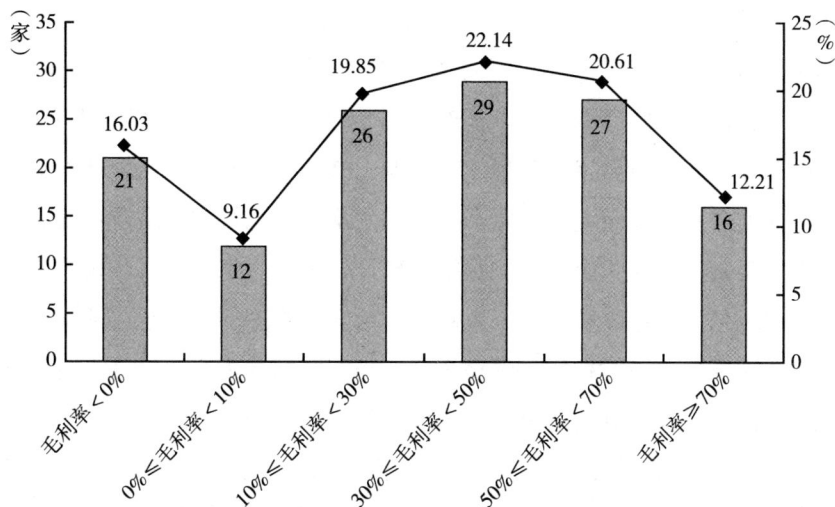

图3 2021年131家城投公司资产经营业务毛利率情况

资料来源：城投公司年度报告、评级文件。

三 城投公司资产经营业务发展趋势

随着国资国企改革的不断推进以及国企改革三年行动计划进入尾声，城投公司布局资产经营业务具有重要意义。一方面，有利于促进产业发展和结构升级，加速城投公司市场化转型；另一方面，盘活存量资产仍是国有资产保值增值以及防范债务风险、筹集建设资金、优化资产结构的重要手段。随着国资国企改革和市场化进程的不断推动，数字化、资本化、"亲清化"、风险防控常态化等将成为资产运营的趋势。

（一）资产经营管理数字化

城投公司资产总额巨大，历史遗留问题较多，在疫情反复和常态化防控的复杂环境之下，一些城投公司以抗击疫情为契机积极推进企业数字化转型，运用大数据、未来网络、云计算、人工智能等方式进行复工复产、保障民生服务，大幅提升了资产经营的效能。2020年9月21日，国务院国资委发布《加快推进国有企业数字化转型工作》，并提出明确要求。在政策推动和现实压力的双重背景下，如何向数字技术"要"效益是新形势下国有资产管理工作面临的重要课题。以资产管理信息化、数字化、智能化为抓手，促进企业形成并完善数字化转型战略架构，持续提升现代资产管理水平，提升新一代信息技术与企业业务融合发展的水平，为加快构建高质量发展新格局奠定扎实基础。城投企业开展数字化建设，搭建数字化平台，资产业务线上化、规范化、精细化将成为一大趋势。数字化管理能更好地帮助企业对资源进行合理配置，及时抓取、整理企业的经营数据，为企业经营决策提供数据保障，同时也能弥补传统资产管理能力的不足，提高资产管理的水平，强化管理效率。以《浙江省国资国企数字化改革行动方案》为例，浙江省国资委专门成立数字化领导小组，以高质量项目建设为依托，力争到 2025 年底打造 20 个以上产业数字化示范项目、10 个以上数字产业化示范项目、20 个以上数字化管控示范项目，运用数字化管理，提升国有资产的运营效率，实现国有资产的保值增值。

（二）资产经营管理资本化

随着国有企业市场化改革的不断推进，由于对公益性资源的要求较高及其特殊属性，城投公司转型难度较大，但股权运营的高市场化特点可以加快城投公司资产经营向资本运营方向转变，提升市场化运营效率。股权运营具有高灵活性的特点，有助于加快盘活存量资产，保证国有资本合理流动、保值增值。2022 年 6 月，国家发展改革委印发《"十四五"新型城镇化实施方案》，明确提出"要创新城市投资运营模式，推进公共设施建设和土地潜在价值挖掘相统筹，提高收支平衡水平。引导社会资金参与城市开发建设运营，规范推广政府和社会资本合作（PPP）模式，稳妥推进基础设施领域不动产投资信托基金（REITs）试点"。2021 年 6 月，浙江省发布《浙江省国资国企改革发展"十四五"规划》，提出要"加快平台重组整合，调整优化股权结构，扩大经营性现金流；支持规模较大、能力较强的地方投融资平台公司整合金融牌照；鼓励有条件的市县投融资平台加快上市"。因此，构建以股权运营为核心的运营模式，全方位强化股权运营"研、融、投、管、退"各环节的核心能力，并通过有效的管理措施对各环节进行支撑是城投公司未来发展的重中之重。

（三）资产经营管理"亲清化"

城投公司与政府的紧密关系使其具备较强的资源整合及市场先导优势。但正因如此，其业务及资产多来源于行政指令，市场化运作不足，需要进一步厘清城投公司与政府的权责边界。未来，城投公司经营模式将在自主经营上实现更大"松绑"，释放国有资本活力，从而实现从管资产向管资本的转变。从资产经营角度来看，城投公司与政府、各平台公司之间的权责关系将会越来越明确，一方面以"亲"密切政企关系，密切协作、深度融合；另一方面以"清"规范政企关系，更加高效、合理、集约利用资源，实现联动发展、互动共赢，通过发挥市场化的作用，调动、优化现有资产配置，保障资产价值，实现国有资产的长足发展。

（四）资产管理风险防控常态化

国有企业资产管理风险直接影响企业竞争力、资产安全以及企业效率，国有企业要想可持续发展，必须紧抓资产管理及其风险防控，加强对资产管理的重视以及对资产管理风险的认识，加快相关管理制度的完善，为资产管理工作的开展制定操作指南，确保资产管理的全面性，提高企业风险防控水平。因此，建立常态化的风控体系将是未来很长一段时间城投公司工作的重点和难点。通过风险指标、经营监测、访问控制、流程控制等手段全方位监控风险，建立完善的集团监控策略体系；根据管理职责和权限智能预警，提供邮件、短信、桌面预警条等多种预警模式，方便各级管理人员及时了解风险监控状态，发现风险隐患，及时发起落实整改并全程跟踪处理情况，消除或降低风险影响，提升集团风险防控能力；全面掌控、专项治理，提升风险管理精益化，深化战略、投资、法律等专业领域的风险治理，制定有针对性的专项风险解决方案，化危机为契机，提升企业价值。强化国有企业内部审计的职能作用，通过定期内部审计，及时发现资产管理内部控制制度、产权管理等方面的疏忽，最大限度防止贪污腐败等违法犯罪行为的发生，维护企业的经营权，稳定资产运行情况。通过在全面预算管理、财务业务信息一体化和业务链条中加强对业财融合的运用，加强绩效管理与企业发展战略的紧密衔接，贴近各项实际业务，从预算编制到经营考核构建管理闭环，强化风险预警环节。

B.8

2021年公用事业业务分析

朱晓东*

摘　要： 2021年，在监管层着力推进"双碳"目标、"能耗双控"等政策约束下，传统公用事业业务发展受到一定约束。国内经济面临下行压力，稳增长叠加"双碳"战略和贯彻执行高质量发展主线，公用事业类企业将迎来长期向好的发展新格局。本报告首先描述了2021年水务、电力、燃气、供热等重点公用事业市场发展状况，接着对2021年城投公司公用事业业务情况进行了分析，认为2021年城投公司公用事业整体业务规模有所增长，但盈利状况仍不理想。最后，进一步探讨了城投公用事业业务数字化转型、绿色化转型的发展趋势。

关键词： 公用事业　数字化转型　绿色化转型

一　2021年公用事业市场发展状况

公用事业主要是指服务于城市生产、流通和居民生活的各项事业。在日常生活中，公用事业指工商业的用水用电以及居民照明用的电力、生活用的自来水、取暖做饭用的燃气和热力等。根据申万行业分类标准和国内行业惯例，公用事业被归纳为水务、电力、燃气和供热等。

---

* 朱晓东，江苏现代资产投资管理顾问有限公司现代研究院研究员，研究方向为战略规划、企业重组。

（一）水务行业

水务行业包含自来水的生产和供应、污水处理及其再生利用等方面，是典型的弱周期行业，整体来看风险较低、发展较为稳定，但行业准入壁垒较高，呈现区域垄断和行业龙头集中并存的格局。近年来，随着节水提效和加大城镇污水治理政策的出台，供水行业提质改造和城镇污水处理扩产空间进一步释放。

供水是整个水务行业的上游，目的是满足最基本的民生需求，其发展远早于下游的污水、污泥处理等，行业整体上已处于成熟期，呈现缓慢上升、整体平稳的状态。国内城镇化进程一直在推动用水人口持续增长，城市生活用水成为供水行业需求端的主要来源，带动供水领域固定资产投资增长，进一步推升城市供水普及率。2021年，我国城市供水普及率已超过98%，并保持低位增长，城镇供水已接近全覆盖。相比之下，乡镇供水普及率仍有差异，我国农村自来水普及率为84%，供水稳定性与安全性与城市仍有较大差距，未来尚有一定开发空间。

我国污水处理行业起步较晚，但在城市化进程加快的驱动下，我国污水排放总量逐年增加，加上国家环保政策的大力推动，城镇污水处理设施建设力度持续加大，城市生活污水处理成为污水处理行业需求端的主要来源。污水处理行业需求增速高于同期用水需求增速，产业市场空间不断释放，市场化改革和多方主体的涌现掀起了污水处理设施建设升级的高潮，行业经历了快速建设发展阶段，城市污水处理率也随之不断提高。现阶段城市污水处理率已达97%以上，但我国乡镇污水处理能力依然薄弱，与城市尚有较大差距，存在较大的市场机会。

"十四五"期间，我国水务行业的供水总量和污水处理总量将整体呈增长趋势，从增速上看，供水总量增长率在2%~4%，污水处理总量在3%~7%，部分年度虽受政策导向影响，行业发展略有波动，但水务行业供水和污水处理业务量总体仍保持稳定的增长，周期性不明显，属于弱周期行业。

（二）电力行业

2021年，全球疫情形势复杂多变，我国经济发展面临需求收缩、供给冲击、预期转弱三重压力，外部环境更趋复杂严峻与不确定，能源电力行业面临保供应、调结构、稳增长多重目标平衡的艰巨考验，公司经营发展面临严峻复杂的挑战。

从电力需求侧看，根据国家能源局公布的2021年全国电力工业统计数据，2021年我国全社会用电量为8.31万亿千瓦时，同比增长10.3%，用电量大幅增长主要受国内经济持续恢复发展、上期同期低基数、外贸出口快速增长等因素影响。其中，第一产业用电量同比增长16.4%，达1023亿千瓦时；第二产业用电量同比增长9.1%，达5.61万亿千瓦时；第三产业用电量同比增长17.8%，达1.42万亿千瓦时；城乡居民生活用电量同比增长7.3%，达1.17万亿千瓦时。

从电力供给侧看，随着碳达峰、碳中和工作深入推进，风力发电、光伏发电在我国逐步迈入大规模、高质量发展阶段。2021年，我风力发电装机容量同比增长16.6%，达3.28亿千瓦；太阳能发电装机容量同比增长20.9%，达3.06亿千瓦；煤电装机容量同比增长2.8%，达11.1亿千瓦。此外，风电发电量同比增长40.5%，达6526亿千瓦时；太阳能发电量同比增长25.1%，达3259亿千瓦时；煤电发电量同比增长8.6%，达5.03万亿千瓦时。

结合上述数据来看，我国电力供应的最主要电源仍然是煤电。2021年，受安全检查、环保监管、进口煤配额有限等因素影响，煤炭供应持续紧张，电煤价格屡创新高，火电企业整体受燃料成本上涨的影响，经营业绩持续承压。2021年10月，国家发改委相继出台《关于进一步深化燃煤发电上网电价市场化改革的通知》《关于进一步完善煤炭市场价格形成机制的通知》等政策，加强煤炭供应保障和价格合理干预，完善电力市场价格传导机制。随着国家政策逐步到位，市场交易电价浮动幅度有所放大，加上上游供给保障水平不断提高等积极因素影响，预计煤炭采购形势将出现一定程度的好转，上游煤价成本压力将合理向下游用电侧疏导，发电企业的经营压力将得到一定程度释放。

（三）燃气行业

燃气行业特征比较突出，一方面天然气销售具有明显的周期性，淡季和旺季表现明显。一般而言，淡季大概在每年3月至10月，旺季大概在11月至次年3月。随着冬季的到来，采暖需求增加，天然气需求迅速增加。而夏季则没有相应的采暖燃气需求，主要用于工业生产，用气量相对稳定，进入淡季。另一方面，天然气开发项目前期投资大，勘探成果难以准确预测，开发周期长，因此开发企业需要承担较高的投资风险。从发展整体状况而言，主要表现在以下六个方面。

第一，天然气探明储量丰富。近年来，我国天然气行业勘探生产投资逐年增加，新增天然气探明储量不断增加。2021年天然气探明储量超过6万亿立方米。

第二，天然气景气指数上升。2021年四季度中国天然气行业景气指数为214.77，处于很景气状态。天然气生产企业景气指数为269.55，处于很景气状态。天然气销售公司景气指数为170.90，处于景气状态。2021年以来，天然气行业景气指数处于上升的趋势，由一季度的186.54提升至四季度的214.77。

第三，天然气产量显著突破。2016年以来，我国天然气产量持续增加。2021年，我国天然气产量突破2000亿立方米，达2053亿立方米，比2020年增长8.2%，比2019年增长18.8%，三年平均增长9.0%。

第四，天然气表观消费量增加。我国是天然气消费大国。天然气是优质高效、绿色清洁的低碳能源，随着经济发展、能源消费增长和日趋严格的二氧化碳减排要求，天然气长期消费增长速度高于煤炭和石油。近年来，我国天然气表观消费量呈现快速增长的趋势。2021年，天然气表观消费量超3000亿立方米，同比增长超14%。

第五，天然气进口量显著增加。中国天然气进口依存度较高，天然气消费需求旺盛，我国天然气进口量持续增长。2020年我国天然气进口量突破1亿吨，同比增长5.3%。2021年，天然气进口量延续增长的趋势，进口量突破1.2万吨，比上年增长19.9%。

第六，天然气基础设施布局进一步完善。在天然气管道方面，天然气"全国一张网"的框架已初步形成，主要管网已覆盖除西藏以外的省区市，包括陕京四线、西气东输三线、中京连接线、中俄东线（北段、中段）、清宁线等地区天然气外输管道等干线管道已相继投产。

（四）供热行业

供热是典型的关系民生的活动，尤其是我国寒冷地区，涉及普通老百姓的基本生活需求和生活质量，也是现代城市的重要基础设施之一。我国政府一直高度重视供热行业的稳定健康发展，我国原划定以"秦岭—淮河"作为供热分界线，随着城镇化率的提升，新型城区面积不断扩大，北方供热面积持续增加；同时，随着居民生活水平的提升，南方供热市场逐步放开，为供热行业提供新增长点。受上述各类因素推动，我国供热行业持续稳定发展。伴随我国碳达峰和碳中和目标的设立和推进，对供热行业在绿色低碳、节能环保和智慧供热方面提出了更高的要求。

1. 我国供热面积和供热量增长情况

根据住建部发布的数据，截至2020年底，全国集中供热面积约122.66亿平方米，较2019年增长约7.8亿平方米，增长率约6.8%；其中城市集中供热面积98.82亿平方米，县城集中供热面积18.57亿平方米，建制镇、乡、镇乡级特殊区域共约5.27亿平方米。全国管道长度达507348公里，较2019年增长39363公里，增长率约8.41%。随着我国国民经济发展和城镇化率提升，预计2021年及"十四五"期间供热面积和供热量将稳定增长。

2. 北方供热市场发展情况

集中供热是北方最主要的供热方式，尤其是在人口密度高、用热面积大的北方城市。集中供热优势显著，能够节约燃料、节约用地、减轻大气污染，具有较强的规模效应，更适应大城市供热市场。

随着北方各地政府"十四五"规划的推出，重点供热地区，如北京、河北迁西等地政府计划在供热领域不断完善核心城区薄弱的区域管网改造，优化新城区发展建设布局。

北京市"十四五"规划明确提出建立清洁低碳城乡供热体系，加快推进智能供热系统建设，提升中心城区供热保障水平，建成薄弱地区热源及配套热网工程，优化新城供热网络布局，提高重点区域清洁供热水平，大力发展乡镇地区热泵、太阳能、储能蓄热等清洁供热。

河北省"十四五"规划明确提出推动绿色低碳发展，实施清洁能源替代工程，大力发展光伏、风电等新能源，不断提高非化石能源在能源消费结构中的比重，降低能源消耗和碳排放强度，提高环保技术装备、新型节能产品和节能减排专业化服务水平。

上述政策和要求有利于供热企业把握新增供热方向，积极利用新能源、新技术、新工艺实现环保低碳、节能减排要求，使供热行业早日达成碳达峰和碳中和目标。

3. 南方供热市场发展情况

目前，南方供热市场作为我国供热行业的新兴增长点，尚处于发展初期，但后发潜力明显。根据2020年11月中国人民大学应用经济学院、国家发展与战略研究院联合主办的"南方百城供暖市场：模式、潜力与影响"成果发布会预计，到2030年，我国南方地区分户供暖用户数量将达6577万户，区域供暖用户数量将达3246万户，将分别带动我国居民消费增长330亿元、905亿元。

受益于环境保护和节能技术进步等因素，供热行业正处于快速变革阶段，环保低碳及节能减排技术、智慧供热、精细化运营的管理理念、清洁零碳能源的推广与普及将不断推进行业发展。

二 2021年城投公司公用事业业务分析

为了深度研究当前城投公司公用事业业务的开展情况，本报告选取全国地市级城市有公开数据的市属非专门行业的200家城投公司作为统计样本进行业务分析，通过对样本对象2021年审计报告、评级报告等公开资料进行汇总与整理，200家城投公司中开展公用事业业务的共101家。本报告主要从经营概况、盈利能力两个维度，对2021年城投公司公用事业业务开展情况进行详细阐述。

（一）经营概况

从101家样本数据来看，计入城投公司公用事业业务的收入主要包括供水、供热、供气、供电、公交、污水处理、固废处理等，呈现围绕公用事业产业链"多点开花"的趋势，说明城投公司在公用事业领域的转型已迈出一定步伐。在200家统计总样本中，有101家从事公用事业业务，占比超50%，与上年基本持平，说明公用事业业务对于城投公司而言依旧不可或缺。2021年，101家城投公司的公用事业业务收入合计约1313亿元，占统计总样本营业收入的10%，与上年基本持平，说明公用事业业务收入是城投公司重要的营收来源；2021年城投公司参与公用事业业务的营业成本合计约1333亿元，比2021年营业收入多20亿元，体现公用事业业务的公益属性，自身收入往往难以覆盖支出，对地方财政有一定的依赖性。毛利率由2020年-3.62%小幅提升至2021年-1.48%，说明公用事业业务的提质增效有了初步效果。

从以上数据可以看出，2021年公用事业业务规模有所增长，可能与越来越多的城投公司参与公用事业业务相关。一方面，公用事业牵涉民生，城投公司有优势争取政府支持，保障公司正常运营，可充分发挥"惠民抓手"功能作用；另一方面，城投公司可争取公用事业特许经营权，将区域内分散的公用事业企业进行整合，成立全区域性质的公用事业公司，以发挥规模优势、提高成本管控能力，增加公用事业业务利润。

（二）盈利能力

为了更好地分析城投公司参与公用事业的盈利能力，对101家城投公司的样本数据，从营业收入、营收占比以及毛利率三个指标进行具体分析，结果显示，2021年城投公司公用事业业务的营业收入主要集中在0～10亿元；绝大多数城投公司公用事业业务的毛利率水平较低，有进一步提质增效的空间。

1. 公用事业业务营业收入分析

101家开展公用事业业务的城投公司的营业收入合计约1313亿元。其中，营业收入在10亿元以下的最多，共计71家；在10亿～20亿元范围内的共计11家；在20亿～30亿元范围内的共计8家；在30亿元以上的共计11家。从上述数据可以看出，101家开展公用事业业务的城投公司，其营业收入主要集中在10亿元以下，占总数的70.30%，其余各等级分布较为平均（见图1）。

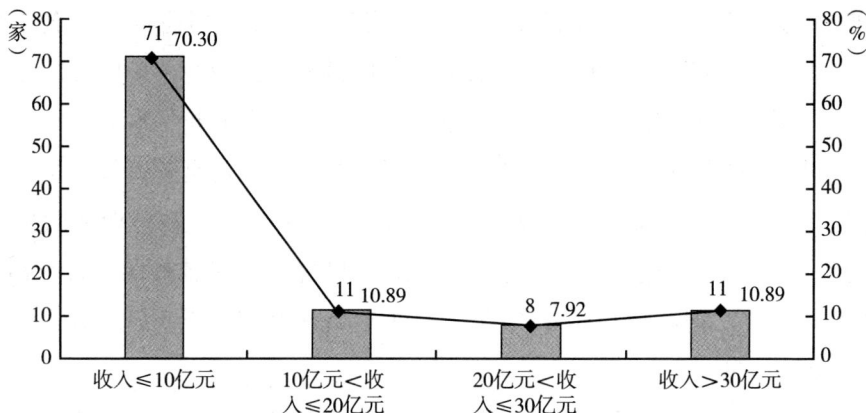

图1　2021年101家城投公司公用事业业务营业收入情况

资料来源：城投公司年度财务报告、评级文件。

2. 公用事业业务营收占比分析

在101家开展公用事业业务的城投公司中，营收占比在10%以下的共计4家；在10%～30%范围内的共计6家；在30%～50%范围内的共计5家；在50%以上的共计86家。从上述数据可以看出，101家开展公用事业业务的城投公司的营业占比主要集中在50%以上，占总数的85.15%（见图2）。

总体来看，2021年全国各地城投公司开展公用事业业务的规模有所增

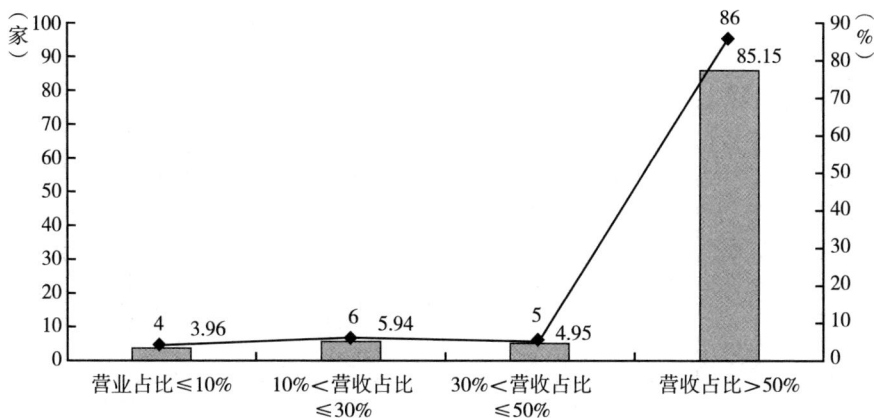

图2　2021年101家城投公司公用事业业务营收占比情况

资料来源：城投公司年度财务报告、评级文件。

长，同时大部分城投公司除从事传统的供水、燃气、供热、公共交通、垃圾处理等领域的服务外，一些城投公司也在积极探索如市政管养维护、配售电、停车场以及加油站等业务。但当前城投公司公用事业业务依然较为传统，在公用事业上下游领域的探索仍然不够，有些已经涉猎，但短期还未实现收益。

3. 公用事业业务毛利率分析

101家开展公用事业业务的城投公司的平均毛利率为−1.48%。其中，毛利率在0以下的共计34家；在0~10%范围内的共计16家；在10%~20%范围内的共计21家；在20%以上的共计30家（见图3）。可以看出，101家城投公司公用事业业务毛利率主要集中在0以下，占比达33.66%。同时，毛利率低于0和高于20%的城投公司占比均在30%左右，呈现分化态势。

总体来看，参与公用事业业务的城投公司毛利润为−19亿元，平均毛利率为负值，盈利状况不理想。这与供水、公交等传统公用事业业务的公益属性息息相关，这类传统业务往往难以实现自身平衡，较为依赖财政补贴。参与公用事业的城投公司应开源增收、降本节支、提质增效，加强精细化管理，全面促进企业高质量发展。一方面应深挖企业内部潜力，通过精细化管

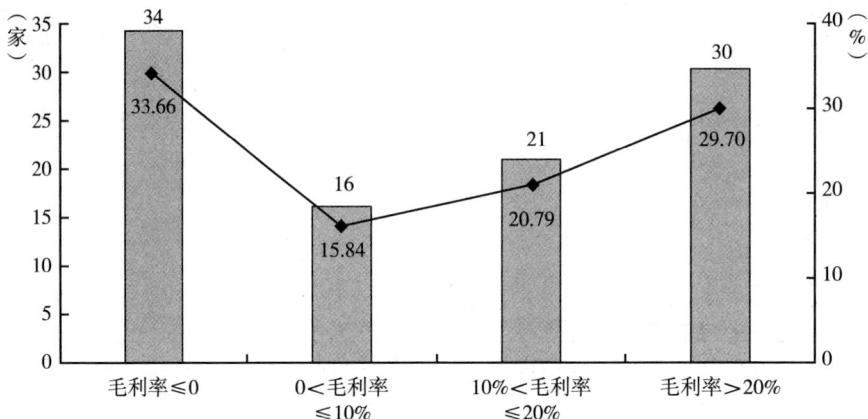

图 3 2021 年 101 家城投公司公用事业业务毛利率情况

资料来源：城投公司年度财务报告、评级文件。

理，加强成本管控，提高企业效益；另一方面，以市场为导向，以经济效益为中心，突出主业主责，全面提高公共产品供给能力。

三　城投公司公用事业业务发展趋势

2022 年，经历了疫情反复以及能源形势复杂、能源供需紧张的时刻之后，公用事业业务经受了各类挑战和严峻考验。2020 年政府报告提出，有序推进碳达峰碳中和工作，落实碳达峰行动方案，推动能耗"双控"向碳排放总量和强度"双控"转变，完善减污降碳激励约束政策，加快形成绿色生产生活方式。随着国家确立"双碳"目标和绿色发展理念的推进，我国社会经济发展正在快速向绿色模式转型，绿色已成为国企高质量发展的主色调。上位规划的逐步清晰，也要求传统公用事业类企业转变发展模式，朝着绿色、低碳的方向发展，借助 5G、工业互联网、物联网、人工智能等新一代信息技术发展，朝着智慧化、低碳化转型加速推动。

（一）数字化转型——向"智慧公用事业"转变

在国家数字化转型战略的大背景下，5G、工业互联网、物联网、人工智能等新一代信息技术发展受到政策大力支持，城投公司公用事业领域也迎来了数字化转型的快速发展期。抢抓数字化转型机遇，城投公司公用事业公司要强化各业务板块数据信息要素整合、开发与利用，提高供气、供排水、污水处理、危废处理、垃圾处置、水源保护等公用事业基础设施管理能力、运作效率和服务水平。同时，借助数字化转型，打通整个能源管理全价值链条，实现可持续、高效、灵活的管理目标，加速推进数字化转型。可以预见，越来越多的城投公司正加速推动从"传统公用事业行业"逐渐向以智能化、信息化、数字化为突出特征的"智慧公用事业"的新模式转变。

（二）绿色化转型——向"低碳、新能源"转变

随着国家确立"双碳"目标和绿色发展理念的推进，我国社会经济发展正在快速向绿色模式转型，绿色已成为国企高质量发展的主色调。作为地方国有企业，公用事业类企业肩负着保供的重任。近年来，传统能源业务稳步推进，积极响应国家、省、市、区绿色低碳发展号召，充分发挥能源协同优势，各地公用事业类城投公司以"投资+运营""项目+产业"双轮驱动的业务模式，积极探索布局风、光、储、充及燃气冷热电三联供等新能源业务体系，助力区域产业发展与"双碳"达标。

B.9
2021年金融业务分析

刘 新[*]

摘　要： 随着《地方金融监督管理条例（草案征求意见稿）》的发布，小额贷款、融资租赁、商业保理、融资担保、不良资产管理等地方性金融业务监管框架不断完善。对2021年样本城投公司数据和调研的分析显示，虽然多地城投公司积极拓展金融业务，但总体规模有限，发展动力不强，多以供应链金融服务为突破口。随着金融行业加速清理整合，逐步回归服务实体经济发展本源，城投公司金融业务发展呈现聚焦产业培育发展、补齐地方金融服务短板以及金融数据积累催化城投业务体系化发展等趋势，可以为城投公司发展相关业务提供参考借鉴。

关键词： 地方金融监管　供应链金融　产融生态

一　2021年金融业务市场发展状况

2021年以来，在灵活精准、合理适度的稳健货币政策下，金融市场主要指标仍旧保持有力增长，金融支持实体的质效进一步提升。2021年债券市场稳定增长，国债收益率整体呈现震荡下行趋势。货币市场交易量持续增加，银行间衍生品市场成交量保持增长。股票市场主要股指上涨，沪深两市

---

[*] 刘新，中级经济师，江苏现代资产投资管理顾问有限公司现代研究院研究员，研究方向为国企改革、平台公司转型、发展规划等。

成交金额增长明显①。

在传统金融业务发展方面，截至 2021 年末，我国金融机构总资产与总负债均呈现增长态势，总资产同比增长 8.1%，达 381.95 万亿元，总负债同比增长 7.9%，达 346.59 万亿元。其中，银行业机构总资产为 344.76 万亿元，同比增长 7.8%；银行业机构总负债为 315.28 万亿元，同比增长 7.6%；证券业机构总资产为 12.3 万亿元，同比增长 21.2%；证券业机构总负债为 9.35 万亿元，同比增长 24.4%；保险业机构总资产为 24.89 万亿元，同比增长 6.8%；保险业机构总负债为 21.96 万亿元，同比增长 6.9%。金融行业稳中有进的发展总基调没有变化，未来也将持续推动我国经济社会的健康发展。

在地方金融业务发展方面，2021 年 12 月 31 日，中国人民银行发布了《地方金融监督管理条例（草案征求意见稿）》，按照"中央统一规则、地方实施监管，谁审批、谁监管、谁担责"的原则，将地方各类金融业态纳入统一监管框架，强化地方金融风险防范化解和处置，这意味着地方金融监管将迎来统一立法，地方金融监管体制将进一步完善。该条例明确了"7+4"② 类行业的监管规则和要求，并明确地方金融组织应当坚持服务本地的原则，原则上不得跨省级行政区域开展相关业务。至此，地方各类金融业务政策监管框架不断趋于完善，原"类金融"机构也将迎来强监管时代，业务加速回归本源，各类发展乱象也将得到进一步规范，部分经营不善的机构将面临清理退出，优胜劣汰的市场化机制逐渐完善，服务地方经济、实体经济为根本的原则得到进一步明确。

（一）小额贷款业务

由于近年来政策监管趋严、市场竞争愈发激烈，自 2020 年以来，小额

---

① 中国人民银行：《2021 年金融市场运行情况》，［EB/OL］http：//www.gov.cn/xinwen/
 2022-02/02/content_ 5671655. htm。

② "7+4"包括典当行、融资租赁公司、商业保理公司、地方资产管理公司、区域性股权市
 场、融资担保机构、小额贷款公司 7 类机构，以及地方各类交易场所、开展信用互助的农
 民专业合作社、投资公司、社会众筹机构 4 类机构。

贷款（简称"小贷"）公司开展的小贷业务与网络小贷业务迎来了政策严监管，小贷行业面临"清退潮"，行业进入加速洗牌阶段。据中国人民银行的数据，截至2021年末，我国小额贷款公司有6453家，相比上年末的7118家减少了665家，减少了9.34%；从业人员数仅剩6.38万人，同比2020年的7.22万人减少11.63%；贷款余额9414.68亿元，较上年小幅增长，增长率为5.93%（见表1）。

表1 2021年末小额贷款公司分地区情况统计表

地区	机构数量（家）	从业人员（人）	实收资本（亿元）	贷款余额（亿元）
华北	978	9227	780.11	754.52
东北	756	5527	536.23	478.40
华东	1840	16926	2503.12	2819.19
华中	535	5089	528.94	545.69
华南	762	9824	1140.94	1258.59
西南	735	10024	1722.35	3015.30
西北	847	7162	561.45	542.99
合计	6453	63779	7773.14	9414.68

注：华北：北京市、天津市、河北省、山西省、内蒙古自治区；东北：黑龙江省、吉林省、辽宁省；华东：上海市、江苏省、浙江省、安徽省、江西省、山东省、福建省；华中：河南省、湖北省、湖南省；华南：广东省、广西壮族自治区、海南省；西南：重庆市、四川省、贵州省、云南省、西藏自治区；西北：陕西省、甘肃省、青海省、宁夏回族自治区、新疆维吾尔自治区；统计不包含台湾、香港、澳门。

资料来源：中国人民银行。

自《中国银保监会办公厅关于加强小额贷款公司监督管理的通知》（银保监办发〔2020〕86号）发布后，政策的强监管、银行等金融机构的业务下沉以及区域市场激烈的竞争，导致小贷公司的发展压力倍增。多个地区都在对辖区内的小贷公司进行分类评级排序，披露取消部分小额贷款公司试点经营资格的名单，不再列入小额贷款行业监管范围。《云南省地方金融监管局关于开展2021年度小额贷款公司监管分类评级工作的通知》要求各地对辖区内的小额贷款公司进行监管分类评级初评工作；湖南省对128家符合参评条件的小贷公司进行评级，评为D级的有12家，占比9.38%，并要求各市州金融办督促其停业整改，对拒不整改和逾期整改不到位的，将取消其发放小额贷款业务的资质。未来一段时间，小贷行业将进入加速清理整合与规范发展的调整期，非法放贷、恶意催收、虚假注资、非法集资等乱象将得到进一步规范。

（二）融资担保业务

近年来，在银保监会、财政部等部门出台的一系列政策文件指引规范下，我国融资担保行业已逐步走向成熟，尤其是政府性融资担保机构呈现向好的发展势头。截至2021年末，我国政府性融资担保机构已经有1428家。

融资担保机构通过对中小企业进行信用增信，有效缓解了民营企业融资难、融资贵等问题。2021年，虽面临实体经济增长放缓，小微企业和涉农主体的经营状况和金融健康状况修复受阻等困难，我国的社会融资规模存量仍实现了逐年稳步增长。据中国人民银行数据统计，2021年末，我国社会融资规模存量为314.13万亿元，同比增长10.3%。此外，2018~2021年，我国金融担保机构金融产品担保余额呈持续增长趋势。截至2021年末，金融担保机构担保余额超1万亿元，较上年末增幅超20%，占同期信用债（剔除金融债）市场规模的约3%；中央结算公司担保品中心管理担保品余额达17.41万亿元，较上年同期增加14897亿元，同比上升9.36%，创历史新高。

在行业政策方面，2021年12月22日，《国务院办公厅关于印发加强信用信息共享应用促进中小微企业融资实施方案的通知》（国办发〔2021〕52号）提出，支持有需求的银行、保险、担保、信用服务等机构接入融资信用服务平台，不断提高中小微企业贷款可得性，进一步提升服务中小微企业能力。2021年2月，《工业和信息化部办公厅关于引入政府性融资担保工具支持产业基础能力提升的通知》（工厅规〔2021〕21号）提出，国家融资担保基金设置专项业务，向工业基础企业提供融资再担保服务，调动政府性融资担保体系和银行投向工业基础领域。各省级担保再担保机构在符合文件要求的前提下，担保费率不高于1%。

（三）融资租赁业务

近年来，在一系列利好政策相继出台的背景下，融资租赁行业呈现良性发展的趋势，企业数量、行业实力和业务总量都有所增加，具体表现在促进产业升级、优化资源配置等方面，成为推动经济增长的重要引擎。2021年，在监管政策的调控下，融资租赁行业整体处于调整状态，具体表现为企业数量和注册资金整体减少，业务总量先减少后企稳回升。从数量上看，截至2021年底，全国融资租赁企业总数约为11917家，较上年底的12156家减少239家，减少1.97%；全国融资租赁合同余额约为62100亿元人民币，比2020年底的65040亿元减少2940亿元，下降4.52%。

在政策方面，2021年9月3日，《国务院印发关于推进自由贸易试验区贸易投资便利化改革创新若干措施的通知》（国发〔2021〕12号）提出，在全口径跨境融资宏观审慎框架下，允许在自贸试验区注册且符合条件的融资租赁公司与其下设的特殊目的公司（SPV）共享外债额度；在地方层面，广东、山东、江苏、湖南、浙江等多个省份发布关于融资租赁公司的监督管理办法。山东地方金融监督管理局发布的《山东省融资租赁公司监督管理暂行办法》（鲁金监发〔2021〕8号）明确提出，融资租赁公司不得"违反国家有关规定向地方政府、地方政府融资平台公司提供融资或者要求地方政府为租赁项目提供担保、承诺还款等"，进一步引导融资租赁公司在推动装备制造业发展、企业技术升级改造、设备进出口等方面发挥重要作用，更好地服务实体经济。

（四）商业保理业务

2021年，市场需求和外部政策环境持续完善，我国商业保理市场整体向好，行业呈现快速增长态势。经中国服务贸易协会商业保理专委会测算，2021年我国商业保理业务增速超过20%，以2020年1.5万亿元为基数，

2021 年业务量在 1.8 万亿元左右，预计 2022 年商业保理业务量有望超过 2 万亿元，到 2025 年"十四五"末，商业保理业务规模将在 2020 年基础上增长 1 倍，有望达到 3 万亿元（见图 1）。同时，根据国家统计局数据，截至 2021 年末，我国规模以上工业企业应收账款 18.87 万亿元，比 2020 年末的 16.41 万亿元增加 2.46 万亿元；规模以上工业企业实现利润总额 7342.0 亿元，同比增长 4.2%；每百元资产实现的营业收入为 95.4 元。由此可见，商业保理作为服务企业应收账款管理的重要工具，随着市场需求走高，未来业务量还有广阔的增长空间。

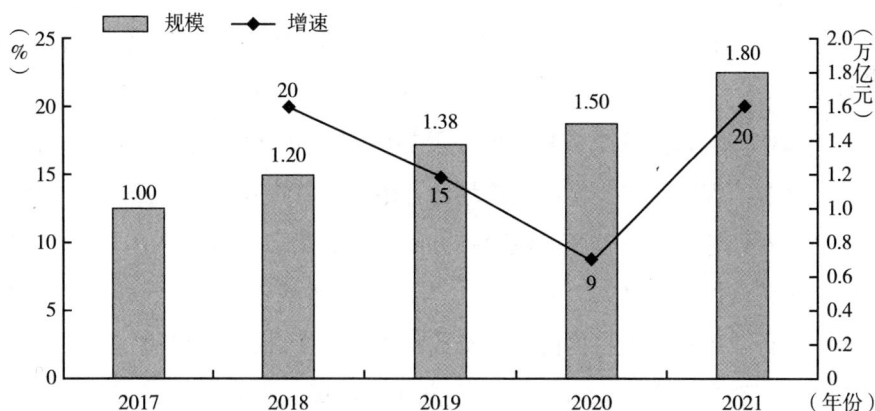

图 1   2017～2021 年商业保理业务量及增速

资料来源：根据公开资料整理。

另外，政策层面暖风频吹，2021 年 3 月，银保监会、人民银行等 13 个部门印发《关于加快推动制造服务业高质量发展的意见》（发改产业〔2021〕372 号）指出，推动供应链创新应用，创新发展供应链金融，加大对制造服务业企业的融资支持力度；同月，商务部等 8 个部门发布《关于开展全国供应链创新与应用示范创建工作的通知》，提出通过供应链创新与应用示范创建，实现创新链、供应链与实体产业深度融合，使供应链效率效益得到提高。随着产业链、供应链的健全完善，商业保理公司在供应链金融方面也将面临更多发展机遇。

（五）资产管理业务

为协助化解区域性金融风险或管理不良资产，城投公司多选择参与或成立资产管理公司。借助属地优势，承接资产管理，灵活运用多种方式将不良资产盘活，为地方政府纾困解难，帮助实体企业更好发展。2017~2021 年，我国累计处置不良资产 11.9 万亿元，超过此前 12 年处置总量，为守住不发生系统性金融风险底线提供了重要保障。根据国务院发布的相关数据，2021 年我国银行业累计处置不良资产 3.13 万亿元，同比增加 0.11 万亿元，不良资产的处置力度和金额再创历史新高，有效降低了信用风险水平，不良贷款率 1.73%，较 2020 年末下降 0.11 个百分点。

我国资产管理虽然起步晚，但发展势头却十分迅猛。目前银行、信托、券商、基金、保险等各类金融机构均已开展资产管理业务，且资产管理公司在不良资产处置以及防范金融风险等方面发挥着重要作用。《中国金融不良资产市场调查报告（2022）》显示，当前金融体系不良资产风险尚未完全暴露，银行业中小金融机构的不良率或将进一步上升，但上升幅度和空间相对有限。在地方性资产管理公司设立方面，银保监会官网正式发布了《地方资产管理公司名单》，截至 2021 年底，经银保监会批准成立的地方 AMC 共 59 家。总体来看，我国资产管理行业目前已形成"5+2+银行系 AIC+外资系+N"的多元化格局。

（六）区域性股权市场

近年来，中共中央、国务院就加快建设全国统一大市场做出部署，明确要求选择运行安全规范、风险管理能力较强的区域性股权市场开展制度和业务创新试点，加强区域性股权市场和全国性证券市场间的合作衔接。目前，我国区域性股权市场创新试点不断推进，股权投资和创业投资份额转让试点、区块链建设试点成效逐渐显现。中国证券业协会区域性股权市场专业委员会的统计显示，截至 2021 年末，我国全国区域性股权市场挂牌公司的数量已达 3.81 万家，托管公司 5.77 万家，展示公司 13.84 万家。区域性股权市场与传统的证券交易所不同，重点定位为中小企业综合服务平台、私募股权投融资服务平台和拟上市企业辅导平台。截至 2021 年末，区域性股权市场累计实现各类融资（含股权融资、债券融资、股权质押融资等）1.67 万亿元，同比增长 17.39%[①]。

根据《国务院办公厅关于规范发展区域性股权市场的通知》《区域性股权市场监督管理试行办法》有关规定，区域性股权市场运营机构名单由省级人民政府实施管理并予以公告，同时向证监会备案。目前已备案的 35 家区域性股权市场运营机构中，由城投公司控股的有 5 家，参股的有 12 家。

二 2021年城投公司发展金融业务情况分析

为了定量研究 2021 年全国城投公司拓展金融业务情况，本报告选取有公开数据的全国地市级城市市属非专门行业的 200 家城投公司作为统计样本进行业务分析，对各城投公司 2021 年审计报告等公开资料进行统计整理。根据数据整理结果，200 家样本企业中涉及金融业务的共有 58 家，占比 29%。具体业务涵盖融资租赁、担保、金融行业股权投资、小贷等。2021 年，该 58 家样本企业金融业务收入合计 166.71 亿元，平均收入 2.87 亿元，较 2020 年增长 28.30%；营业成本合计 104.66 亿元，较 2020 年增长 90.33%；平均毛利率 37.22%，较 2020 年下降 20.46 个百分点。

（一）多地城投拓展金融业务，总体规模仍较小

2021 年，在国企改革三年行动及地方扩投资、稳增长等宏观背景下，全国各区域平台公司的市场化转型工作仍在有条不紊地推进，其中地市级平

---

① 中国证券业协会：《中国证券业发展报告（2022）》，[EB/OL] http：//stock.10jqka.com.cn/20220926/c642027243.shtml。

台公司更加注重发挥金融服务的功能，促进企业内部产融循环体系构建，通过金融股权投资提升资本运作能力；区县级平台公司由于资源禀赋、政策约束等限制，更多聚焦推进区域整合重组工作，多通过参股区域农商行、城商行，以及涉足担保、小贷等领域，以期获取一定的投资回报，建立良好的地方银企关系。

从上述 58 家样本企业的数据来看，2021 年营业收入总额达 4336.93 亿元，金融业务的营业收入合计 166.71 亿元，营业成本合计 104.66 亿元，金融业务收入占 58 家企业总营业收入比重仅 3.84%。从上述样本的单个数据来看，58 家城投公司金融业务营业收入处于 10 亿元以上的有 2 家，占比 3.45%；3 亿~10 亿元的有 9 家，占比 15.52%；1 亿~3 亿元的有 9 家，占比 15.52%；1 亿元以内的有 38 家，占比 65.52%（见图 3）。

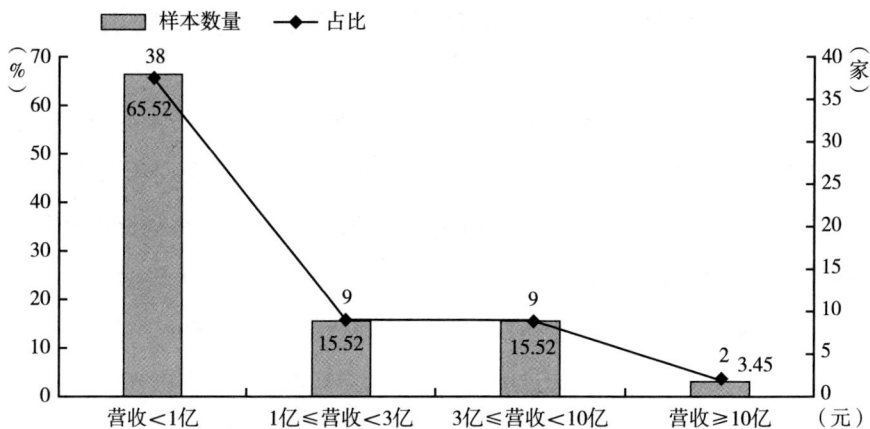

图 3　2021 年 58 家城投公司金融业务营业收入情况

资料来源：城投公司年度报告、评级文件。

在营收占比方面，统计显示，2021 年 58 家样本企业金融业务营收占比大多在 1%~10% 之间；占比小于 4% 的有 41 家；营收占比处于 4%~8% 范围内有 7 家；营收占比处于 8%~10% 范围内有 2 家；营收占比处于 10% 以上有 8 家。58 家样本企业中，金融业务营收占比主要集中在 4% 以下，占总数的 70.69%（见图 4）。

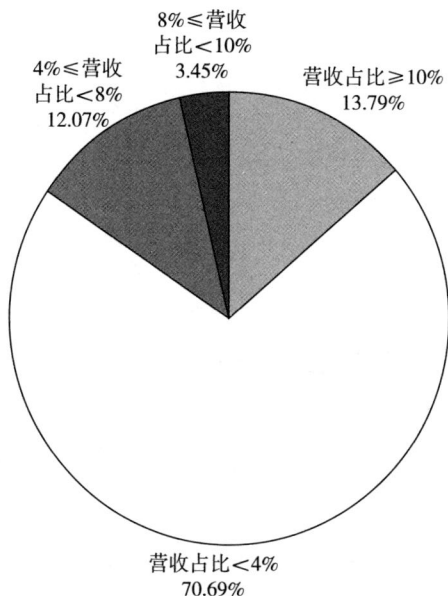

图4 2021年58家城投公司金融业务营收占比情况

资料来源：城投公司年度报告、评级文件。

在毛利率方面，统计显示，58家城投公司开展金融业务平均毛利率为37.22%，毛利率处于均值以上的城投公司共有50家。金融业务毛利率小于0的有2家，占样本量的3.45%；处于0（含）～10%区间的有3家，占样本量的5.17%；处于10%（含）～20%区间的有2家，占样本量的3.45%；处于20%（含）～30%区间的有1家，占样本量的1.72%；处于30%（含）～50%（含）区间的有9家，占样本量的15.52%；大于50%的有41家，占样本量的70.69%（见图5）。

可以发现，2021年随着城投公司毛利率水平的提升，58家样本城投公司金融业务毛利率的趋势呈现平稳后陡增的趋势，在50%以上的区间出现峰值，占比70.69%；其次是30%（含）～50%（含）这一区间，有9家，占比15.52%；30%以下的各区间占比均为1%～5%左右。可以看出，金融业务毛利率水平较高，发展情况较好，但各城投公司在拓展该业务时发展水平差异较大。

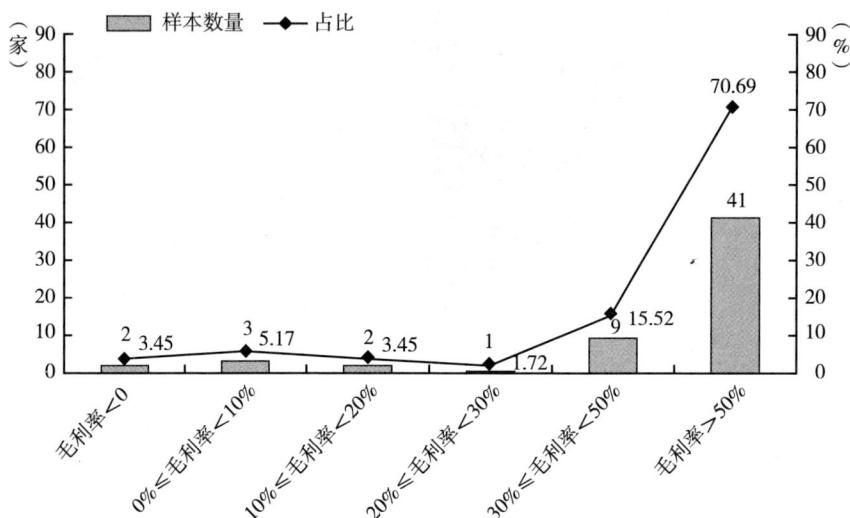

图5 2021年58家城投公司金融业务毛利率情况

资料来源：城投公司年度报告、评级文件。

总体来看，2021年在加强对地方性金融调控整顿的政策背景下，全国各地城投公司开展金融业务或金融行业股权投资类业务的规模仍较小，营业收入占整个公司的收入比重较低，发展热度不高。虽有多家城投公司在战略布局时将拓展金融业务作为重要的业务板块，但由于承担区域金融风险化解任务较重、市场化业务规模较小、区域资源禀赋不足、资金投入较低等原因，总体发展处于较低水平。随着城投公司资本运作能力的提升与整体市场化程度的提高，加大对金融类业务的投资发展力度或将成为城投公司的重要战略选择。

（二）以服务地方政府战略为主，自主投资意愿不强

金融业务与城投公司传统的城市基础设施建设、公用事业运营等业务直接关联度不是很紧密。通过对多地城投公司的调研可以发现，城投公司拓展金融业务或开展金融股权投资业务，多是为了实现地方政府的战略发展，与区域金融市场发展需求紧密结合，以弥补地方金融服务短板与市场化金融机

构涉足意愿不强的领域，如提供中小企业资金支持、企业纾困、产业引导、招商引资、区域不良资产处置等，而真正从城投公司市场化转型发展角度主动去拓展金融业务的占比较少。基于现金流打造、并购提升总资产规模、盈利补充等考量，也存在部分城投公司积极主动开展金融业务，以期在短期内快速优化公司财务结构，提升总资产规模，改善盈利情况。

（三）积极拓展供应链金融业务，围绕产业链盘活做文章

目前我国正在大力推行发展供应链金融，通过产融结合深耕盘活产业链，实现"稳链、固链、强链"，构建链上企业一体化发展，解决产业链的堵点、难点，畅通产业体系循环，进一步提高产业链、供应链的运行效率。城投公司开展金融业务无论是从专业角度还是市场开拓角度，均缺乏市场核心竞争力。因此，开展金融业务的城投公司大多围绕自身产业体系的打造，积极拓展供应链金融服务，提升产业链运作效率。

城投公司作为地方城镇化发展的重要平台，在城市资源整合与城市基础设施建设等方面具有先天优势。城市基础设施建设所涉及的建筑、制造、贸易等产业具有产业链条长、上下游参与者众多、行业集中度低、资金需求旺盛等特征，这为城投公司拓展供应链金融服务提供了大量业务机会。例如，通过开展商业保理的应收账款业务，可有效盘活产业链上下游企业的资金使用效率。

三　城投公司金融业务发展趋势

城投公司是地方经济社会发展的重要参与者与引导带动者，主要业务是传统的基础设施建设，通过统筹区域性资源，推动地方产业转型升级与综合竞争力的提升现已成为其重要的战略定位与选择。目前地方性金融行业面临政策的严监管以及较大的市场竞争压力，城投公司作为地方重要的国有企业，除实现自身的发展外，还承担着规范地方相关产业发展与做好标杆榜样的使命。通过拓展金融业务，打造产业与资本的对接平台，城投公司在满足

资金需求的同时，还可有效降低区域金融风险，协助地方政府做好不良资产管理与中小企业培育发展，引导金融资金流往实体经济与短板方向。基于2021年地方性金融业务的发展状况与城投公司开展金融业务面临的问题与挑战，优胜劣汰、产融体系构建、补齐地方金融短板、数据要素积累、以点带面发展将成为行业重要的发展趋势。

（一）监管框架不断完善，市场"优胜劣汰"提速

近年来，北京、上海、江苏、河北、福建、山东、江西等地陆续出台了地方性金融监管条例，银保监会也出台了针对商业保理公司、典当行、小贷公司等的行业监督管理文件，由于目前国家层面尚未统一立法，因此金融监管在协调性与跨区域监管方面仍然存在问题。随着《地方金融监督管理条例》的真正落地实施，地方性金融行业发展的政策监管框架体系将不断完善，中央统一规则、地方实施监管的联动监督管理体系将逐渐建立。同时，在地方金融组织应当坚持服务本地、原则上不得跨省级行政区域开展相关业务的政策约束下，地方性金融组织将聚焦本地发展，市场竞争将更加激烈，市场优胜劣汰将提速，部分经营能力欠佳、资质不全的公司将面临清理退出。城投公司也将在新一轮的政策监管下，进一步凸显地方国有企业的综合竞争优势，协助规范地方金融市场发展，聚焦承担不良资产处置、服务地方中小企业、化解区域金融风险、践行普惠金融等职责。

（二）业务加速回归本源，切实发挥服务实体经济的功能

随着实体经济的快速发展，金融和实体经济的共生共荣关系更加密切。金融业要响应习近平总书记提出的"回归本源，服从服务于经济社会发展"要求，城投公司在拓展金融业务时要在清晰定位自身发展的同时，实现金融资源在社会经济发展过程中的合理、高效配置。一方面，城投公司要打造能满足实体经济发展需求的金融业务链；另一方面，城投公司要健全风险管理体系，密切关注投融资活动中存在的各种风险，做好风险预判、识别以及分

析控制工作，制定妥善的风险应对措施，在遵守相关政策规定的同时，严格规范投融资行为，避免造成政府隐性债务。

（三）聚焦产业培育发展，推动产融生态体系构建

城投公司发展金融业务（包括财务性股权投资）只是实现其产业培育发展、推动自身业务核心竞争力提升的重要手段之一，而不是最终目的。随着城投公司市场化转型的持续深入推进，聚焦产业培育发展与引导地方产业转型升级已成为城投公司发展的关键。以金融业务开展为催化剂，以产融有效结合为目标，围绕产业链、供应链金融服务，提供企业全生命周期金融服务（包括前期孵化投资、成长期股权合作、成熟期退出、衰退期不良资产管理等），将逐渐成为城投公司推动自身产融生态体系构建，打造"金融+产业+生态"发展模式的重要路径选择。

（四）结合地方金融发展规划，补齐金融服务短板

在地方"十四五"规划公布后，多个省市随之出台了"十四五"金融服务业专项发展规划。规划重点围绕服务区域实体经济发展，持续化解金融风险，聚焦重点领域、重点产业、重点项目等提出多项金融服务行动，包括乡村振兴金融服务行动、中小微企业发展金融服务行动、新型消费金融服务行动、重大基础设施建设金融服务行动、新型城镇化金融服务行动等，旨在通过金融资本力量，解决实体经济发展的资金瓶颈，避免资金空转。城投公司作为地方国有资产的经营运作主体，除传统的城市建设发展职能外，也要紧密结合地方"十四五"规划提出的积极发展普惠金融、科技金融、绿色金融等战略目标，协助地方政府加快补齐县域、中小微企业、新型农业经营主体等的金融服务短板，赋能乡村振兴发展战略，进一步增强金融普惠性。

（五）依托金融数据要素积累，以点带面推动业务发展

《中共中央国务院关于构建更加完善的要素市场化配置体制机制的意

见》明确提出，加快培育数据要素市场，推进政府数据开放共享、提升社会数据资源价值、加强数据资源整合和安全保护。数据作为数字经济时代的重要生产要素，已成为地方政府推动经济社会高质量发展的重要力量。目前，越来越多的城投公司基于数字政府建设及推动自身数字化转型等考量，逐渐布局大数据、信息科技、智慧城市等业务板块，并成为重要发展机遇。城投公司在开展金融业务时，也将更多依托数据要素累积，构建企业内部的信息共享平台，以点带面，以点串链，推进企业大数据库建设，实现公司业务的互联互动。

B.10

2021年城市更新业务分析

沈红梅*

摘　要： 本文系统梳理分析了2021年初以来中央及地方出台的城市更新相关政策和城市更新业务相关动态，对2021年城市更新发展情况进行总结和展望。在深入理解城市更新业务难点的前提下，分析城市更新业务发展趋势，为企业发展城市更新业务提供建设性的意见。

关键词： 城市更新　顶层政策体系　国企参与城市更新行动

一　2021年城市更新发展情况

（一）2021年城市更新政策发展脉络

1. 中央积极稳妥实施城市更新行动

2021年以来，中央近10次表态支持城市更新或直接出台相关政策。2021年3月全国两会，城市更新首次被写入政府工作报告；《中华人民共和国国民经济和社会发展第十四个五年规划和2035年远景目标纲要》中提出实施城市更新行动，推动城市空间结构优化和品质提升，城市更新已升级为国家战略。为了进一步推动政策落地，2021年11月住建部在21个市（区）开展第一批城市更新试点工作，探索城市更新统筹谋划机制、可持续模式及配套制度政策，积极稳妥实施城市更新行动。在中央政策强有力的支持下，城市更新得

---

* 沈红梅，江苏现代资产投资管理顾问有限公司现代研究院研究员，研究方向为战略规划、企业重组、政府投融资。

到进一步发展。随着试点推进，我国的城市更新由此前的部分一、二线城市为主，进入各地"全面开花"的阶段。2021年国家层面城市更新重要政策汇总如表1所示，第一批21个城市更新试点城市（区）如表2所示。

表1 2021年国家层面城市更新重要政策汇总

时间	文件/会议名称	政策内容
3月	2021年政府工作报告	提出要实施城市更新行动，完善住房市场体系和住房保障体系，提升城镇化发展质量。新开工改造城镇老旧小区5.3万个
3月	《中华人民共和国国民经济和社会发展第十四个五年规划和2035年远景目标纲要》	提出将实施城市更新行动，改造提升老旧小区、老旧厂区、老旧街区和城中村等存量片区功能。推进老旧楼宇改造，积极扩建新建停车场、充电桩
4月	《2021年新型城镇化和城乡融合发展重点任务》	明确在老城区推进以老旧小区、老旧厂区、老旧街区、城中村等"三区一村"改造为主要内容的城市更新行动
8月	《关于在实施城市更新行动中防止大拆大建问题的通知》	指导各地积极稳妥实施城市更新行动，防止沿用过度房地产化的开放建设方式，大拆大建，急功近利的倾向
9月	《关于加强城镇老旧小区改造配套设施建设的通知》	提出加快项目储备，进一步摸排城镇老旧小区改造配套设施短板和安全隐患；强化资金保障，中央预算内投资全部用于城镇老旧小区改造配套设施建设项目，推动多渠道筹措资金；加强事中事后监管；完善长效管理机制
11月	《关于开展第一批城市更新试点工作的通知》	决定在北京等21个城市（区）开展第一批城市更新试点工作

资料来源：根据公开资料整理。

表2 第一批21个城市更新试点城市（区）

地域	城市名单	类别	城市名单
北部城市	北京、沈阳、唐山、烟台、潍坊	一线城市	北京
东部城市	南京、苏州、宁波、厦门	二线城市	沈阳、南京、苏州、宁波、厦门、长沙、南昌、呼和浩特、银川、西安、成都、重庆市渝中区和九龙坡区
中部城市	长沙、南昌、滁州、铜陵、黄石、景德镇	三四五线城市	唐山、烟台、潍坊、铜陵、黄石、景德镇
西部城市	呼和浩特、银川、西安、成都、重庆市渝中区和九龙坡区		

资料来源：根据公开资料整理。

2. 多省市因地制宜构建城市更新顶层政策体系

2021年以来，多省市因地制宜构建城市更新顶层政策体系，陆续发布管理办法、实施细则等政策文件。厦门、佛山、徐州、长沙、福州、成都、无锡以及北京、重庆、河北、贵州、广东等地先后发布城市更新实施意见、管理办法、更新导则等文件，推动城市更新管理更加细化，更具专业性、前瞻性（见表3）。

表3　2021年以来重点城市发布的城市更新指导性政策

时间	城市	文件名称
3月	广东	《广东省旧城镇旧厂房旧村庄改造管理办法》
3月	厦门	《厦门市2021年城乡建设品质提升实施方案》
3月	佛山	《佛山市城市更新局关于推动拆除重建类旧村居改造项目实施的指导意见》
3月	徐州	《徐州市加快开展城市更新工作的实施意见(试行)》
4月	长沙	《关于全面推进城市更新工作的实施意见》
4月	福州	《福州市"城市更新+"实施办法》
4月	成都	《关于进一步推进"中优"区域城市有机更新用地支持措施的通知》
5月	河北	《河北省县城建设提质升级三年行动实施方案(2021~2023年)》
5月	无锡	《关于加快推进城市更新的实施意见(试行)》
6月	北京	《北京市人民政府关于实施城市更新行动的指导意见》
6月	珠海	《珠海经济特区城市更新管理办法》
6月	重庆	《重庆市城市更新管理办法》
7月	贵州	《贵州省城市更新行动实施方案(送审稿)》
7月	成都	《成都市公园城市有机更新导则》
9月	亳州	《亳州市城市更新实施办法》
9月	湛江	《湛江市城市更新("三旧"改造)管理暂行办法》
10月	石家庄	《石家庄市城市更新管理办法》
10月	济南	《济南市城市更新专项规划(征求意见稿)》
11月	唐山	《唐山市城市更新实施办法(征求意见稿)》
11月	西安	《西安市城市更新办法》
12月	沈阳	《城市更新管理办法》
12月	大连	《大连市城市更新管理暂行办法》
12月	兰州	《兰州市城市更新实施办法(征求意见稿)》

资料来源：根据公开资料整理。

2021年，全国共有三十余个省市累计出台百余条城市更新相关政策。总体来看，这些政策呈现四大特征。第一，出台政策城市以京津冀、长三角、珠三角、成渝等城市群的一、二线城市为主，政策类型从实施意见、专项规划更新条例不断升级。第二，整体更加强调政企协同、市场化运作。第三，规划、土地、资金等支持性政策更加落地，确保投资主体有切实可行的盈利模式（规划调整更加灵活、土地政策更加市场化、融资及退出更加便利）。第四，更加关注城市更新过程中历史文化的保护，整体基调由"拆改建"转变为"留改建"，留、改的盈利空间逐步扩大。

3. 各地出台城市更新条例护航城市更新

2021年，深圳、广州、上海积极推进城市更新立法。2021年3月22日，深圳市城市更新和土地整备局正式发布《深圳经济特区城市更新条例》；7月7日，广州市住房和城乡建设局发布《广州市城市更新条例（征求意见稿）》；8月25日，上海市人大常委会第三十四次会议表决通过《上海市城市更新条例》，该条例于9月1日正式施行；2022年北京也拟审议《北京市城市更新条例》。除了城市层面，省级层面的《辽宁省城市更新条例》在2021年12月公布，于2022年2月1日施行。

（二）2021年城市更新业务发展情况

1. 2021年城市更新项目实施规模

截至2021年底，全国411个城市共实施2.3万个城市更新项目，投资规模达5.3万亿元。作为市场主体，在房地产行业面临变革的环境下，房企纷纷将城市更新作为新的赛道布局。据研究统计，80%的百强上市房企都曾做过城市更新，其中半数企业城市更新规模已超百万方。2021年上半年，TOP10房企城市更新项目占总土储的5.69%~24.8%。据不完全统计，品牌房企已大量布局城市更新市场，项目主要集中于珠三角、长三角、京津和成渝地区重点城市，其中深圳、广州和东莞房企布局最多，是城市更新企业的主要聚集地（见图1）。从布局趋势来看，除了以广东省作为城市更新的主战场外，房企也逐步向其他高能级的一、二线城市寻求更多的城市更新投资机遇。

深圳	广州	东莞	佛山	珠海	上海	太原	北京	石家庄	惠州	武汉	昆明	中山	沈阳	西安	郑州	成都	江门	肇庆	湛江	贵阳	济南	重庆	宁波	烟台
华润	华润	华润	保利	万科	佳兆业	保利	中海	保利	绿地	保利	万科	金地	万科	保利	保利	远洋	融创	富力	华润	恒大	中海	远洋	佳兆业	旭辉
招商蛇口	招商蛇口	招商蛇口	佳兆业	绿地	中海	中海	万科	恒大	龙湖	万科	恒大	富力	金地	绿地	招商蛇口	保利	龙湖	卓越	佳兆业	旭辉	金科	招商蛇口	招商蛇口	招商蛇口
保利	保利	保利	碧桂园	龙湖	碧桂园	招商蛇口	富力	万科	时代	旭辉	碧桂园	卓越	华润	富力	恒大	万科								
中海	恒大	恒大	万科	旭辉	万科	恒大	远洋	旭辉	富力	远洋	招商蛇口													
恒大	碧桂园	碧桂园	金科	佳兆业	招商蛇口	碧桂园	卓越	远洋	卓越	中海	卓越													
碧桂园	万科	万科	龙光	奥园	富力	万科	首开	华润																
万科	融创	融创	合景泰富	招商蛇口	卓越	旭辉																		
融创	龙湖	龙湖	时代	富力	融创	富力																		
绿城	金科	旭辉	招商蛇口	富力																				
龙湖	金地	龙光	富力																					
金科	旭辉	雅居乐	卓越																					
金地	雅居乐	合景泰富	奥园																					
旭辉	合景泰富	佳兆业																						
龙光	时代	富力																						
合景泰富	佳兆业	卓越																						
时代	富力	奥园																						
佳兆业	卓越																							
富力	奥园																							
远洋																								
卓越																								
奥园																								

图1　部分房企城市更新业务布局

169

2. 房企高度重视设立专门业务部门

根据结构与战略相匹配的原则，2021 年以来，房企加速构建与业务拓展相匹配的组织架构及管理体系，将城市更新作为企业发展的重要战略布局已成为多数企业的共识。从近几年的情况来看，城市更新的复杂程度使得许多企业专门成立业务部门开展工作。特别是广东省的部分企业已经将城市更新业务以集团公司的层级推进，这些企业的城市更新业务已经成为企业发展的重要组成部分。例如，佳兆业 2004 年成立城市更新集团、卓越 2013 年成立城市更新集团，雅居乐 2020 年成立城市更新集团公司。多数企业则在业务开展的初期或开展过程中成立专门的城市更新事业部。例如，华润置地 2016 年成立了华南大区的城市更新事业部，招商蛇口为把握城市更新带来的发展机遇在各地根据具体情况成立城市更新事业部。

除了典型的房地产开发商成立专门的公司或者部门开展城市更新，城投公司也在积极参与城市更新。2021 年 7 月初，天津城投集团成立了天津城市更新建设发展有限公司，成为天津首家以城市更新为主营业务的公司。根据公开信息，该公司的经营范围为房屋拆迁服务、土地整治服务、土地使用权租赁和停车场、酒店、养老、住房等租赁运营业务。

3. 国企加大力度参与城市更新

城市更新是在"城"的基础上进行再改造，需要实现更加多元化的诉求，因此国企参与城市更新具有明显的优势。大型国有企业内部普遍存在需要盘活的存量土地，业务开展的过程中也能够发挥体制优势、产业优势和融资优势，具有极大的内在动力参与城市更新行动。从近期企业参与城市更新业务的动态来看，主要还是以国企为主。特别是近期参与城市更新基金的企业也以央企、国企为主。此外，个别城市近期从政策层面鼓励市属国企参与城市更新，这将进一步推动国企积极参与城市更新。2021 年部分国企城市更新动态如表 4 所示，各地已经或拟成立城市更新基金国企参与情况如表 5 所示。

4. 部分项目受"防大拆大建"政策影响显现

2021 年 8 月底，住建部正式发布《关于在实施城市更新行动中防止大拆大建问题的通知》（建科〔2021〕63 号），对各地实施城市更新行动中出

表4 2021年部分国企城市更新动态

企业	事件
保利发展	参与天津、上海城市更新基金;获取深圳多个前期服务商资格
华润置地	发布《华润置地城市更新管理手册2.0》;获取深圳多个项目前期服务商资格;入局石家庄高铁商务区城市更新项目
中国海外	物业板块战略发布会提出投身城市更新,承接国家战略
中国铁建	成立中铁建城市开发有限公司,确立了2021年冲刺千亿规模的目标
中国中铁	中国中铁将全方位参与辽宁城市更新行动
招商蛇口	发布2021年城市更新"猎英"计划,招聘岗位覆盖30多个城市,100多个岗位;参与上海城市更新基金;获取多个项目前期服务商资格;2021年获取多个城市更新项目
华侨城	发布2021年华侨城城市更新品牌片;中标深圳布吉新城片区城市更新项目前期服务商
中建八局	发布城市更新决策地图、产品手册与操作流程V1.0

资料来源:根据公开资料整理。

表5 2021年各地已/拟成立城市更新基金国企参与情况

时间	城市	基金	规模	参与企业
5月	北京	中关村科学城城市更新与发展基金	300亿元	北京建工集团、中建七局、上海宝冶等
6月	上海	上海城市更新基金	800亿元	上海地产、招商蛇口、中交集团、万科集团、国寿投资、保利发展、中国太保、中保投资等国资背景的房企和保险资金
7月	无锡	无锡城市更新基金	300亿元	无锡城镇发展集团、平安建投、中交投资等
8月	天津	天津城市更新基金	600亿元	天津城投集团、中国中冶、中国金茂、中海地产、保利地产、平安不动产、中国建筑等17家大型企业集团
11月	石家庄	石家庄城市更新基金	100亿元	石家庄市城发投集团及有实力的房地产资本、建设资本、物业管理资本、产业资本、金融资本等社会资本
12月	上海	上海城市更新引导基金	100亿元	万科、招商蛇口、上海世博土地、中交集团等

资料来源:根据公开资料整理。

现的问题提出相关要求。此次新政也在一定程度体现出对城市建设的规范化管理开始从增量开发进一步延伸到存量市场,部分旧改项目受"防大拆大建"政策影响显现。以广州为例，中央新政出台后，广州市发布《关于城市更新旧村庄全面改造项目政策性住房和中小户型租赁住房配置（征求意见稿）》《关于在实施城市更新行动中防止大拆大建问题的意见（征求意见稿）》《关于在城乡建设中加强历史文化保护传承实施的意见（征求意见稿）》等多维度政策，避免旧改"过度房地产化"。部分城市在审批权限调整、相关管控优化的过程中，旧改进程整体有所放缓，但城市更新市场更加稳妥有序。整体来看，新政对政府的城市更新管理水平、企业的城市更新业务模式均带来了新的挑战。

（三）2021年城市更新总结与展望

整体来看，2021年城市更新行业机遇与挑战并存。一方面，2021年初以来，在中央城市更新战略方向之下，我国各地进入城市更新的快速发展期，各地鼓励企业积极参与城市更新，不断加大相关规划和资金支持力度，企业城市更新业务发展机遇增加，项目改造的政策限制有所突破，将有更多的城市更新标杆项目出现。另一方面，2021年中央城市更新政策也提出了"防止大拆大建"，部分项目受到影响，城市更新业务挑战上升。在大的政策基调下，城市更新将进入有机更新阶段，政企联动、文化保育、生态智慧、片区统筹、产业赋能是该阶段的主要特征。

二　城市更新业务难点

城市更新是一项长期的系统性工程，具有资金需求大、涉及利益主体多、规划程序复杂、开发周期和收益回报不确定等特点，对实施主体的投融资、综合协调、经营能力要求高，运作上存在一定的难点。

（一）城市更新及配套基础设施建设带来大量资金需求，考验企业投融资能力

城市更新包括拆迁、安置、改造、重建等多个环节，加上改造区域居民

人口数量众多、建筑群密集，因此各项工序的开展均需要充足的资金支持。尤其居民对拆迁补偿的预期越来越高，高昂的拆迁费用在资金需求中占据极高比重。另外，为对当前人口、产业进行疏解，需进一步完善城市更新项目发展配套的基础设施，这也需要投入大量资金。

（二）城市更新用地产权关系复杂，考验企业综合协调能力

城市更新用地产权关系复杂，涉及利益主体多，协调难度大，考验企业综合协调能力。一是意愿征集及协调难。对拆除重建项目而言，相关权利主体的意愿是决定项目能否顺利实施的前提条件。尽管拆除重建能极大改善区域居住条件，提升区域公共设施配套水平，但除了正常征拆补偿、回迁安置外，还可能涉及模糊产权用房确权、违建拆除等历史遗留问题，实践中很难取得全部权利主体的认同。目前，深圳、广州等地针对拆除重建项目需要征集的权利人同意比例提出了具体要求，但实践中不乏由于1%的权利人不同意征拆方案或不签协议，导致项目陷入旷日持久的停滞甚至失败。二是权属确认难。城镇化建设过程中不可避免会出现土地权属不清或建筑合法手续不全等情况，因此需要在实施城市更新前进行权属确认。投资人在参与城市更新前，应对区域合法用地和合法建筑的情况充分摸底。权属是否明晰影响项目实施难度。

（三）城市更新项目运作时间长、业态复杂、收益低，考验企业经营能力

一是运作周期长。城市更新项目运作周期较长，周转率低，风险低，要求企业具备充足的可流动资产，以抵抗项目无法如期转化对企业现金流造成的冲击。二是业态复杂。城市更新村改类项目周期短则5~8年，长则10年以上，高于业内住宅开发周期2.5~3年。在"三旧"改造中，"旧厂"项目多为单一业主，产权清晰，前期协调难度低，整体开发周期约为3~5年，而"旧村""旧城"改造中的产权复杂，开发周期一般为5~8年，且项目蕴含一定风险，若项目进展受阻，周期一般大于10年。三是项目收益低。城市更新涉及领域大多不是纯私人用途的基础设施，具有公共物品或准公共

物品属性。城市更新的公共属性，决定了城市更新的经济效益差甚至成本收益倒置。集中于城市内部的旧城区、旧工业区、城中村之类的特定区域，一般缺少流动性，难以创收。

三 城市更新业务发展趋势

（一）从传统开发方式向经营模式转变

住建部发布的《关于在实施城市更新行动中防止大拆大建问题的通知》对城市更新中的"拆建"给出了明确的政策边界，对以往拆除重建类的城市更新形成精准制约，严格控制大规模拆除。企业作为城市更新重要的市场参与主体，需要由传统的开发方式向经营模式转变。以往参与城市更新的房企主要通过拆除地块进行滚动式开发，通过销售物业的回款来平衡整个项目的开发资金。在新要求下，原来的"拆迁—建设—销售"的算账逻辑和企业的实施方式需要调整，以应对由赚快钱的开发模式向赚慢钱、赚长期效益的经营模式转变的挑战。

（二）从单维建筑更新到多维更新

城市更新仅仅进行建筑改造是不能促进国内经济循环、拉动内需消费、提升城市活力的，城市更新需要内外兼修。城市更新将从存量建筑改造提升、高质量公共空间扩容、文化生态价值构建、产业生态系统完善、社区提升等多方面，持续激活片区活力和生命力。外在更新包括对环境、基础设施、形象及建筑的美化、修缮和城市空间品质的改善。内在更新包括三个方面：一是民生方面，老旧小区改造兼顾保障养老、育儿、医疗、文化、体育等公共服务设施的补短板及城市基础设施的更新；二是经济方面，主要指产业更新，优化升级传统产业；三是文化方面，包括文化、历史保护和内在文化价值挖掘，强调公众参与和治理水平提升。地方政府要兼顾多重目标，综合实力强、策划理念超前、运营能力突出的企业将成为首选。

（三）从点状更新到片区综合统筹更新

城市更新将会从点状和单业态更新为主发展到片区综合统筹更新。相较于过去的点状城市更新，片区更新可以解决更多的问题。片区更新可以完善城市功能，兼顾经济效益，有效避免更新中的碎片化和利益分配不均问题。从点状更新逐步发展到片区统筹更新，最终实现大规模的城市全域更新，这将是一条通用路径。

（四）从市场化到政府主导再到政企联动

随着"有机更新"阶段到来，城市更新模式也从旧改项目企业主导的市场化模式转变为"政府规划、企业实施"的政府主导模式。在此过程中政府负责对城市整体利益、功能完善、价值提升进行总体部署和安排；企业按政府的要求负责公共服务设施建设工作，主要收益源于后期长期经营收益。未来，政企之间更平等、更深入的合作将成为城市更新的发展趋势。由政府政策引导，调动企业等多方参与，充分尊重居民意愿，可缓解政府旧改开发资金压力，调和政府工作的计划性与居民诉求的多样性之间的矛盾，达到市场再开发的效益最大化。

实践探索篇

Practical Exploration

B.11

让历史告诉未来

——上海城投30年改革发展回顾

王　强*

摘　要： 2022年是我国历史上很不平常的一年，也是上海城投（集团）有限公司（简称"上海城投"）走过的第30个年头。与全国大部分城投公司相比，上海城投早已走过了政府的融资平台和建设代建单位的阶段，它是全国城投行业少有的已进入实体化运作的城投类企业、现代化和系统化的城市基础设施解决方案提供商、基础设施产业投资与运营企业。上海城投的成功转型和发展，有赖于及时把握历史上几次大的历史机遇，坚定不移顺势改革，并且做到用改革促进发展，以发展倒逼改革。总结下来，可以用三句话概括：上海城投的诞生是我国深化改革开放的产物；上海城投的转型是我国基础设施投融资体制机制改革的成果；上海城投的壮大是国家战略和上海城市发展战略深度融合的结晶。

---

* 王强，博士，任职于上海城投集团有限公司，研究方向为基础设施投融资。

关键词： 上海城投　城投转型　投融资

一　回望上海城投改革历史

纵观上海城投 30 年的发展历史，其所经历的各种重组变革、整合收购、剥离和管理创新等事件数不胜数。但给上海城投带来深刻影响的重大改革只有 7 次，分别是上海城投的创设与成立（1992 年）、浦东自来水特许经营权的国际招商（2002 年）、以中环线工程为代表的城投投资与建设管理体制改革（2003 年）、上海市政公用行业改革（2005 年）、城投控股股权分置和分立上市改革（2008 年、2017 年）、上海城投"四化"改革（2014 年、2017 年）和上海城投兴港集团的组建（2019 年）。在这 7 次改革中，4 次受大的历史背景影响，4 次受行业发展影响，还有 4 次是主动加压、自我革命的结果。每一次改革都有深刻的内在逻辑，每一次改革都是脱胎换骨，都不是为了改革而改革。每一次改革都为扫清城投发展中的体制机制障碍、促使城投迈上一个新的台阶、找到更高的目标发挥了很好的作用。改革促进了城投重大项目的完成，也有力促进了上海城市转型发展、城市能级和核心竞争力的提升，并对广大人民生活品质的不断提高产生了重要的积极影响。

二　上海城投改革的基础逻辑

围绕城市、产业和企业推进改革和深化改革，是上海城投持续改革的基础逻辑。总体来说，上海城投的改革之所以能够取得成功，是因为适应和符合了三大规律：行业发展的规律、企业发展的规律和城市发展的规律。

（一）上海城投改革符合城投行业的发展规律

上海城投所处的行业是城市建设与市政公用行业。从行业的发展规律来看，20 世纪八九十年代，全世界基础设施和市政公用行业掀起了一波市场化改革的浪潮，其核心是政府投资的基础设施转由企业按照市场化的方式投资，企业投资以后，对基础设施承担从建设到运营的一体化管理，企业从建设和运营环节收回投资。这是行业发展的基本规律，一直持续到现在。

1988 年，为了对经济体制改革以后的中央和地方投资行为进行管理，国务院印发《关于投资管理体制的近期改革方案》，提出建立基本建设基金制度，保证重点建设有稳定的资金来源，基本建设基金与财政费用分开，实行专款专用。同一年，上海率先成立上海市城市建设基金会（上海城投的前身），将建设财政和吃饭财政分开，筹集各类城市建设规费进行投资。但是，上海市城市建设基金会不是企业，对基础设施投资只能是有多少钱办多少事，按照 1∶1 出资，不能像企业一样进行 1∶2 或 1∶3 的市场化融资，根本无法满足当时城市建设资金的"井喷"需求，所以上海城投总公司应运而生。

上海城投成立之后，在短短的十年内为上海的城市基础设施建设筹集了1200 亿元，相当于当时城市基础设施投资的"半壁江山"。所以，上海城投的横空出世，本身就是上海城市基础设施投融资体制机制改革的主要内容，对全国而言有巨大的示范意义，我国城市基础设施投融资的主要方式之一城投模式就是由此而来。

虽然上海城投在成立后的十年内筹措到了巨量资金，但也暴露了三个方面的问题，直接影响了企业的生存与发展。一是缺乏适配的还贷机制，对上海城投而言，投资建设的城市基础设施，只有资金投入没有资金产出，产生的收益留在运营企业和行业内，城投对运营类企业没有管理，这也是上海城投当时资产负债率居高不下的重要原因。二是作为一个单一的融资平台，而不是真正的投资者，上海城投没有对所投资的项目进行有效的管理，资金的借、用、还尚未形成一个完整的运转体系。三是公益性业务和经营性业务混淆。根据上海城投成立时市政府批准同意的《关于筹措城市建设资金的方案》，上海城投可以通过一定的房地产开发和动迁房以及其他经营性业务获得的收益补充城建资金。但实际情况是经营性业务收益被公益性业务占用，无法进一步扩大投资；此外，由于部分业务能够带来经营收益，政府相应减少了对公益性业务的补贴。

2000 年，上海市政府为了降低上海城投的资产负债率，实行上海城建资金筹措与管理的"1+3"体制，同时为了开展多元化融资，在城建系统实行"投资、建设、运营、监管"四分开改革，逐步向国外先进的项目管理转变，推行代建制和项目法人制。从 2002 年起，上海逐步改变政府部门对重大基础设施投资及建设管理"大包大揽"，2003 年上海城投抓住机遇，与地产集团共同组建中环线公司，首次以项目法人的定位，在政府授权的范围内负责中环线项目的筹资、投资控制，并建立还贷机制、参与工程施工。通过中环线、新江湾城开发和苏州河二期综合治理等重大项目，上海城投建立了自身的项目投资与建设管理团队，逐步确立了重大项目建设主体地位，完成了从融资平台到建设主体的转变。

2003 年，在党的十六大报告的指引下，国务院国资委成立，《企业国有资产监督管理暂行条例》颁布，管资产与管人、管事相统一的国有资产出资人制度基本确立。在"三管"制度引导下，上海市落实"政企分开、政事分开、管办分开"，2005 年 3 月原党政关系隶属于市水务局的 18 家企事业单位划归城投公司，2006 年 2 月，原党政关系隶属于市容环卫局的上海环境集团正式整建制划转城投公司。供排水企业和环境集团整建制划归意味着上海城投从此有了城市基础设施运营保障功能。从投资角度而言，上海城投不仅有了资金投入，也有了资金产出，形成了投资的闭环。有了稳定的运营现金流，有利于上海城投维持较低的资产负债率，提升融资能力，并结合中环线、新江湾城等项目，上海城投形成了路桥、水务、环境、置地四大业务板块。上海城投发展成为集政府投融资主体、重大项目建设主体和城市安全运营主体于一身的政府投资公司。

随着中国于 2001 年加入 WTO 和随后国家对市政公用行业市场化政策的松动，上海城投成功推动了浦东自来水公司部分股权的国际招商，最后获得了 20.26 亿元的转让收入，有力地支持了上海排水基础设施的投资，"组建了全国市政行业第一家不设固定回报的集制水、销售、服务于一体的合资公司"，从此揭开了中国水务行业市场化改革的序幕。

（二）上海城投改革符合城投企业发展的规律

企业是市场经济的细胞，也是市场的主角。企业经营的首要目的就是盈利。由于找不到一个可以将经营性业务和公益性业务分隔的机制，上海城投面临的两种业务混淆的问题一直得不到很好的解决。公益性业务是指重大工程投资建设和市政基础设施的运营保障，比如没有收费机制的路桥项目和收费机制不到位的水务和环境类项目；经营性业务是指有到位的收费机制和其他可以市场化经营的项目。两种性质不同的业务相混，对作为企业的上海城投的可持续发展是一个严重的挑战，造成的结果就是公益性业务难以得到保障。2005 年 4 月 29 日，经国务院批准，中国证监会发布《关于上市公司股权分置改革试点有关问题的通知》，启动了股权分置改革的试点。上海城投紧紧抓住这一契机，通过股权分置后的上市公司机制，推动经营性业务和公益性业务分离。2008 年，上海城投对原水股份进行重大资产重组，将旗下的环境集团和上海城投置地注入，将股票简称改为"城投控股"。2010 年，公司再次实施资产置换，将闵行自来水公司和黄浦江原水系统置出，基本实现从水类公益性业务到环境、房地产和股权投资等经营性业务的战略转型。有了上市公司的"防火墙"，上海城投可以将在基础设施投资过程中形成的经营性业务和资产注入上市公司，从资本市场获得的资金又可以投入公益性业务中，两种业务相得益彰，发挥了存量资产盘整与经营和战略投资两大作用，进一步提升了城投经营性业务的规模和对公益性业务的反哺效应，上海城投从此可以双轮驱动，持续发展。

2003~2012 年，上海城投通过改革、转型和发展，为上海创造了一个又一个建设奇迹，确立了作为上海城市建设的"三大主体"的地位，形成了稳定的投融资和还贷机制。但是，上海城投审时度势，认为政府融资平台模式难以持续，上海城投如果失去政府融资功能，那么它在上海城市建设中的地位就会受到较大的影响。另外，此时上海的城市建设高峰期已过，城投向何处去成为城投绕不过去的问题。面对这个问题，上海城投领导层经过深入研判，取得了以下共识：一是城投已经形成中环线、青草沙水库、长江隧桥、上海中心等一大批重大工程和项目的经验，在融资模式、区域开发方面需要不断突破；二是城投应该走市场化、专业化的道路，走出上海，以更加市场化的方式发展，走出去的前提是资源能够得到优化配置，需要一个拳头，捏起来才能打出去。此时城投上下同业同构，行业集中度和集约化程度不高，各行业板块内部资源比较分散。所以，首先要解决资源整合问题，进行集团化改造。2013年9月，上海城投启动集团化、市场化和专业化改革，明确总公司与下属专业板块的职责分工，总公司的定位是战略规划、资源配置和风险管控。2014年，先后成立城投公路集团、城投水务集团、城投资产集团，并在此基础上，根据上海市委市政府"国资改革20条意见"的精神，将上海城投从国有独资企业改制为国有独资公司，名称确定为"上海城投（集团）有限公司"并起草公司章程，报市国资委批准。与此同时，在战略上，上海城投将自身"三个主体"的定位转为更加市场化和专业化的城市基础设施系统性解决方案提供商。2014年11月28日，上海城投（集团）有限公司挂牌成立。2014年10月2日，国务院出台《关于加强地方政府性债务管理的意见》，即著名的"43号文"，明确要求剥离政府融资平台功能，再一次证明了上海城投改革顺应了形势发展的要求。

25年的实践表明，市场化和专业化是提升城投竞争力的有效途径，强大的城投是上海承担"两个确保"任务的有力保障。2017年，为了更好地服务国家战略、更好地服务将上海建设成为卓越的全球城市这一宏伟的规划目标，上海城投启动了"四化"改革，在"三化"改革的基础上增加了国际化，同时将"三化"改革向纵深推进，融入企业的日常经营活动。在集团化方面，从原先的按板块垂直管理的模式调整为按投资、建设、运营、市场等横向链式管理；强化和细化基层党建，创建集团上下积极奋发有为的文化氛围；建立各种规范、制度和标准，统一集团管理手势；在市场化方面，建立了全面预算制度，并与绩效考核紧密挂钩，推进薪酬制度改革；在专业化方面，推动集团"两个确保"向两端延伸，跨前一步向项目策源延伸，退后一步向运营、服务和数字化延伸。在此基础上，创建了城投研究总院，推进上海城投数字化转型。在"国际化"方面，启动"两高""两最"对标，推行精细化管理，向国内外先进企业学习并开展深度战略合作。集团的战略定位也被写成卓越的城市基础设施系统性解决方案提供商，上海城投传统的市政公用事业板块焕发了勃勃生机。

在深入推进"四化"改革的同时，上海城投作为板块市场化和专业化改革的试验场，2015年9月上海城投控股吸收合并阳晨B股以解决环境类业务股票上市问题，2017年3月22日上海环境集团股份有限公司从上海城投控股分立，在上海证券交易所上市。从此以后，上海城投在中国主板市场有两家上市公司，从资本市场融资的通道进一步拓宽。

（三）上海城投改革符合上海城市发展的规律

一个城市发展的需求就是地方城投公司改革的需求。上海城投的改革规律也高度契合上海城市的发展规律。上海城投在发展的第一阶段，极大地缓解了上海极度缺乏基础设施的困境和对资金的渴望，到第一阶段末，相当于"再造一个上海"，使浦东开发开放初具规模，助力上海在1999年举行财富全球论坛，2001年举行中国APEC峰会，2002年底成功申办2010年上海世博会，全世界开始关注上海。

上海城投发展的第二阶段，通过改革成功向"三个主体"转型，正好满足了上海城市基础设施建设从"欠账"向"升级"转换的需求。短短十多年，上海城投在交通、水务、环境和内河等方面助力上海构建了枢纽型、功能性、网络化的城市重大基础设施体系，有力地保障了上海"四个中心"建设，推动上海向卓越的全球城市迈进。

在上海城投发展的第三阶段，城市建设已进入精细化管理和高质量发展时期。大量的存量基础设施需要以"管"带"建"，作为基础设施资产的所有者、运营者和建设者，更有条件"跨前一步"，通过策划引领规划，使投资建设更精准、更高效，这就是成立城投研究总院的意义所在。借助信息化和数字化等一系列新兴技术，使城市建设更具韧性，更加低碳和友好。

全球城市离不开与全球城市网络的联系和协同。新城建设与开发是上海今后发展的主题。借助国资国企服务"三大任务和一大平台"的东风，

2019 年上海城投率先与中国（上海）自贸区临港新片区管委会达成战略合作协议，组建城投兴港集团，将城投在上海中心城区近 30 年积累的经验与优势向新城溢出。2020 年 8 月，新片区管委会将城投兴港认定为临港新片区内功能型开发平台。积极主动参与新片区建设的重大战略与改革举措，不仅满足了上海向新城发展的需求，更是唤起了上海城投迈开脚步、走向更大市场空间的雄心与决心。

三 上海城投改革的未来

市场化是上海城投成立的初衷，也是上海城投"四化"改革的主线。市场化的最终目的是焕新城投上下自我发展，提升行业竞争力和内生动力与活力。上海城投经过 30 年的洗礼，通过市场化将城建基金会、城投总公司塑造成现在的城投集团。与 2017 年之前相比，上海城投市场化的方向更加明确，市场化的条件已经具备，接下来就是提升企业的内驱力和行动力。从上海城投"十四五"规划编制的过程和 2021 年的执行情况来看，企业的文化氛围已经从"要我做"向"我要做"转变，向市场找出路、问市场寻发展的价值理念已经深入人心。有了市场化的基础和工具，在可以预见的未来，在数字化、低碳化、大消费和高质量等经济转型大趋势引领下，上海城投及其下属企业的传统业务和新经济、新技术相结合，一定会不断孕育新观念、产生新业态、形成新模式、催生新机制、孵化新技术、发现新市场。上海城投亦会跟随改革的不断深化，延长产业链、业务链和价值链，就像一艘缓缓驶入市场海洋的航空母舰，一步一步从传统的融资平台、建设平台、运营平台向产业平台、资本平台和创新平台转变。

B.12
市属国企平台改革重组样本之
石家庄"5+2"模式

乔海超*

摘 要: 为进一步深化国有企业改革,做强做优做大石家庄市属国有企业,石家庄市委市政府做出了进一步深化国资国企改革的决策部署。在2021年9~10月短短一个月内,石家庄旅投集团、国投集团、交投集团、水投集团、城发投集团相继挂牌成立。至此,石家庄市五家国企集团正式组建完毕,加上市属北人集团、常山集团,最终形成"5+2"市属国有企业架构,在全国范围内产生了重大影响。本报告希望通过总结这次改革重组的经验,为全国各地推动政府投融资体制机制优化,深化国有企业改革重组和平台公司的转型发展提供有益的借鉴。

关键词: 石家庄市市属国有企业 国企改革 投融资体制机制

一 推动地方国有企业改革重组是历史发展的必然

近年来,随着国家对地方政府债务管控的陆续加码,不少省、市政府加快了国有资产和企业的合并重组步伐,推动地方平台公司向实体化转型发展。通过顶层设计理顺政企以及企业与企业、项目、资产的关系,明确政府

---

* 乔海超,江苏现代资产投资管理顾问有限公司合伙人,现代研究院高级研究员,研究方向为政府投融资体制机制优化、平台公司转型改革、整合重组、发展规划等。

平台公司在地方政府和市场之间的作用及运作机制，已成为各地推动投融资体制机制优化和平台公司转型发展的必选动作，也是我国政府投融资体制改革和平台公司高质量发展的必然需要。

石家市属国有企业重组改革工作也是在这样的历史大背景下实施的。2021年6月，石家庄市启动了新一轮国有企业改革，在不到半年时间内完成了77家国有企业重组整合为五家企业集团，"1+1>2"的聚集放大效应正在改革重组后的国有企业集团中显现，开创了国有平台公司"五个拳头"同向发力的新格局。

在此次重组改革行动中，石家庄市立足经济社会发展现状，在同业归并、产业链纵向整合的原则下，明晰市属国企的功能定位和业务布局，集中优势资源发展主业，将市属国有资本向城市建设、交通发展、水务农业、文体旅游等领域倾斜集中，进一步增强重组整合后的企业集团的核心竞争力和带动作用。同时，市政府还在注入资本金及优质资产、特许经营、给予公益事业项目补贴等方面持续加大支持力度。

二 "三步走"策略勾勒石家庄国企改革路线图

为进一步深化国有企业改革，做强做优做大石家庄市属国有企业，石家庄市委市政府做出了进一步深化国资国企改革的决策部署，成立了以市政府主要领导为组长的市国企改革推进领导小组，确立了"先脱钩、再集中监管、再改革重组"三步走的实施策略，总体勾勒出了全市国企改革重组的路线图。

为顺利推进脱钩划转工作，市国资委成立了多个调研工作小组，利用半个月时间实地走访，对市直部门所属企业进行调查摸底，摸清底数，为改革工作提供准确的数据支撑。同时，组织抽调专业人员组成专项审计工作专班，对现有国有企业及经营性企业进行全面审计，出具专项审计报告，为脱钩划转和重组整合工作提供了法定依据。2021年7月8日与21日，第一批33家和第二批31家国有企业脱钩划转完成，至此，累计共有77家国有企业由市国资委直接进行监管，占比达 99.7%①，基本实现经营性国有资产统一监管。

在改革重组方面，在全市国有企业实现统一监管的基础上，为进一步推进上述 77 家企业改革重组，实现管资产到管资本的监管转变，市国资委牵头制定了市属国有企业整合重组改革方案，明确了重组整合后的企业集团的发展方向、主要功能和业务板块，按国企改革三年行动的要求，指导企业深化改革，加快市场化转型，进一步提升企业的抗风险能力和市场竞争力。

三 "5+2"架构重塑石家庄国企新体系

在实现集中统一监管的基础上，为进一步提升企业的抗风险能力以及市场竞争力，打造经济效益好、发展潜力大、符合产业投资和发展方向的大型企业集团，按照"同业合并、优化布局、面向市场、清晰定位"的原则，进行了主业相近市属国有企业的整合重组，对产业链互补的企业进行整合，着力打造"5+2"市属平台企业新架构。

在对上述 77 家企业调研分析的基础上，经过多方分析论证，经过市政府办公会几次讨论，专家组和工作组几易其稿，在市委书记张超超的直接过问和关心下，石家庄"5+2"市属国企重组整合方案最终确定，方案进一步优化了石家庄市国资监管体系，明确了城市建设、交通发展、产业培育、水务农业、文体旅游等重点领域。

通过重组整合行动，石家庄市进一步明晰了各企业集团的功能定位、主责主业，进一步优化了全市国有资本布局和结构。各企业集团均实现了延链、补链、强链，组建后的城建类、交通类集团产业链趋于健全，基本能够实现"投资、设计、建设、管理、运营"一体化发展，最终重组成立了城

---

① 吴温、赵咏震：《石家庄：改出新路、国企发展活力深度激发》，《石家庄日报》2021 年 12 月 26 日。

发投集团、交投集团、国投集团、水投集团、旅投集团5家大型国有企业集团，北人集团、常山集团维持原运营管理架构不变。

四 攻坚克难，确保改革重组顺利实施

此次重组改革推进实施面临诸多挑战。一是市主要领导高度关注，时间紧任务重。在"三步走"的改革总路线下，市主要领导高度关注改革重组工作，成立了国企改革推进领导小组以及工作专班。最终在不到一个月的时间内，实现市级经营性国有资产集中统一监管；在16天内，完成5家国企集团组建挂牌等工作。二是重组改革涉及企业数量多，整合力度大。此次重组，涉及石家庄市全部市属国有企业，最终将77家国有企业整合为5家企业集团，数量之多、力度之大，对方案提出了较高要求，专家团队精心策划设计，高层领导多次论证，保障了方案的科学合理。三是充分保护投资者权益，维护市场稳定。重组前石家庄市部分企业已在多个资本市场进行融资，在其他地区出现国有企业债券违约、资本市场信心受到冲击的情况下，石家庄市此次重组整合充分考虑了监管要求、保证评级稳定、力求投资者权益不受影响，通过科学设计方案、多方沟通论证、及时披露信息等方式充分维护资本市场稳定。四是推进"形整"到"神整"，保障改革目的实现。为有序推进五大企业集团重组整合方案顺利落地，专家团队对企业集团重组整合具体实施方案进行设计，并协助与券商、评级公司等机构沟通，对企业信用评级及融资能力提升等提出建议，协助市国资委逢山开路、遇水架桥，解决改革过程中遇到的多个问题，顺利推进方案的实施落地。

五 凝聚合力，共绘未来国企发展新蓝图

通过整合重组，石家庄市各企业集团定位更加明确，资本布局更趋优化，进一步推动各产业延链、补链、强链。截至2021年底，各企业集团共新增授信460亿元，融资渠道进一步拓宽。交投集团组建后，仅用半年多时

间就获得主体信用 AAA 评级，成为继石家庄城发投集团后，第二家获得 AAA 信用评级的国有企业。重组后的城发投集团在城市更新、路网建设、旧区改造等方面重点投入运作，总投资 1738 亿元，该投资量相当于以往 5~6 年城市建设投资总和。国投集团设立的主导产业发展基金总规模达 200 亿元，该基金为推动新一代电子信息、生物医药的率先突破贡献了关键力量。交投集团有效发挥交通产业投融资主体职能，承接了复兴大街市政化改造、轨道交通 1 号线和 2 号线二期北延、轨道二期工程、石衡高速、衡昔高速等多个市重大投资项目。旅投集团通过重组，整合了石家庄市全部国有旅游、文化、体育和康养资源，集中优势打造城市知名文旅品牌。

通过此次重组改革，各企业集团真正实现了"1+1>2"的聚集放大效应，进一步释放了重组改革红利，为打造"主业突出、竞争力强、带动作用显著"的一流国企，助力石家庄建设"现代化国际化美丽省会城市"提供了坚实支撑。

六　他山之石，可复制的石家庄改革经验

（一）高位推动，顶层设计改革实施路线

此次石家庄市属国有企业的脱钩划转及改革重组快速推进得益于市委市政府的高度重视、高位推动。自 2021 年 6 月份启动新一轮国有企业改革以来，河北省委常委、石家庄市委书记亲自研究、亲自部署、亲自督办，并成立了由市长亲自挂帅，市纪委监委主要负责同志、市委组织部主要负责同志、分管市领导任副组长的市国企改革推进领导小组，并成立由分管副市长牵头的市级工作专班，统筹协调解决改革过程中遇到的各类问题，研究具体推进措施。

（二）多方论证，充分尊重资本市场规则

由于部分企业已经在资本市场进行融资，根据相关规定，重组整合工作

需充分尊重资本市场规则，如处理不慎，不但影响重组主体的信用和融资，还将给石家庄乃至河北区域资本市场造成负面影响，严重影响改革进程和目标达成。为此，在内部论证优化的基础上，专家团队协助市国资委多次与证券公司、信用评级公司、银行等机构进行沟通论证，充分尊重资本市场规则，有效维护投资人权益，保障改革顺利实施。

（三）充分调研，借鉴成功地区经验做法

为有效推动市属国有企业重组整合，石家庄市国资委先后到宁夏、济南、合肥、长沙等地学习考察了国有企业重组整合方面的先进经验，并认真咨询了有关机构意见和建议。同时，方案设计团队也通过大数据分析、案例研究等，对全国主要省会城市国有企业整合重组模式进行研究分析，结合石家庄发展实际，为此次改革重组设计提供成功经验借鉴。

（四）分类实施，稳妥有序推进改革重组

此次改革重组工作一直坚持分类实施，蹄疾步稳推进。在脱钩划转方面，根据企业实际情况，分批次进行脱钩划转。首先，优先划转产权清晰且经营正常的企业。其次，对于情况复杂或者存在遗留问题的企业，在进行调研后综合各方意见再进行划转。最后，对存在长期亏损、资不抵债、债务债权问题或者非正常经营且无存续必要的企业，会同企业原主管部门妥善处理。在整合重组方面，以分层、分类原则为依据，围绕主要产业领域，构建了"5+2"总体构架，同时根据各企业集团整合重组中面临问题的难易程度，分步推进实施。

（五）关注"四性"，推进主体信用打造提升

此次石家庄市以推进市属国有企业改革重组为契机，成功实现交投集团获评 AAA 级，这为其他地区国企改革重组、平台公司打造和主体信用评级争取，进而打开资本市场等融资渠道提供了较好的经验借鉴。首先，改革重组应"量身定制"，保障适用性。根据地方财力、资源禀赋、产业基础等条

件，确定合理目标，选择合适模式，有针对性、有策略地推进整合重组，避免生搬硬套式的整合，防止"整而未合""大而不强"。其次，平台公司应坚持特殊使命为根基，重视民生性业务，在此基础上推进市场化转型发展，获得政府和市场的认可。再次，改革重组应尊重市场，推进业务体系构建，真正实现从"形整"到"神整"蜕变，保障持续性。最后，平台公司需强化规范性，构建完善的内控机制与科学的管理机制，夯实可持续发展根基，保障公司规范稳定发展。

（六）借用外脑，确保方案的科学性和落地性

随着政府投融资体制机制改革和国资国企改革的不断纵深推进，以及城市建设投融资行业监管政策的持续加码，地方国有企业改革重组和转型升级的步伐逐步加快，而转型的首选举措仍是进行整合重组。国企改革重组涉及面广、问题复杂，特别是规范性、政策性、操作性问题较多，根据不同城市国资国企改革发展的实际情况，运用专业咨询机构的知识和经验，为政府提供科学、完整、有效的咨询方案，这是大部分地方政府需要达到的一个主要工作目标，也是避免走弯路的明智选择。在改革重组方案实施过程中，专业咨询机构可以通过理论讲解、操作培训、访谈、会议、日常沟通等，给不同的对象传递先进管理理念、管理方法、管理工具等。这种潜在的方式，也带动了地方政府管理部门和平台公司管理水平的提升，直接或间接地为政府创造了价值。

B.13
通过多样化盘活资产
打造"美丽中国吴江样板"

魏翔宇*

摘　要： 吴江城投集团作为百强区苏州市吴江区最重要的区属国有全资企业之一，紧抓区域国有企业重组整合的契机和长三角一体化示范区发展机遇，根据地区资源禀赋和区域发展规划，以多种方式盘活资产资源，推动企业经营效率和城市发展能级不断提升。本报告通过描述吴江城投集团资产运营盘活的方式方法，总结管理经验，结合现阶段中央提出的资产运营盘活的方式，多角度为城投行业提供有益的经验借鉴。

关键词： 重组整合　特许经营　文化IP　资产证券化

一　企业概况

吴江城市投资发展有限公司成立于2002年，2020年与苏州市吴江滨湖投资集团有限公司、苏州市吴江智慧城市运营管理有限公司、苏州市吴江区市政公用集团有限公司的部分业务单元进行整合重组，整合后更名为苏州市吴江城市投资发展集团有限公司（简称"吴江城投集团"）。整合重组后的吴江城投集团以提升城市能级和城市品质为使命，围绕土地整理开发、市政

---
* 魏翔宇，江苏现代资产投资管理顾问有限公司现代研究院研究员，研究方向为城投公司战略规划、重组整合等。

设施建设、智慧城市营运、城市有机更新运行和商住开发运营五大功能定位，推动主责主业统筹发展。

自重组整合以来，吴江城投集团主动谋划，启动了战略发展规划，明确了规划引领、科学发展的方向，聚焦城市更新、城市运营和资产管理，不断提升资产价值，实现资产高效管理运营。经过一年的发展，集团资产规模效应逐渐显现，资产运营效率显著提高，资产管理运营能力明显增强，产业布局更加完善，造血能力大幅度提升。至 2021 年末，吴江城投集团资产总额897.45 亿元，净资产 323.57 亿元，利润总额 3.27 亿元，主体信用等级AA+，逐渐成为吴江"城市智慧化建设运营的推动者、主城文化品质的开拓者、城市资源运营者"。

二　实施背景

（一）区位优势明显，经济实力雄厚

第一，政策优势明显。长三角地区是国家经济发展最活跃、开放程度最高、创新能力最强的区域之一，在国家现代化建设大局和全方位开放格局中具有举足轻重的战略地位。长三角一体化发展是习近平总书记亲自谋划、亲自推动、亲自宣布的国家战略，具有极大的区域带动和示范作用①。建设长三角生态绿色一体化发展示范区，是实施长三角一体化发展战略的先手棋和突破口，苏州市吴江区作为三大示范区之一，也是江苏省唯一的示范区，政策优势明显，重大项目持续落地，为城市生态优化、城市品质提升、企业持续发展创造良好的环境。

第二，经济底蕴雄厚。苏州作为全国和长三角地区最重要的工业城市，2021 年地区生产总值达 22718.34 亿元，仅次于北上广深和重庆。县域经济

---

① 《中共中央、国务院印发〈长江三角洲区域一体化发展规划纲要〉》，［EB/OL］http：//www.gov.cn/zhengce/2019-12/01/content_ 5457442.htm。

均衡发达，2021 年苏州市吴江区实现地区生产总值 2224.53 亿元，系赛迪百强区排行榜全国第 10 名，是江苏省唯一跻身榜单前十的城区，地方经济实力雄厚。

第三，人才优势凸显。借助长三角一体化的东风，地处示范区前沿阵地的吴江依托优越的区位和强大的实力吸引大量高端人才聚集，通过打造特色管理吴江品牌，为区域城市发展、品质提升、商业升级、文化消费提供广阔的发展空间。

（二）规划定位明确，凝聚发展合力

从 2020 年起，苏州市吴江区委区政府系统谋划，精心布局，实施了区属国有企业整合重组。重组后的吴江城投集团追求"形"统"意"合，在初步整合的基础上，引入外部专业机构和团队，结合区域特色资源和集团发展潜能，对集团的组织架构、业务发展、投融资机制、企业文化等进行了统筹规划，高效高质形成《2021~2023 年战略发展规划》。规划中特别提出积极创新产城融合模式，实施城市更新项目；提升城市能级，优化城市运营业务；引入市场化竞争机制，开拓多元业务形态，实施资产管理运营业务。至"十四五"期末，实现"千亿规模、百亿投资、争创企业主体信用 AAA 评级"的目标，积极融入区域大发展。

在此目标和定位下，集团对子公司充分授权放权，让子公司更多地争取特许经营权，积极参与市场化竞争，实施招商、运营、管理专业化发展。集团在规划的引领下，内部形成强大的发展合力，积极创新，用多种方式充分盘活存量资产资源。

三　关键举措

（一）重构组织体系，整合同类业务

吴江城投集团在重组整合后并未简单地对重组后的下属企业实施并表管

理，而是从集团整体发展方向和趋势出发，重新进行顶层设计，对集团整体的法人治理结构、薪酬考核机制、风控机制、企业文化、业务体系、投融资机制等进行了战略性调整。

调整后的吴江城投集团部门机制更加完善，员工积极性提高，统一的企业文化树立了集团的整体形象。在业务体系方面，集团对城市更新、城市运营、资产管理运营等业务的实施主体进行了明确。一是避免了集团内部业务重叠形成恶性竞争，徒增内耗。二是有利于专业人才集中，最大限度发挥人才优势，让专业的人干专业的事。三是有利于业务板块子公司从自身发展角度出发，认真考虑发展前景，从而不断提高自身能力，积极争取市场化业务。

深度的重组整合为集团开展资产运营盘活提供了制度保障、人员保障，解放了管理层和员工的思想，有利于集中优势资源，全力打造集团品牌，以"解放思想、凝聚力量"引领集团实现高质量发展。

（二）争取特许经营，推动智慧运营

吴江城投集团积极履行国企职责，把服务城市发展作为企业转型发展的自觉坚守，争取政府支持，获取区域内燃气供应、停车场、城市快充系统等经营业务的特许经营权。一是依托国资背景，获取区域内特许经营的一体化布局，按计划进行有针对性的开发建设。二是采取多元化的发展策略，依托特许经营权，拓展相关的配套增值服务，积极发展客户、抢占市场。三是引入专业的运营商，通过联盟合作的方式共同参与业务运营，推动特许经营专业化、智能化、生态化发展。

吴江城投集团积极主动开拓智慧城市业务，通过深度融合大数据、AI、云计算、物联网、区块链等现代化科技，深入打造共建共治共享的智慧城市新格局。一是由政府牵头、集团配合，推进吴江智慧城市顶层设计规划，明确了智慧城市发展的方向和举措，做实集团作为吴江智慧城市的主要投资、建设、运营、服务平台的定位，夯实吴江智慧城市数字化底座。二是利用智慧化、精细化管理，优化创新发展模式，上线运营了"乐泊车联"系统，接入数百个停车场，覆盖数万个停车泊位，停车场存量资源得到智能化管理，有效缓解"停车难"问题，帮助吴江缓减了交通拥堵、减少了无效交通流。三是携手行业头部企业、高校，参与更多智慧政务建设，为城市创造更多更优的智慧场景，上线吴江区重大项目管理系统，实现对项目全生命周期管理，掌控在建项目建设进度的同时，跟踪评价竣工项目的效益发挥。集团以规划为指引，待相关业态逐渐成熟后，将提供全生命周期智慧运营服务。

（三）自营混改结合，盘活存量资产

集团通过混改、自营等多种方式，积极盘活城市存量资产，提升城市品质。

第一，为有效破解城市发展过程中的问题，消除老城区建筑隐患，集团与华润置地合作开发运营，启动盛家厍城市更新项目。在投融资模式上，积极引导社会资本参与，实现资本的放大功能；在开发管理上，依托华润集团丰富的商业运营经验，结合"园、巷、广场、桥"等吴江元素，围绕乡村特色民宿、生态创意产业、田园主题服务业、特色餐饮等业态展开招商，使盛家厍集商业、艺术、自然于一体，在新旧融合中焕发新的生机与活力，创造出新的收益。

第二，集团为盘活存量商业载体，扭转区域最大的商业综合体水秀天地的经营状况，同时也为了填补吴江区高品质消费市场空白，顺应区域消费升级的趋势，主动与砂之船集团战略协作、优势互补，打造砂之船（苏州湾）超级奥莱。通过打造差异化、多元化的消费场景，吸引高端消费人群，赋予项目新的功能和价值，实现存量商业体的浴火重生①。

第三，为方便社区居民生活，完善城市配套，吴江城投集团逐步探索社区商业发展之路，创立了自主社区商业品牌"缤纷荟"，目前已有四家。通过社区商业体的运营，为社区提供一站式生活服务，"缤纷荟"凭借其购物

---

① 孙姝颖、雨辰：《整合重组一周年、吴江城投集团交出亮眼成绩单》，[EB/OL] http：// js. news. cn/2021-10/20/c_ 1127978056. htm。

的便利性、环境的舒适性以及产品的多样性，有效填补社区商业配套的空白，全面提升消费的便利化、品质化、智慧化水平，成为满足居民综合消费的重要载体，集团也凭借"缤纷荟"塑造了自主商业品牌。

（四）打造文化IP，赋能高质量发展

吴江城投集团在文化领域积极进取，以融合发展为主线，充分调动民营资本的主动性，与国内知名传媒娱乐产业集团华人文化集团公司强强联合，成立合资公司——苏州湾大剧院管理公司，共同组建专业化的运营团队，运营管理苏州湾文化中心。

苏州湾文化中心包括苏州湾大剧院、苏州湾影城、苏州湾会展中心、吴江博物馆、苏州湾艺术馆，是全国首个融合了大剧院、影院、博物馆、会展等场馆和功能的城市文化综合体。苏州湾大剧院2020年12月12日正式开幕，通过突出苏州"首演"概念，引进了一大批品质优良且深受市场欢迎的国内外演出，作为2021年首届苏州湾歌剧舞剧节开幕大戏的舞蹈诗剧《只此青绿》于2021年10月登陆苏州湾大剧院。

借此机会，集团牢牢抓住城市快速发展的契机，不断扩大品牌宣传，打造"苏州湾"文化IP，使苏州湾文化中心成为引领长三角文艺潮流的新地标，让苏州湾成为各类文化艺术汇聚的新高地[①]。通过兼顾社会效益和市场效益，推动城市经济与城市文化共生共长，以文化赋能城市高质量发展。

（五）构建城市多元化物业服务体系

集团着力为城市不同场景提供多元化服务，以"大物业"为总体发展导向，围绕资产管理、公共服务、增值服务等多领域服务城市发展，构建多元化物业服务体系，实现物业管理全生命周期覆盖。

集团将需要物业场景的内部资产全部交由物业子公司运营，实现集中

---

① 《整合重组一周年，吴江城投集团按下转型发展"快进键"》，［EB/OL］https：// baijiahao. baidu. com/s？id＝1714763104010652989。

化、专业化管理，同时围绕市政基础设施、保障性住房、人才公寓、地标场馆、住宅及配套商业等场景开展差异化管理。一是依托国资背景优势，积极争取区域内市政场馆、保障房、人才公寓等多元业态物业，进行统筹管理。二是与万科进行合作，成立了合资物业子公司——苏州市吴江城科物业服务有限公司，依托万科丰富的物业经验和先进的理念，推进服务提升。

（六）多融资渠道盘活企业存量资产

吴江城投集团拥有大量的资产，主要为不动产，增值空间和预期收入可观，但缺乏流动性，导致大量资产沉积账面。集团积极探索多种融资渠道盘活存量资产，主动培育管理运营的优质资产和城市运营的相关项目，提高市场资源配置效率。

截至2021年末，集团已探索了非公开定向债务融资工具（PPN）、社会领域产业专项债券、中期票据、公司债券、超短期融资券、融资租赁等多种融资方式，盘活了大量资产资源，为集团筹措了大量建设资金。

四 发展启示

（一）开展内部整合，破除发展桎梏

吴江城投集团在快速完成形式上的重组后，果断开展实质性整合。围绕五大功能定位，对整个集团的组织架构和业务条线进行了重新梳理，带动子公司开展组织变革，母子公司之间协同效应显著，深化重组后的吴江城投集团在城市重大项目建设、打造文化新地标、城市资源开发运营等方面取得了卓越的工作成效，为后续集团的市场化转型奠定了扎实的基础。

吴江城投集团的重组整合对各地均有借鉴意义，随着国资国企改革的不断深入，各地城投都逐步开展重组整合，但是从实践来看，大多数城市只是简单地把城投公司捏合在一起，以壮大资产规模，降低融资成本，并没有进行实质整合，这就造成母子公司之间依然各自为政，业务上的相互冲突增加

了内耗成本，管理上的互不服从增加了管理成本，造成运营效率低下。短期来看，这种简单的重组整合可以缓释地方债务风险，但长期来看，平台公司造血能力并未提升，而负债规模越滚越大，在地方资产有限的情况下，此种发展方式难以持续。因此城投公司应当逐步开展内部整合，将管理、业务、组织架构等进行梳理，相互之间配合发展，尽快迈出市场化转型的步伐，增强自身造血机能。

（二）紧抓城市特色，激活存量价值

吴江城投集团顺应地区政策定位和产业基础，紧抓区域资源禀赋，充分把握吴江区城市特色带来的发展机遇，结合区域特许经营权、城市更新、文化、物业服务等不同业态的多种需求，通过自我发掘，抢先布局，在认识到能力欠缺的情况下，积极引入优质企业进行合作开发，共享收益，最大限度激活存量资产价值。

吴江城投集团因地制宜盘活资产的模式，平衡把握做好"新增"和"存量"，对多数区县级城投公司有借鉴意义。一是地方资产总量有限，传统的资产注入方式不可持续，需要城投公司根据地方的不同特点、资源特色，思考"资源—资产"的转化途径，如特许经营权在中西部地区县级城投公司中并不多见，也未受到政府和城投公司的重视，造成许多城市的公共事业、停车、广告等经营权长期授予社会资本，城投公司难以获取传统特许经营权带来的收益和现金流，这就需要城投公司深挖区域潜在市场，围绕城市资产管理和资源运营，产生一批新的特许经营权。二是增量资产注入后，要充分统筹运作，做好存量资产和增量资产的融合协同，形成"1+1>2"的效果。三是对于区域内的存量资产，特别是目前使用效率低下的资产资源，城投公司需要充分分析原因，必要时充分借助外部力量，对症下药，盘活资产。

（三）多渠道拓展资产证券化

自 2001 年以来，国家出台了多条政策，多次鼓励以资产证券化的方式

盘活存量资产。目前，以资产证券化盘活存量资产的做法主要集中在地方财政实力较强、评级水平较高的城投公司。大量的中西部城投公司受限于信用评级和地方财政，资产证券化工作开展不力。2022年5月，《国务院办公厅关于进一步盘活存量资产扩大有效投资的意见》（国办发〔2022〕19号）发布，指出"有效盘活存量资产，形成存量资产和新增投资的良性循环，对于提升基础设施运营管理水平、拓宽社会投资渠道、合理扩大有效投资以及降低政府债务风险、降低企业负债水平等具有重要意义"，该意见还提出"推动基础设施领域不动产投资信托基金（REITs），推进政府和社会资本合作（PPP），推进产权规范交易，发挥国有资本投资、运营公司功能作用，探索促进盘活存量和改扩建有机结合，挖掘闲置低效资产价值，支持兼并重组"七种存量资产盘活方式①。江苏、山东、江西、陕西等地城投行业以政府高位推进为动力、资产整合重组为手段、平台提质增效为目的的先进探索与丰富实践，亦为城投公司转型发展提供了学习的标杆。充分挖掘城建资产，利用资产证券化方式充分盘活账面沉淀资产，完成"资产—资金"的转变，推动城投公司由城市建设者向城市服务提供商转变，实现资产价值最大化、综合效益最大化和运营收益最大化。

---

① 《国务院办公厅关于进一步盘活存量资产扩大有效投资的意见》，〔EB/OL〕http：//www. gov. cn/zhengce/content/2022-05/25/content_ 5692190. htm。

专家观点篇

Expert Opinion

B.14
城投存量基础设施资产的盘活和评估

李开孟　伍　迪*

摘　要： 我国基础设施已经进入存量资产时代，地方城投是存量资产持有者中的主力军，加强盘活基础设施存量资产是城投公司适应新时代发展的重要任务，也是国家现代化基础设施体系建设的重要组成部分。高质量的资产是基础设施存量资产成功盘活的关键要素，利用资本市场盘活存量资产，对资产质量的评估审核工作至关重要且不可替代。开展基础设施存量资产的评估工作应坚持基础设施导向、坚持服务实体经济、坚持聚焦国家战略、坚持稳健价值投资、坚持融资权益属性等原则，并遵循"可交易性、可投资性、可持续性"的评估基本逻辑。为更好地推动基础设施存量资产评估有关工作，应通过系统总结经验、完善前期工作机制、加强评估机构内部建设等方式进一步完善评估制度体系。

---

* 李开孟，博士，中国国际工程咨询有限公司总经济师、研究员，享受国务院特殊津贴专家；伍迪，博士，中国国际工程咨询有限公司研究中心投融资咨询处副处长、高级工程师、副研究员、咨询工程师（投资）。

关键词： 城投　基础设施　盘活存量资产　项目评估

一　项目评估在城投存量资产盘活中的
把关作用不可替代

（一）存量时代下城投基础设施存量资产亟须有效盘活

当前我国基础设施已经进入存量资产时代，经过改革开放 40 多年的投资建设，已经形成数百万亿元规模的存量资产，地方城投是存量资产持有者中的主力军。近年来我国积极推动的基础设施投融资创新模式，无论是 PPP 模式还是 BT 模式，最主要的应用场景集中在新建项目，主要关注解决新建项目的资金筹措问题。因此，加强盘活基础设施存量资产是城投公司适应新时代发展的重要任务，也是国家现代化基础设施体系建设的重要组成部分。

国家发展改革委在 2016 年发布《关于推进传统基础设施领域政府和社会资本合作（PPP）项目资产证券化相关工作的通知》（发改投资〔2016〕2698 号），推动存量 PPP 项目资产证券化；2017 年发布《关于加快运用 PPP 模式盘活基础设施存量资产有关工作的通知》（发改投资〔2017〕1266 号），鼓励运用 PPP 模式盘活存量资产并开展典型案例评选；2020 年发布《关于做好基础设施领域不动产投资信托基金（REITs）试点项目申报工作的通知》（发改办投资〔2020〕586 号）开始基础设施 REITs 试点项目申报；2021 年出台《引导社会资本参与盘活国有存量资产中央预算内投资示范专项管理办法》（发改投资规〔2021〕252 号）提出设立中央预算内专项资金支持鼓励社会资本参与盘活国有存量资产，体现了国家投资主管部门对盘活基础设施存量资产工作的持续高度重视。

2022 年国务院办公厅发布《关于进一步盘活存量资产扩大有效投资的意见》（国办发〔2022〕19 号），鼓励通过基础设施 REITs、PPP、产权交易、挖掘闲置低效资产价值、兼并重组等方式盘活存量资产，鼓励民营企业根据实际情况参与盘活国有存量资产，积极盘活自身存量资产，将回收资金用于再投资，降低企业经营风险，促进持续健康发展。

（二）存量资产的评估审核是其启动盘活的"红绿灯"

无论通过哪种方式盘活城投基础设施存量资产，都需要形成基础设施"资产—资本—资金—投资"的良性循环。高质量的资产是基础设施存量资产成功盘活的关键要素，利用资本市场盘活存量资产，可以借助金融工具，撬动各种资源要素提升基础设施存量资产运行效率，但应用不当也会引致很大风险，因此对资产质量的评估审核工作至关重要。

特异性是基础设施项目最显著的特征之一，较高的标准化难度也给项目评估工作提出了较高的要求。设立"红绿灯"，严把入口关，是规范引导资本市场健康发展的基本要求和必要举措。对资产进行评估审核，有助于深化对资本及其作用的认识，发挥其作为重要生产要素的积极作用，是对基础设施存量资产盘活而设置的"红绿灯"。与传统重大工程项目可行性研究审核评估不同，基础设施存量资产进行市场化盘活，尤其是利用REITs等资本市场工具进行盘活，其实施方案的评估除了需要对基础设施项目资产的资产端进行审核，即对资产的合规性、可转让性、运营收益稳定性等进行审核，还需要对盘活产品的资金端进行审核，即对产品交易结构、管理主体、资金渠道等进行审核。

（三）"先评估、后决策"制度赋予评估机构光荣使命和重大责任

1986年国家计委推动建立重大工程"先评估、后决策"的制度，调整优化基本建设程序，"先评估、后决策"制度在全国开始运行，各地方工程咨询机构普遍建立起来。因承担有关项目评估工作，工程咨询机构间接进入项目决策管理环节，确立了这些机构在推动项目投资决策科学化、民主化及投资工作治理体系和治理能力现代化建设中不可替代的重要地位，同时这些机构也承受着确保评估质量与结果检验的巨大压力。

目前各地工程咨询机构承担的评估任务呈现多元化发展趋势。盘活存量

基础设施资产的有关项目评估与其他类型评估业务具有内在关联性，仍然应该借鉴和传承我国多年积累的传统项目评估经验，包括各种评估理念和思维框架，应牢固树立对评估工作认真负责的职业操守，树立咨询成果质量责任制的坚定信念，确保独立公正，不受外部不利因素的干扰。

（四）重视基础设施存量资产评估的"过程"价值与"结果"价值

由于我国深化推动存量资产盘活的时间不长，能够积累的经验十分有限，因此每个基础设施存量资产项目的盘活工作，都可能面临不一样的问题与挑战，应该在评估工作开展过程中对这些问题与挑战的解决与应对进行探索。每个基础设施存量项目在进行盘活前的评估工作时都应经历严谨而充分的论证，这与其说是一个评估审核过程，不如说是一个完善优化的探索经历。在每个项目的评估中，评估机构不仅应发挥传统重大工程项目评估"找问题"的考官职能，还应扮演后续研究"探出路"的考生角色。如果项目在评估审核过程中，能够催生当地有关政策的制定以及促进行业管理规范的出台，那么从某种程度上说，基础设施存量资产盘活的评估工作不仅可以在最终的评估审核中得到"建议向市场推荐"的结论，还能够在评估过程中得到优化完善的具体建议。这种影响对项目本身、项目所在地、项目所在行业产生的正向推动作用更有价值。

二　做好城投基础设施存量资产盘活评估工作的关键要点

（一）聚焦"五个坚持"服务于基础设施存量资产项目评估审核工作

一是坚持基础设施导向。基础设施导向体现了将国家稀缺金融资源优先配置到社会急需领域，推动我国基础设施投融资体制深化改革，促进基础设施补短板和形成有效投资，提升公共服务供给质量和效率的政策导向。

二是坚持服务实体经济。为应对我国经济发展已经进入存量资产时代的现实需要，盘活存量资产是促进实体经济健康发展的紧迫任务。我国基础设施存量资产多种模式的推出与创新，为实体经济存量资产的价值发现和提升管理提供了一种崭新的金融工具，是我国金融领域推动供给侧结构性改革和服务实体经济的重要体现。

三是坚持聚焦国家战略。基础设施存量资产盘活应坚持优先支持京津冀、长江经济带、粤港澳大湾区、长江三角洲、海南自由贸易港等国家重大战略区域，支持基础设施重点产业；对各种所有制企业、本地和外埠企业一视同仁、公平对待，这是服务于国家战略及更高层次对外开放的重要体现。

四是坚持稳健价值投资。被盘活的基础设施资产应聚焦优质项目，要求权属清晰，经营模式成熟，运营持续稳健，内部控制健全，着力培育长期投资理念，坚持价值投资导向，对促进我国资本市场持续健康发展产生深远影响。

五是坚持重视融资权益属性。过去我国基础设施融资以债权融资为主，新时期存量资产盘活应坚持融资的权益性特征，致力于提高项目直接融资比重，改善企业资产负债结构，降低地方政府隐性债务，化解并防范系统性金融风险。

（二）遵循"可交易性、可投资性、可持续性"的评估审核基本逻辑

城投基础设施存量资产的盘活评估是对已经建成并投入使用的基础设施资产的相关内容进行评估，需要进行评估理念、思维方式、理论方法的创新和重构，主要围绕可交易性、可投资性和可持续性三个主线开展评估工作。

1. 可交易性

存量资产盘活一般会发生资产的交易，因此对资产的可交易性进行评估是重要前提。以 PPP 项目为例，在常用的采用 TOT 模式进行盘活的存量资产项目中，项目资产会经历由原持有者向社会资本方的转让（第一个 T）和由社会资本方向政府或其他指定机构的转让（第二个 T），两次转让都需要确保项目的可交易性。以基础设施 REITs 为例，REITs 上市的本质是基础设施资产的 IPO，但又不同于企业发行股票和债券。从"资产＝负债＋所有者

权益"的逻辑结构看，股权融资和债权融资都是资产负债表右边的融资，REITs 则是资产负债表左边资产端的融资，跟发行股票、发行债券的逻辑存在很大差异。发行股票和发行债券的基础是整个企业，所以要关注企业的历史情况、经济实力、信用水平、治理结构等。作为资产端 IPO 上市的 REITs 产品，我国采用"公募基金+ABS"的交易结构，把底层资产剥离出来构建一个标准化的投资计划 ABS 产品，其权益全部转移到公募基金，通过公募基金持有 ABS，再通过 ABS 持有项目公司，再由项目公司持有基础设施底层资产，呈现多层级的内部结构。

对于利用资本市场金融工具盘活存量资产的基础设施项目评估，其核心逻辑之一，是要围绕基础设施资产剥离出来能否满足交易条件，即围绕可交易性开展一系列的评估工作，具体包括交易对象、投资管理合规性、资产转让有关事项等内容。

2. 可投资性

存量资产盘活评估的另一个核心逻辑是围绕资产实现可交易之后，能否通过资本市场的检验，即围绕可投资性开展一系列的评估，重点关注基础设施存量资产盘活后金融产品的投资价值。应围绕金融产品的投资价值进行评估，充分利用相关行业的专业知识，对特定行业的投资价值进行专业判断。以高速公路产品为例，应在评估中研究项目涉及的高速公路在整个综合运输体系中的地位，新增交通量、转移交通量、诱增交通量等交通量构成及未来发展趋势等。

基础设施存量资产投资性的评估审查是对准入门槛和底线的把关。对投资价值的评估，是更具有专业挑战的核心评估内容，包括对项目资产收益率的评估，对运营收益、收入来源结构及分散情况的研究，对项目资产估值情况的评估，以及对未来净现金流及其增长潜力的评估等。

另外，还应对直接影响金融产品投资价值的项目运营管理稳定性开展评估。运营管理机构能力评估包括对拟选择的基础设施运营管理机构及其能力的评估。运营奖惩机制评估包括对运营管理相关各方的权责利关系、运营管理机构奖惩机制、项目持续平稳运营的保障措施等的评估。

3. 可持续性

存量资产的盘活工作不是一锤子买卖，运营机构需要进行长期主动管理，投资人也往往会将其作为一种长期持有的投资工具。因此，这对存量基础设施资产盘活评估提出了可持续性方面的审核要求。做好可持续性评估，应坚定评估结论"源于项目但高于项目"的视角，从项目募集资金用途、金融产品的可持续性等方面展开评估。

三 进一步完善盘活存量资产的评估制度体系

盘活城投基础设施存量资产专业性强，涉及存量和增量等复杂问题，要加强盘活城投基础设施存量资产实施方案的研究编制和评估论证工作，建立和完善相关评估制度及理论方法体系，充分调动更多的评估机构参与评估工作。为更好地盘活基础设施存量资产，促进形成基础设施"资产—资本—资金—投资—项目—资产"的良性循环，有关部门及评估机构应勠力同心，进一步完善咨询评估配套体系建设。

（一）系统总结基础设施存量资产盘活项目评估经验

应基于业已完成和积累的基础设施存量资产盘活项目的调研、政策制度设计、项目评估等工作，系统总结相关经验，有关部门应做好政策文件的解读宣传，鼓励开展系列课题研究，为以后的存量基础设施资产盘活项目评估提供借鉴经验。

（二）进一步完善基础设施存量资产盘活项目前期工作机制

应进一步发挥项目评估在完善优化项目方案中的重要作用。因为最终完成评估并进入实施环节的项目实施方案，与项目有关单位最初申报的项目情况可能存在较大不同，有关部门与评估机构应进一步完善基础设施存量资产项目评估机制，鼓励更多符合条件的城投基础设施存量资产纳入盘活计划。

（三）建立完善有关存量资产盘活评估的管理业务规范

评估机构要严格按照有关部门的要求，严格评估纪律，认真执行投资咨询评估有关管理办法的具体要求。各评估机构应建立并完善关于存量资产盘活的项目评估管理办法及相关管理制度，加强审核评估工作的客观独立立场，确保能为委托评估机构提供高水平的专业咨询成果。同时，评估机构应重视存量资产盘活有关的课题研究，进一步学习掌握盘活存量资产相关的政策，为开展盘活存量资产的项目评估工作奠定坚实基础。

B.15
当前我国财政形势与地方政府
隐性债务治理问题研究

温来成[*]

摘　要： 本文分析了 2021 年我国财政经济形势及特征，总结了目前地方政府隐性债务发展的现状及问题。在此基础上，立足建立现代财政制度、提高政府治理能力和治理体系现代化、走可持续发展道路的角度，从多个方面对地方政府隐性债务治理提出了对策建议：明确标准，划清界限，分类治理债务风险；建立公共企业制度，将地方政府投融资平台转型发展纳入国企改革整体战略；设定投融资平台转型发展的最后时间表；实现地方政府投融资平台债务信息的公开、透明；改革地方政府投融资平台债务管理体制。

关键词： 财政形势　隐性债务　风险治理

一　2021年我国财政形势变化的特点和趋势

2021 年全国一般公共预算收入 202538.88 亿元，完成预算的 102.5%，比 2020 年增长 10.7%。其中，税收收入 172730.47 亿元，增长 11.9%；非税收入 29808.41 亿元，增长 4.2%。加上从预算稳定调节基金、政府性基金

---

[*] 温来成，博士，中央财经大学中财-中证鹏元地方财政投融资研究所执行所长、财税学院教授、博士生导师，研究方向为公共财政理论、公共事业管理、城市财政与城市公共管理等。

预算、国有资本经营预算调入资金及使用结转结余 11713.52 亿元，收入总量为 214252.4 亿元。全国一般公共预算支出 246321.5 亿元，完成预算的 98.5%，增长 0.3%。加上补充中央预算稳定调节基金 3540.9 亿元、向政府性基金预算调出 90 亿元，支出总量为 249952.4 亿元。收支总量相抵，赤字 35700 亿元，与预算持平。全国政府性基金预算收入 98023.71 亿元，为预算的 103.7%，增长 4.8%。加上 2020 年结转收入 240.16 亿元、地方政府发行专项债券收入 36500 亿元、从一般公共预算调入 90 亿元，收入总量为 134853.87 亿元。全国政府性基金预算支出 113661.01 亿元，完成预算的 86.6%，下降 3.7%。全国国有资本经营预算收入 5179.55 亿元，为预算的 133.6%，增长 8.5%。全国国有资本经营预算支出 2624.78 亿元，完成预算的 99.1%，增长 2.7%。全国社会保险基金预算收入 94734.74 亿元，为预算的 106.2%，增长 24.9%。其中，保险费收入 66816.64 亿元，增长 35.7%；财政补贴收入 23248 亿元，增长 10.6%。全国社会保险基金预算支出 87876.29 亿元，完成预算的 101.7%，增长 12.1%。当年收支结余 6858.45 亿元，年末滚存结余 101395.09 亿元。2021 年末，中央财政国债余额 232697.29 亿元，控制在全国人大批准的债务余额限额 240508.35 亿元以内；地方政府债务余额 304700.31 亿元，包括一般债务余额 137708.64 亿元、专项债务余额 166991.67 亿元，控制在全国人大批准的债务余额限额 332774.3 亿元以内①。

从上述 2021 年我国财政预算执行情况看，目前我国财政运行的特点包括以下三个方面。

第一，政府财政一般公共预算收入、国有资本运营收入及社会保险基金预算收入增长情况较好，主要原因是经济恢复增长。初步核算，全年国内生产总值 1143670 亿元，按不变价格计算，比上年增长 8.1%，两年平均增长 5.1%。因而经济的增长有力带动财政收入的增长。如一般公共预算中税收

---

① 《关于 2021 年中央和地方预算执行情况与 2022 年中央和地方预算草案的报告——2022 年 3 月 5 日在第十三届全国人民代表大会第五次会议上》，财政部网站，2022 年 3 月 14 日。

收入 172730.47 亿元，增长 11.9%；但全国政府性基金预算收入 98023.71 亿元，为预算的 103.7%，增长 4.8%。政府性基金收入主要来源是土地出让金收入。我国地方财政对土地收入依赖较为严重，即存在所谓的"土地财政"，全国政府性基金预算收入增长放缓是否意味着我国土地市场、房地产市场已经到一个"拐点"，可能还需要观察。

第二，2021 年政府一般性支出增长得到有效控制，但民生类财政支出刚性增长，不少地方"保工资、保运转、保稳定"的压力较大。在疫情期间，各地区防疫等医疗卫生支出、居民生活保障支出大幅度增长，一些困难群体和经营困难的企业需要救助，还有一些地方遭受洪涝灾害，地方财政需要增加抢险救灾支出。在财政收入增长有限的情况下，各地区经济社会发展的支出，特别是民生支出，仍居高不下。另外，为了刺激经济增长，各地区政府在基础设施建设、重大项目建设等方面，努力增大了投资的力度。

第三，财政平衡难度较大，政府债券发行保持了较高规模。2021 中央财政发行国债 68683.96 亿元，其中内债 67922.28 亿元、外债 761.68 亿元，全国发行地方政府债券 74898 亿元，其中一般债券 25669 亿元、专项债券 49229 亿元[①]。

二 地方政府隐性债务风险的状况及问题

我国目前财政收支压力较大，财政处于紧平衡的状态，地方政府利用地方政府债券筹集资金，有力支持了地方政府经济社会发展。地方政府投融资平台从 2015 年开始不再承担为政府融资的功能，开始进行市场化转型，同时承担部分地方基础设施建设等功能，在地方政府保增长的过程中发挥了积极作用。但目前地方政府债务风险仍不可忽视，需要有效治理和管控，防止产生系统性、区域性的财政金融风险。整体而言，目前我国地方政府债务处在安全线以内，风险可控。具体到省、市、县，部分地方债务风险处置压力

---

① 资料来源：财政部网站。

较大，已出现县级政府财政重整的例子。就地方政府隐性债务来说，2015年以后，财政部、审计署不再发布新的隐性债务数据。目前关于隐性债务的公开信息主要是地方政府投融资平台城投债的数据。尽管社会各界对地方政府隐性债务的具体范围有不同看法，但地方政府投融资平台债务是其主体似乎没有异议，本报告将基于城投债来论述地方政府隐性债务治理问题。

（一）平台数量

我国地方政府投融资平台产生于20世纪80年代。20世纪80年代，地方政府投融资平台在上海等地建立发展。2008年美国次贷危机后，我国为了应对金融危机，刺激经济增长，出台4万亿元投资计划，中央鼓励地方政府建立投融资平台，筹集资金，配合中央政府投资计划，各地投融资平台数量迅速增加。据审计署2010年、2013年两次对地方政府债务的全面审计，地方政府投资平台的数量大约为7000家。但据银保监会统计，实际地方政府投融资平台的数量在1万家以上。2015年开始投融资平台转型发展，大约有2000多家投融资平台宣布退出平台范围。目前地方政府投融资平台的数量在9000家左右，有发债记录的平台企业有3000多家。

（二）债务情况

地方政府投融资平台的债务种类较多，包括银行贷款、发行债券和非标债务等。其中债券债务主要包括企业债券，也就是城投债、公司债、中期票据、短期融资券和定向工具等；非标债务包括债务计划、信托等。

2021年城投债总发行规模、净融资规模再创历史新高。2021年，城投债券共发行8038只，发行规模5.79万亿元，净融资规模2.37万亿元，较上年分别增长36%、26%和10%。在各城投债中，私募公司债和短期融资券仍是城投债主要发行券种，发行规模分别为1.58万亿元、1.47万亿元，占总发行规模的27%和25%。在净融资方面，私募公司债和中期票据是城投增量融资主要券种，净融资规模分别为9890.53亿元、5110.69亿元，占城投净融资规模的42%和22%。与2020年相比，城投私募公司债净融资规模有所下降，其他主要城投债品种净融资规模均表现为增长。2021 年，城投债券 3 年期债券规模占比提升，5 年期及以上长期债券规模占比均下降。2021 年，共有 2038 家城投主体发行债券，其中以 AA 级主体为主，共 1070 家，占比 52.5%，与上年相比占比提升 1.8 个百分点；AA+级主体 668 家，占比 32.8%，与上年基本持平；AAA 级主体 231 家，占比 11.3%，与上年相比占比下降 1.7 个百分点。从发行规模来看，AA+级主体的发行规模高于其他评级，规模占比提升。从城投行政级别来看，区县级平台是主要发行主体。2021 年，城投债仍以江苏、浙江、山东等地发行规模较大。其中，江苏发行规模 1.48 万亿元，浙江发行规模 7536.77 亿元，山东发行 4062.50 亿元，以上三地合计发行规模占城投债总发行规模的 45.5%。2021 年，城投债发行利率和发行利差先抑后扬，中枢下移，从总体平均利差来看，北上广以及东部沿海省市平均信用利差处于较低水平，北方地区和西南地区总体平均利差较高。城投公司评级下调以展望负面为主，贵州多地平台涉及评级调低。2021 年，主体评级调低或展望负面的城投公司共 32 家，其中主体级别调低 5 家，展望负面 27 家。预计 2022 年城投偿付规模超 3.6 万亿元，较 2021 年小幅增长①。

从过程来看，2015~2021 年地方政府投融资平台发债总量呈不断增长趋势。2015~2021 年城投债发行规模平均增速约 25%，2021 年城投债发行规模达 5.87 万元。从存量规模来看，截至 2022 年 2 月 21 日，城投债存量规模为 13.25 万亿元，占信用债总存量规模的 52%，其中私募债、中期票据是城投债主要品种。从主体等级看，城投债主体评级以 AA+级平台为主。存量城投债中，AAA 级、AA+级、AA 级平台存量余额占比分别为 28%、38%、33%。城投债发债平台行政等级以区县级为主，存量城投债中，省及省会（单列市）级、地级市级、区县级的发行数量占比分别为 25%、37%、38%②。

---

① 资料来源：数据由中证鹏元资信评估股份有限公司整理。
② 资料来源：数据由中证鹏元资信评估股份有限公司整理。

（三）转型发展的情况

自 2015 年以来，地方政府投融资平台转型发展的进展包括剥离城投政府融资职能，促进城投企业融资合规化；城投企业与政府的边界由模糊逐渐变得清晰；不断实现管理转型；城投企业资本运作能力有所提高。从各地开展的投融资平台转型发展的案例来看，主要有以下类型：一是向投资控股集团转变，有的平台通过投资成为控股型集团，有的通过投资基金间接控股企业；二是向金融控股集团转变，通过资本运营，控股地方国有企业，向相关产业转型；三是向建筑工程类企业、地产类企业、公用事业类企业、产业类企业转型。但总体来看，地方政府投融资平台转型发展较为缓慢，效果不够理想。

从政府政策来讲，近年来地方政府隐性债务一直是国家财政金融风险治理的重点。广东、上海和北京率先开展了全域隐性债务清零试点，广东已宣布完成清零任务，目前在一些中西部省市进行隐性债务清零试点。

三 治理地方政府隐性债务支持地方经济社会可持续发展

根据目前我国财政经济形势特征，结合地方政府隐性债务的状况，从建立现代财政制度、提高政府治理能力和治理体系现代化、走可持续发展道路的角度看，在地方政府隐性债务治理方面需要重点做好以下几点。

第一，根据地方政府投融资平台不同类型分别治理其债务风险。对于需要继续保留，执行地方政府政策性业务的投融资平台，根据企业自身资信，以及实际业务需要，可以适当增加各类城投债、银行贷款等融资的数量；而对其他尚未完成转型发展的投融资平台，以省为单位，省委省政府负总责，从严控制其各类债务增长，要求其债务总量逐年递减，城投债发行量控制在当年还本付息的限度内。对投融资平台债务落实"责任倒查、终身问责"机制，进一步加强各级人大、社会舆论的监督力度。

第二，加快地方政府投融资平台转型发展，建立现代公共企业制度。根据我国社会主义市场经济发展需要，对于需要执行政府政策性业务的地方政府投融资平台，建立现代公共企业制度，进一步完善其内部法人治理结构，健全党委会、董事会、监事会等机构和职能，高层管理人员实行职业化选择机制，企业除政策性业务外，面向市场开展经营。企业以其资产、信誉在市场上通过债券、贷款等方式筹集资金，明确政府财政与债务的关系，除企业承担政府性、政策性业务所形成的亏损由地方财政给予补贴外，政府财政不对其负债承担偿还责任。企业由于自身原因管理不善、资不抵债、难以扭亏为盈，可依法破产，政府以投资为限，只承担有限责任。

第三，设立完成地方政府投融资平台转型发展的最后期限。根据我国"十四五"国民经济和社会发展规划及 2035 年远景目标，总结近年来地方政府投融资平台转型发展的实践经验教训，进一步明确完成地方政府投融资平台转型发展的最后期限，以分期分阶段逐步完成转型发展、债务风险处置等历史任务。

第四，定期发布地方政府投融资平台债务统计信息，加强社会监督，稳定预期。根据隐性债务治理需要，建立地方政府投融资平台债务信息的统计、定期发布制度，由财政部、审计署等主管部门定期向社会发布债务总额、结构、债务资金使用方向和资产负债率等债务风险指标信息。接受各级人大及社会舆论监督，为纳税人和投资者服务，稳定市场预期，以推动投融资平台转型发展和债务风险治理。

第五，改革地方政府投融资平台债务管理体制。根据目前投融资平台转型发展和债务风险治理中的体制问题，建立以中央财经委员会等高层次机构领导，财政部、国家发改委、中国人民银行等主管部门参加的地方投融资平台债务管理领导小组，统筹协调解决地方政府投融资平台转型和债务控制过程中的有关问题，加大治理力度，尽快完成这一历史任务[①]。

第六，对地方政府投融资平台债务等隐性债务治理实行动态管理，防止

① 温来成：《坚决遏制地方隐性债务蔓延》，《中国党政干部论坛》2022 年 6 期。

产生新的风险。从 20 世纪 80 年代中期开始，地方政府投融资平台债务等隐性债务已经历了 30 多年的积累，其治理有一定的难度，需要一定的时间，在国民经济下行压力较大，国际环境复杂多变的情况下，需要选择治理的恰当时机，防止隐性债务治理产生新的风险，如大批投融资平台破产倒闭，对国家财政金融秩序产生重大冲击，形成区域性、系统性风险，目前部分地方政府投融资平台已陷入借新债还旧债、维持企业运营的状态，一旦资金链断裂，就只能走向破产倒闭。近年来河南等地国企债务违约曾引起巨大市场反响，这种情况需要高度警惕。

B.16
城投整合模式与提升评级的
关键因素分析

毛坚 丁逸[*]

摘 要： 地方国有企业的"多、小、散"，不仅造成了地方国企平台公司
经营捉襟见肘、在推动地方经济平稳增长上愈发乏力，也助推了
系统性金融风险。整合重组是优化地方资源布局、降低城投公司
财务杠杆，促进地方经济可持续发展的一剂良方。从更为宏观的
层面来看，国企整合重组是深化国资国企改革、调整优化国资国
企结构的重要举措，也是国企改革三年行动计划的应有之意。

关键词： 评级提升 国企整合重组 债务化解

城投公司作为一种特殊的市场经营主体，为地方政府拓宽融资渠道、拉
动地方固定资产投资、促进地方经济增长、就业和改善民生等方面提供了巨
大的帮助。但由于其承接的大多是收益低、回报期长的公益性或非营利性项
目，随着债务规模的增大、资产负债率的攀升，面临的风险和经营压力逐渐
增大，同时也增加了政府的救助压力和系统性金融风险。此外，长期以来各
地方政府成立了数量繁多的地方国有企业，这些企业种类繁杂，分散了地方
资源，造成资源分布不合理，难以使资源形成协同和规模效应。诸多国企的
存在也不利于企业统筹管理，造成了企业运营成本较高、公司信用较弱、产

---
* 毛坚，注册会计师、评估师，申万宏源证券上海分公司业务总监，城市投资网特聘专家，平
台重组实战型专家；丁逸，江苏现代资产投资管理顾问有限公司总经理，现代研究院副院长。

品和服务无法满足市民需求。这些情况制约了城投公司做优做大做强，也不利于地方经济长远发展。

近年来，整合重组迅速做大主体、提升信用评级、降低融资成本已成为各级政府推进国有经济布局优化和结构调整、推动国有企业做优做强做大的重要手段。

一　信用评级与评级机构

信用评级是指独立的专业机构对影响评级对象的各类信用风险因素进行分析研究，就其偿债能力及偿债意愿进行综合评价，并且用简单明了的符号进行表示的经济行为。债券信用评级主要是指信用评级机构以发行人及其发行的债务融资工具为对象进行的信用评级。评级机构对发债主体及债项做出的评级结果有两种。一是主体信用等级，除中期票据均为 AAA 级外，级别自 A-级至 AAA 级。二是债项信用等级，除中期票据均为 AAA 级、短期融资券均为 A-级外，级别自 AA-级至 AAA 级，每个等级可用"+""-"符号进行微调，表示略高或略低于本等级，但不包括 AAA+级。

从 20 世纪 80 年代开始，伴随着我国债券市场的发展，债券信用评级行业也应运而生（见表 1）。经过 30 多年的快速发展，债券信用评级已经成为企业对外发债融资必不可少的一个环节。与此同时，我国债券信用评级也开始出现市场环境混乱、同业恶性竞争、评级质量低劣等情况，不仅严重制约了债券信用评级功能的发挥，也影响了我国债券信用评级行业的健康发展。整体而言，相较于欧美发达国家成熟的评级市场，我国债券信用评级仍处在起步阶段。目前，国内债券市场主要分为三大类，即凭证式国债市场、银行间债券市场和交易所债券市场，而在银行间债券市场中，债券的存量、交易量以及企业主体债券的发行总量都超过了 90%，已经成为国内债券市场重要的组成部分。

表 1　国内评级机构（无先后顺序）

序号	单位名称	背景	特点
1	中诚信国际信用评级有限责任公司（简称"中诚信国际"）	始创于 1992 年 10 月,是经中国人民银行总行批准成立的全国性的从事信用评级、金融债券咨询和信息服务的股份制非银金融机构,股东为北京智象信息管理咨询(70%)和穆迪(30%)	是国内规模最大的评级机构
2	大公国际资信评估有限公司(简称"大公国际")	成立于 1994 年,是中国人民银行和原国家经贸委共同批准成立的全国性信用评级机构,拥有政府监管部门批准的全部评级资质,能够对中国资本市场所有债务工具和参与主体进行信用评级	城投评级模型研发开创者,大公国际是中央企业中国国新控股有限责任公司的子公司,是目前唯一的央企评级机构
3	联合资信评估股份有限公司(简称"联合资信")	2000 年成立的中外合资企业,股东为联合信用管理有限公司和惠誉信用评级有限公司	前身为成立于 2000 年 7 月的联合资信评估有限公司,2020 年 9 月 17 日更名为联合资信评估股份有限公司
4	东方金诚国际信用评估有限公司(简称"东方金诚")	2005 年成立,注册资本 12500 万元。主要股东为中国东方资产管理股份有限公司(60.0%)和华熙昕宇投资有限公司(22.0%)	
5	上海新世纪资信评估投资服务有限公司(简称"上海新世纪")	成立于 1992 年 7 月,个人控股[朱荣恩(20%)]。获得中国人民银行、国家发改委、原保监会、证监会等所有监管机构认可,具有全部评级资质,在苏浙沪市场知名度和声誉度较高	
6	中证鹏元资信评估股份有限公司(简称"中证鹏元")	成立于 1993 年,主要股东为中证信用增进(51.01%)和深圳市诚本信用服务(29.07%),旗下拥有深圳诚信通金融服务等	
7	远东资信评估有限公司(简称"远东资信")	成立于 1988 年,由上海社会科学院投资组建,中开民服健康管理有限公司 100.0%控股	中国第一家社会化专业资信评估机构
8	安融信用评级有限公司(简称"安融信用")	成立于 2015 年,股东为北京香樟树信息技术咨询(45.83%)和浙江安融资本管理(41.67%)	

序号	单位名称	背景	特点
9	大普信用评级股份有限公司(简称"大普信评")	成立于2016年,个人控股(股东均为个人),旗下有四川金通咨询资信评估、四川金通企业征集和杭州大普数研科技3家子公司	新晋评级机构

二 城投整合模式

城投整合模式复杂众多,可以归类为四种模式、八个细类。

第一,新设型整合指新成立一家城投平台,根据新平台和老平台的关系又进一步细分为上层新设(新平台为老平台母公司)和平层新设(新平台为老平台兄弟公司)。上层新设可以减少城投平台数量,有助于提升平台评级和规避融资监管,但在融资额度上相对受限(如受单一主体授信上限限制)。值得关注的是,在上层新设模式下,新平台与老平台的管控关系以"一套人马N块牌子"最为常见。平层新设通过增加一级平台数量拓宽融资来源,在区域债务处于扩张期时较为常见。

第二,合并型整合指由已有的城投平台吸收合并其他平台,根据双方是否处于同一城投层级又进一步细分为平级合并(同一城投层级的平台合并)和跨级合并(市级平台吸收合并区级平台)。平级合并较为常见,可减少同层级城投平台的数量,有利于区域债务集中管控,相对劣势是被合并主体由一级平台变为二级平台,对应平台地位削弱。跨级合并相对不常见,主要出现在区县债务压力较高的区域,以对区县平台增信为主要目的,多数跨级合并属于并表不并权的情形。

第三,涉及政府的股权变更指平台整合后的股东涉及政府的情形,可细分为政府控股(股东由企业变为政府)、区级上挂(股东由区级政府变为市级政府)和政府部门间划转(股权在财政局、国资委等政府部门间划转)。

第四,资产整合指城投平台资产的划入或划出。常见的情形包括区域平台业务整合、配合转型注入经营性资产、规避融资监管(如划出有隐债的子公司）等。

对于合并型整合，伴随着资产的划转，多数情况下往往带来城投资产及收入规模的提升，但资产和收入规模并不与城投自身信用水平形成必然联系。此时对于被整合吸收的主体的选择非常重要，对拥有稳定现金流和盈利业务、负债规模合理的优质平台进行吸纳是提升信用水平的重要推动因素，而存在较大应收类款项、资产变现能力差的平台的划入，可能会对原有企业信用水平造成负面影响。

对于新设型整合，因新设平台主要在原有一个或多个平台基础上搭建而成，整合后短期规模效应凸显，但业务整合和资金归集管理等层面整合压力较大。在业务整合层面，对于那些新设整合为综合性国有资本运营主体的城投，其业务运营行业跨度、并表公司数量和管理条线均大幅增加，母公司对子公司主营业务的整合与控制能力面临较大挑战。在融资与资金层面，对于"1+N"模式，部分新设城投拟通过整合后主体资质的提升来降低融资阻力，缓解偿债压力，但若母公司未实现对整个集团资金统一管理，子公司的资金周转及偿债压力困境反而会传导至母公司，因此对于"子强母弱"且母公司债务压力较大的企业来说，除合并层面的经营及财务指标外，更需关注母公司自身的财务情况。

对按业务类型分类的重组型整合及按区域和业务类型分类的重组整合，重组后城投平台通常面临原有资产构成、业务区域、业务分工、治理管控的变动，上述变动对信用资质的影响同前述合并型、新设型整合类似。但重组型城投整合后更应关注外部支持的协调再分配问题。同业归并后各城投虽然专业化水平提高，但兼并重组后的不同平台与政府关系密切程度、当地财力分配获取能力、可获得政府支持力度不可避免地会出现差异，也会进一步影响重组后平台信用资质和融资能力。

三　城投评级关键因素分析

虽然目前各大评级机构都有各自的一套评级方法和评级模型，但决定最终判别标准的因素无非几大类。

（一）偿债环境的影响

偿债环境是比较重要的评级参考因素之一。偿债环境主要包括宏观环境、行业环境、区域环境和地方政府财富创造能力。宏观环境主要是指企业生产经营活动中无法改变的宏观制度因素以及一国的信用环境。行业环境主要指影响平台公司盈利能力和偿债来源的相关政策与法律法规状况，体现为相关政策和监管框架对企业运作模式转变的要求，以及未来政策导向对企业运营战略及未来行业发展趋势的影响等。区域环境主要分析平台公司所在地区投融资及信用环境和经济发展的综合状况。平台公司所从事的业务具有一定的区域专营性，因此受区域发展的影响很大。

（二）地方政府的支持

地方政府的支持在较大程度上提高了公司的信用水平。平台公司所在地区信用环境较好，所在区域的行政层级或地位较高，所在区域经济增长稳定等因素可以为公司发展提供良好基础。同时由于平台公司的特殊属性，地方政府的支持是城投债得以顺利偿付的必要条件。一般预算收入既是衡量一个地区财政综合实力的指标，也是地方政府收入的重要来源，其结构和数量对地方政府平台公司的偿债稳定性具有重要影响。除此之外，我们用一般预算收入与地区生产总值的比考察财政对当地经济的贡献程度，比值越高说明经济的"含金量"越高，经济的创税水平越高。一般而言，地方政府财政实力越强，一般预算收入越充足，城投债的违约风险越小，平台公司主体信用评级越高。因此，平台公司的主体信用评级与地方政府财政实力之间具有很强的正相关性。

（三）平台公司自身的经营能力

平台公司自身的经营能力也是决定其评级高低的重要参考条件。平台公司经营能力的高低主要由自身的市场竞争能力和盈利能力两方面决定。

第一，市场竞争能力主要包括平台公司的股东背景、平台地位以及有效资产规模三个因素。平台公司股权通常全部由地方政府或其全资企业持有（个别情形下可能有例外），反映了平台公司与政府关系的紧密程度，完善的法人治理架构、规范的经营管理也是保证平台公司有效运行的重要因素。平台地位主要考量平台公司在所在地区城市基础设施建设及经济发展中的重要性。有效资产规模不仅包括平台公司名下汇总报表的资产总量，还包括公益性项目投入形成的存货等资产。资产规模已成为考量平台公司竞争力的一个主要因素。

第二，盈利能力是指平台公司在经营活动中的获利能力，它是财富创造能力的基石，决定了平台公司可持续经营能力的强弱。盈利能力主要从收入、成本和利润三方面来评价。平台公司的收入来源一般为代建业务收入、土地开发整理收入以及其他公用事业类或产业投资类的收入，收入结构较为简单。随着平台公司的市场化和实体化转型，部分平台公司通过多元化产业投资和发展，已拓展了一些收益性较强的业务领域，以扩大收入规模。成本是指受评企业生产和销售产品或服务的相关费用支出，它是盈利能力的一个决定性因素。当成本较低时，表现为对上游议价能力较强、期间费用占营业收入比重较低，受评企业控制成本能力较强，为盈利空间的增加提供了保障；反之，当成本较高时，受评企业盈利能力受到一定阻碍。评价利润的指标包括利润总额与营业收入的比和总资产报酬率。很多评级机构通过利润总额与营业收入的比考量平台公司的盈利能力。因平台公司主营业务公益性很强，营业利润很低甚至为负，对政府补助依赖程度较高，政府补助系其利润的主要来源。总资产报酬率可以作为利润分析的辅助性指标。当受评主体在一定规模总资产状况下实现的净利润较大，资产运用效率和资金利用效果较好时，其总资产报酬率较高，财富创造能力较强；反之，当受评主体在一定规模的总资产状况下实现的净利润较小，资产运用效率和资金利用效率较差时，其总资产报酬率较低，财富创造能力较弱。在某评级机构整理的 100 例主体评级和上调中，有 64 例是出于平台公司自身营业收入或利润的提高，也多次考虑了企业自身的现金流稳定性以及偿债能力的增强，另外企业的业务是否具有专营性也是评级机构的关注点之一。

随着城投公司转型的不断推进，城投公司评级调整的侧重点会更加偏向企业自身经营能力，尤其是经营性资产的运营，比如城市供排水、污水处理、垃圾处理、供热、燃气供应、公共交通等公用事业以及城市户外广告等经营性业务具有一定的盈利能力和稳定的经营性现金流。

在当前严控地方政府债务、规范地方投融资平台公司融资的大背景下，各级地方政府应当高度重视政府平台公司转型提升的工作，并把它作为一把手工程来抓。要集中打造资产规模大、经营业绩好、管理能力强、信用等级高的地方政府投融资平台公司。在现有管理体制下，只有平台公司可以在整个城市范围内聚集各种有效资源，并进行合理规划和盘整，实现资源增值，通过谋求自身可持续发展，带动我国新型城镇化的可持续发展。

案例分析篇
Case Study

B.17
发挥国企担当，推动产城融合

—— 桂林经开控股区域综合开发实例

李林辉[*]

摘　要： 如何构建政府、公司、区域融合共生的发展格局是区域开发类城投公司普遍关心的问题。本文以桂林经开控股区域综合开发为案例，总结了桂林经开控股参与区域建设的"产城人"融合共生开发模式、"管委会+平台公司"经营模式及从融资端走向投资端的转型之路等主要做法，归纳城投公司参与区域开发的可供借鉴的融资、投资、建设、管理等经验，以期为城投同行带来启发。

关键词： 产城融合　区域开发　产业招商

---

* 李林辉，桂林经开投资控股有限责任公司党委书记、董事长。

一　公司概况

桂林经开投资控股有限责任公司（简称"桂林经开控股"）于 2017 年 5 月 23 日成立，是桂林市人民政府授权市国有资产监督管理委员出资设立的国有独资有限公司，公司注册资本 10 亿元，截至 2021 年底，公司总资产达 129.11 亿元，主体信用评级为 AA 级。

桂林经开控股在桂林经济技术开发区工委、管委的领导下，秉承"党旗领航、善行拼搏"的文化核心价值观，坚持"共享资源、共建新城"的经营理念，以产业融资为龙头、以资本运作为引擎、以项目建设为基础、以资产经营为支柱、以"补链、强链、增链、建链"为发展思路，积极布局华为信息生态产业合作区、深科技智能制造产业园（简称"深科技"）、领益智能制造产业园（简称"领益智造"）、罗汉果小镇等重大项目，以产促城、以城兴产、产城融合，致力于打造成为桂林乃至广西极具影响力的创新型园区开发服务商。

二　主要做法

桂林经开控股作为经开区开发主体，前期定位为经开区改善营商环境的建设主力军，以融资为主导，积极推动园区开发建设。随着经开区的建设成熟和产业发展，经开控股逐渐由园区建设主力军转型为创新型园区开发服务商，提供专业化的园区运营和产业投资服务。经开控股在区域开发中起到了黏合剂与催化剂的作用，与经开区形成命运共同体、有机生命体，相互促进，和谐共存。

（一）"产城人"融合共生的开发模式

"产""城""人"这三个维度相互关联，相互融合，以产业导入带来产业人口，催生城市功能需求，而城市功能的逐渐完善推进片区高质量发展，进而催生人才需求，人才的导入提升人口质量，提供创新驱动力，推动产业创新发展，并带动消费，形成以产兴城，以城聚人，以人创产的产城融合闭环，加速推动片区高质量发展。在产业层面，桂林经开控股作为桂林经开区产业引入与产业培育攻坚手，积极落实经开区工委、管委构建"4+2+N"新型现代化产业体系的战略意图，依托土地资源、优惠政策及载体建设，通过土地出让或载体租赁等方式，有针对性地进行产业招商，积累优质产业客户。在城市层面，桂林经开控股作为桂林经开区改善营商环境的建设主力军，全力以赴发挥经开区的基础设施建设功能，建设了包括标准厂房、写字楼、人才公寓、商品房等产业载体及区域配套设施，为片区产城融合提供坚实基础和必要条件。同时引进了华为信息生态产业合作区、深科技智能制造产业园、领益智能制造产业园等重大项目，完善了项目的建设工作。在人才层面，一是引入高校、新型研发机构等，进一步加强片区对人才的吸引力，打造创新高地，进一步激发片区活力，推动城市和片区建设进程；二是成立人力资源服务公司，搭建优职云库平台进行线上招聘，伸长"触角"至农村、社区进行线下招工，联合高职院校打造片区特色产业学院等，聚焦解决园区企业人才招募"急难愁盼"的问题。

（二）从融资端走向投资端的转型之路

桂林经开控股在经开区建设运营过程中承担了基础建设、土地整理、投融资等任务，随着经开区逐渐开发成熟，土地资源日趋饱和，以区域开发为主的模式将难以为继。桂林经开控股超前谋划从融资端走向投资端的转型之路，充分利用在服务经开区发展过程中接触到大量优质企业的这一先天优势，通过产业基金、股权投资等方式，提高集团资本运作能力、培育上市企业、提升公司资产证券化水平。同时，桂林经开控股通过产业投资更好地服务于经开区资本招商，更为有力地吸引重大项目、龙头企业落地，助力经开区产业结构升级、实现高质量发展。

（三）"管委会+平台公司"经营模式

在经开区开发建设初期，桂林经开控股与管委会总体上呈现部门化管理的发展状态，由管委会主导企业的发展方向和决策。随着国资监管体制改革和三年国企改革等政策的不断深化、产业的逐步导入以及经开区发展的日渐成熟，政企合一发展中行政审批效率低及特殊项目建设面临瓶颈等劣势逐步显现，"管委会+平台公司"创新经营模式应运而生，即政府统筹协调为指导，采用政企分离、简政放权等方式，充分发挥桂林经开控股的市场主体作用，激活经开区的发展活力。

三　取得成效

在产业经济方面，2021 年经开区实现规模以上工业总产值同比增长12.06%，建成标准厂房 32.85 万平方米，标准厂房建成面积连续四年排名桂林市第一。2018~2021 年，累计建成标准厂房 123.2 万平方米，标准厂房出租率达 95% 以上。

在招商引资方面，桂林经开控股始终紧扣经开区"4+2+N"新型现代化产业体系，依托产业载体、产业基金、股权合作等方式开展产业招商。电子信息产业围绕"一部手机"，以桂林华为信息生态产业合作区为主要载体，发展智能终端制造、大数据、云计算和信息技术、数字经济服务业，初步形成了以深科技、领益智造为龙头的新一代信息技术产业集群。先进装备制造产业围绕"一辆新能源商用车"，为比亚迪、新桂轮等整车制造和零部件企业提供产业配套。在比亚迪、广西汽车集团等龙头企业的带动下，为经开区建立和达成良好的新能源汽车产业上下游集群生态环境打下坚实基础。生态食品产业围绕"一个罗汉果、一碗桂林米粉"，一方面重点打造了罗汉果小镇，充分利用核心种植区的资源优势，围绕莱茵生物等龙头企业，搭建产业创新联盟，促进产业链整合，促进经开区传统产业改造提升；另一方面，为三养胶麦等鲜湿米粉制造企业提供落地保障。

四　经验借鉴

桂林经开控股在市委市政府和经开区工委、管委的领导下，以园区综合开发服务商为发展定位，构建园区开发建设、园区综合服务、园区产业投资"三位一体"协同发展的业务格局，按照产业融资为龙头、资本运作为引擎、项目建设为基础、资产经营为支柱的高质量发展路径，积极参与经开区开发建设、招商引资、产业投资等工作。

（一）融资龙头，生存保障

桂林经开控股以融资为龙头，不断增强并充分发挥市场化融资能力，平衡降低融资成本和保证融资可持续的关系，灵活运用各种融资渠道和产品，提升企业信用评级，将资产负债水平控制在合理区间。不断提高资本运作能力，扩大权益融资空间，撬动社会资本共同参与经开区建设。

1. 全面拓展融资渠道

桂林经开控股丰富了融资模式，直接融资和间接融资并举。公司与各政策性银行、大型国有银行等金融机构建立长期战略合作关系，加强与中小银行合作，充分发挥各行优势。通过构建多样化融资渠道，为经开区开发建设提供了持续有力的资金保障。

2. 多渠道创新融资模式

通过公租房经营权转让向银行申请资金，获得授信审批额度，提高贷款使用灵活性；通过银行给予项目经营性物业贷款授信支持，创新了资产并购贷款新思路；通过租赁合作模式完成相关项目投资，设立经开区引导基金，完成项目股权投资。

3. 有效管控融资成本

桂林经开控股每年核算新增项目投资、存量债务偿还等需求，制订每年融资计划，积极与金融机构谈判、沟通，不断琢磨研究各方方案，在保证较大规模资金供给的同时，也保障融资成本控制在较低水平。同时，公司紧握AA评级契机，积极利用地方政府专项债、政策性银行贷款等低成本资金，为园区发展提供坚实基础。

（二）投资引擎，抓住机遇

桂林经开控股在基础设施、园区开发、载体建设、新产业等领域，充分发挥国有资本投资功能，不断增强资本实力和投资能力，不断优化投资结构，形成优质资产。提高投前、投中和投后全条线、全过程投资管理能力，保证投资效率和效益，确保国有资产保值增值。

桂林经开控股在产业投资方面全力夯实智能制造及数据中心、罗汉果大健康、经开制管等战略性投资领域，加强经开石化、罗汉果小镇等财务性投资投后管理工作，通过股权运作、基金投资等方式，重点拓展经开区主导产业及配套产业的投资，引导金融资本与实体经济发展的高效融合，增强金融服务实体经济能力，推动经开区打造"产城融合发展的改革开放新高地"。

（三）建设筑基，运营制胜

桂林经开控股充分发挥重大建设项目"压舱石"作用，积极承担各项建设任务，不断增强项目前期、设计、技术、成本、工程、履约、验收等全链条建设管理能力，把全生命周期管理理念贯穿园区规划、建设、管理全过程各环节，高标准、高质量、高效率建设经开区。

桂林经开控股紧扣成为桂林一流的创新型园区开发服务商发展定位，结合公司发展规划及发展阶段实际情况，搭建以资本为纽带，以产权为基础的"国有资本投资和国有资产运营公司、产业运营平台、专业化实体企业"三层运作架构，全面培育和提升园区综合服务业务，在基础设施、园林绿化、环境生态、城市物业、产业服务等领域，探索高效运营模式，整合运营资源，塑造运营品牌，筑牢桂林经开控股长期发展基业。

（四）数字赋能，协同共赢

经开控股作为经开区大数据产业发展平台，坚持贯彻落实经开区"打造区域性大数据中心，建设公共数据资源开放平台"的定位，依托"大数据"硬件优势，全方位开展信息产业领域招商引资、产业投资工作，加速推动智慧城市建设进程，占领智慧产业领域新高地。一是做强数据中心建设，使已投建的鲲鹏云平台成为公司发展重要战略资源；二是通过大数据赋能，支撑公司精准管理与科学决策，推动产业数字化和数字产业化，助力经开区打造区域性大数据中心，建设公共数据资源开放平台。此外，桂林经开控股围绕产业价值链进行"相关多元化"布局，打造协同"生态圈"，通过项目合作、产业共建、搭建联盟等方式借力借势发展，为公司发展汇聚合力、激发活力、增强动力。

（五）产城融合，定制服务

桂林经开控股深耕细作，全力优化区域营商环境，不断完善合作区基础及配套设施，助推产城融合发展。在政策支持方面，推出了优惠招商政策，同时规划了商业及高管住宿区，让企业以轻资产入园，使企业"进得来、落得下、发展好"。目前已建成的厂房和人才公寓大部分都被企业租用。在项目入园方面，创新实行容缺审批、并联审批等模式，提升审批效率，助力项目尽快开工建设。

（六）党旗领航，善行拼搏

桂林经开控股党委坚定不移地深入学习贯彻习近平新时代中国特色社会主义思想和党的十九大精神，以党的政治建设为统领，按照"一个融合、两个坚持、三个贯穿"的工作思路，全面推进党的政治建设、思想建设、组织建设、作风建设、纪律建设，把制度建设贯穿其中，充分发挥党组织领导核心和政治核心作用，激发国企活力，增强党建凝聚力，着力打造"党旗领航·共享资源、共建新城"党建品牌，做大做强做优公司资产，实现国有资产保值增值。目前，桂林经开控股党委荣获"桂林市先进基层党组织"、市直属机关"五星级党组织"称号；桂林经开控股党建品牌荣获"桂林市高标准示范党建品牌"和市直属机关"优秀党建品牌"称号。

桂林经开控股坚持人才为第一核心竞争力。积极实施人才聚集计划，推进人事、劳动、分配三项制度改革，优化"管理人员能上能下、员工能进能出、收入能增能减"用人体系，建立与现代企业制度和市场经济相适应的选人用人机制与激励约束机制。在企业文化方面，桂林经开控股以党旗领航，激励经开控股人去奋斗；围绕以人为本，坚持企业与员工共同发展进步，增强了员工归属感与幸福感。

四　结语

进入 21 世纪以来，我国在城市化发展的道路上不断突破，产城融合成功发展，具体表现在三个方面：一是人本主义思想的崛起；二是产城融合模式的必然选择；三是市场化运作方式的介入。当前，我国区域经济发展的逻辑依旧是"产城人"而非"人城产"，未来应坚持围绕人的一切需求进行产城融合发展，放眼整个城市，不能简单招引来企业就算是为城市发展做出了贡献，更要为生产、生活、生态长远考虑，以整体思维实施片区开发、投资和运营，这样才能确保产城融合经济和社会效益最大化。

B.18
对标世界一流，打造区域
国企规范管理标杆

张鹏鹏　乔海超*

摘　要： 温州城发作为首家且唯一开展对标世界一流管理提升行动的温州市属国企，通过深入开展对标行动，合理选择对标对象和内容，科学确立对标目标，在对标行动中坚持脚踏实地、实事求是、创新推进，努力打造成为温州国企规范管理标杆。温州城发围绕城市综合运营、做强主业、做亮特色，以及坚持做强做优"城市建设、城市运营"两大板块，各项对标成效逐步显现。

关键词： 对标世界一流管理提升行动　对标对象　对标内容　对标目标

一　背景

为深入贯彻落实习近平总书记重要指示批示精神，落实党的十九大和十九届二中、三中、四中全会精神，进一步推动国有企业加强管理体系和管理能力建设，加快培育具有全球竞争力的世界一流企业，国务院国资委提出在全国重点企业（中央企业和地方重点国有企业）开展对标世界一流管理提升行动。

开展对标提升行动对于增强我国国有企业的核心竞争力、加快培育世界

---

* 张鹏鹏，江苏现代资产投资管理顾问有限公司现代研究院研究员，研究方向为政府平台公司重组转型、战略规划、投融资咨询等；乔海超，江苏现代资产投资管理顾问有限公司合伙人，现代研究院高级研究员，研究方向为政府投融资体制机制优化、平台公司转型改革、整合重组、战略规划等。

一流企业具有重要支撑作用，也是提升公司管理水平和治理能力、适应新形势、促进高质量发展的关键途径。国资委在对标世界一流管理提升行动启动会议上提出，各地国资委和中央企业要认真落实党中央、国务院决策部署，按照《关于开展对标世界一流管理提升行动的通知》要求，加强战略管理、组织管理、运营管理、财务管理、科技管理、风险管理、人力资源管理、信息化管理，通过强化目标引领、强化精准对标、强化能力建设、强化体系建设，统筹推进各项目标任务。同时要求各企业做到坚持上下贯通、一体行动，确保对标提升行动能够全面有效落地实施。

2020 年 10 月，浙江省国资委制定出台了《浙江省国有企业对标世界一流管理提升行动工作方案》，结合国企改革三年行动任务安排和全省国资国企"十四五"发展规划，对浙江省国有企业管理提升行动做出谋划部署。2021 年 4 月，浙江省国资委组织全省国有重点企业开展创建管理提升标杆企业、标杆项目和标杆模式（简称"三个标杆"）活动，发挥标杆的示范带头作用，以点带面推动对标世界一流管理提升行动取得更大成效。

二　集团概况

温州市城市建设发展集团有限公司（简称"温州城发"）是以原温州市城投集团为主体，划入原温州市名城集团、原温州体投集团和原温州市教投集团，并充分吸纳温州市国资委所持有的温州市公用集团和温州建设集团的股份优化组建的温州市属国有独资公司。公司于 2020 年 1 月正式挂牌，注册资本金 80 亿元，总资产规模超 1200 亿元，主体信用评级为 AAA 级，下设十余家单位，经营范围涵盖城市建设和城市运营两大板块，涉及土地管理业（片区开发）、房地产业、建筑业、产业创业投资、商务服务业、城市运营六大产业。[①]

温州城发将作为城市综合运营商、"大建大美、精建精美"的承接主

---

① 资料来源：温州城发集团官网。

体，统一负责温州市政府委托的城市基础设施和教育、体育等公益半公益设施开发、建设、运营、管理及服务，着力助推大都市区能级和中心城区首位度提升。未来，温州城发将通过深化改革和不懈努力，全面提升企业持续发展能力、资金保障能力、整体竞争能力、行业引领能力、风险防范能力、党建引领能力，加快企业转型升级，推动企业跨区域发展，培育控制1~2家上市公司，力争资产规模在5年内突破2000亿元。

三　温州城发对标提升行动的举措

在对标提升行动中，温州城发坚持目标引领，把开展对标提升行动作为打造"四个城发"（实力城发、活力城发、品质城发、效能城发）的重要途径，紧扣总体目标，按照市国资委对标世界一流管理提升行动的统一部署，明确对标对象、对标内容、对标路径，聚焦战略引领、体系建设、运营管理、财务管理、风险管控等关键领域，深入查找企业管理的薄弱环节，精准对标、精细对标、高效对标，全面提升管理能力和水平。

（一）积极推动全市试点

温州城发作为温州市资产规模最大、综合实力最强和管理基础最好的市属国有企业，经过全市多方面的比较和选择，成为温州市对标国际一流管理提升行动的试点单位。同时，温州市国资委将温州城发开展对标国际一流管理提升行动作为浙江省和温州市国资国企开展对标提升、创新突破的一项重要探索，通过对标提升行动，努力实现企业的跨越发展，为温州市经济社会发展贡献更多更大的国企力量。

（二）高度重视认真对待

经过前期策划准备，温州城发对标世界一流管理提升行动启动会暨动员大会于2021年4月29日隆重召开。温州市国资委党委书记、主任张志东对对标行动提出了要求和指导，温州城发党委书记、董事长董庆标对对标行动进行了动员和部署，并在会议上明确了《温州城发集团对标世界一流管理提升行动工作方案》，现代咨询董事长丁伯康博士等进行了专题发言。在对标行动开展过程中，温州城发上下同心协力、积极参与、目标一致，多次召开讨论分享会，充分吸收对标行动经验，提升对标行动效果。

（三）智库支持有效开展

为了更好地开展对标行动，温州城发聘请现代咨询集团协助。现代咨询集团秉承"以问题为导向、以服务为宗旨、以学习为手段、以提升为目标"的工作理念，针对温州城发对标世界一流管理提升行动定制化设计了"六定"模型，并依托现代咨询城投行业大数据库资源和战略合作伙伴支持，助力温州城发开展对标世界一流管理提升行动，打造成为新时代城投标杆。

（四）科学确立目标任务

1. 总体指标对标

面向行业一流企业，着重围绕总资产规模、营收、负债、利润等核心运营指标进行全面、长期、量化对标对表，以扩大规模、提高营收利润、降低负债为目标开展对标提升，并将相关指标纳入考核。争取提高集团在全国城投行业的排位，力争长三角行业八强、省内排名保二争一，部分指标争取名列省内行业第一。

2. 重点方向对标

重点面向一流企业，实施精准对标对表，从业务拓展、产业布局、产业投资、资本运作、城市建设、企业管理等多方向分别寻找对标企业，关注集团综合实力和竞争力的提升。

3. 具体项目对标

学习借鉴行业先进经验做法，积极探寻与一流企业的合作契机，尝试开展产业投资，融入资本市场，调整优化集团资本结构；开展"四个试水"，试水住房租赁市场、房地产业务、供应链业务、新能源产业，拓展集团业务，完善集团市场化经营体制机制，提高市场化运作能力。

（五）合理选择对标对象和对标内容

温州城发对对标对象的选择、对标内容的确定主要从目标出发，优先考虑国内综合实力较强的城投公司，从总资产规模、国内外信用评级、资本多元化布局、稳定增长的盈利能力等外显特征来选择若干家企业作为总体指标、重点方向、具体项目对标对象，并进一步确定具体对标内容。

（六）闭环推进对标任务落实

一是做好对标任务清单和目标的细化明确。抓住关键、找准路径，对具体对标工作进一步细化，明确任务清单，建立目标体系、攻坚指标。二是落实责任、强化执行。通过对各项任务明确责任人、关键举措和时间节点，有效推进对标工作的突破和成果的达成。三是开展对标提升工作评价考核。通过明确评价考核指标体系，召开对标提升工作总结会议，对对标提升工作进行总结评估。四是谋划对标行动持续开展。在推进前一轮对标任务落实和总结经验的基础上，积极谋划新一轮对标行动，谋定更多的对标目标和对标项目，保证整个对标提升行动取得更多实效。

四 温州城发对标提升行动取得的成效

取他人之长，创城发之新。温州城发在对标提升行动中，精准选择对标对象，设立清晰的目标，通过将对标工作细化，争取政府支持，内部多部门配合，不断向对标目标迈进，加快转型升级的步伐，努力打造"城市一流综合运营商"。

（一）总体成效

温州城发努力以政府性项目投资带动社会投资。2021年，集团资产规模不断增大，总资产同比增长6.8%，全国城投排名第44，省内排名第3，市属国企排名第1；并且综合实力不断提升，累计获得三家主流机构的AAA

评级认证；同时"精建精美"项目投资、出让土地、招商引资等方面同比上年均呈现增长趋势，其中招商引资同比涨幅达147%，"精建精美"项目投资和土地出让分别增长15%和89%。

（二）城市建设

积极践行打造"一流城市综合运营商"的初心使命，持续推动"大建大美"向"全域美"拓展、向"精建精美"提升。至2021年，温州城发在焕新城市面貌、提升中心城区首位度上做出了重要贡献。完工的亮点项目包括冰雪中心、市民中心、南塘商业街、沿江楼宇群等；亮化工程包括瓯江光影码头、"一桥两地标"、印象南塘光影秀等；城市道路包括七都大桥北汊桥、瓯江路改等。

（三）业务拓展

近年来，温州城发陆续与鹿城、龙湾、瓯海等县（市、区）签署战略框架合作协议，其中朔门街区、高教新区等项目已基本落地。利用投资参股、战略合作、"混改"等方式，与杭钢集团、正泰集团、威马公司等单位签订合作协议，形成清洁能源、建材贸易、设备制造等30余项高质量合作成果。通过整合体投集团、教投集团，成立数发集团、人才集团，推动体育、教育、数字、人才产业发展，促进业务拓展和转型升级协同发展。积极推动医疗事业和教育事业的发展，在医疗事业方面，推进了温州市第六人民医院二期工程、浙南公共卫生紧急医疗救援基地工程等项目；在教育事业方面，建设新校区、焕新老校区，全面提高教育设施配置标准和建设品质。

（四）企业管理

温州城发立足市场谋发展，积极适应市场新形势。一是业务层面的市场化，重点关注住房租赁市场、房地产业务、供应链业务、新能源产业四个方面，实现自身业务发展的多元化，完善集团市场化经营体制机制，提高市场化运作能力。二是融入资本市场，拓宽融资渠道，主动探索借助金融市场和金融工具进行业务拓展、产业投资，学习越秀地产，借鉴 REITs 基金、城市更新基金等运作经验。三是用人市场化，温州城发注重人才的引进与培养，校招结合社招，并建立完善的市场化用工与薪酬分配制度体系，保持人才竞争力。四是利用数字技术提升集团管理效率，聚焦数字赋能，统筹数字化战略转型，加快各领域信息化升级，打造市属国有企业中的数字化治理标杆。

（五）资产运营

温州城发创新资产经营理念，形成了以"房地产+"、联合办公、月光经济等为核心的经营项目。提升市政维养能级，完成资质晋升，积极拓展县区业务，谋划实施渣土再生、矿产资源开发，市政维养面积达 1900 万平方米。加速高端品牌成型，通过引入戴德梁行、绿城物业等合作单位，进军高端商办、住宅等业务领域，物业服务面积达 1000 万平方米。加速坐地招商出让，陆续引进万科绿轴项目、老港区项目等一批超 100 亿元项目。

此外，为构建灵活的集团机制和市场化的经营模式，温州城发创新经营模式和投资方式，采取了"产业经营+资本经营"双轮驱动的形式以及"混改"、并购重组、战略合作、投资参股等多种方式。

五　可借鉴的经验

（一）同心协力，高效组织

在国资委提出在全国重点企业开展对标世界一流管理提升行动后，温州市国资委即着手谋划温州市国有企业对标行动方案，最终确立温州城发作为试点先行先试，并进行工作部署和指导。对此，温州城发高度重视，清晰认识开展对标提升行动是展现国企责任担当，落实党中央决策部署的重要政治任务，是加快转型升级和战略布局，迈向"一流城市综合运营商"的关键路径，是推动全面深化改革，解决企业发展体系性问题的有力抓手。集团上下深刻认识到开展对标提升行动的重要意义和深远影响，把开展对标提升行动作为推进集团转型发展的战略举措，高起点、严要求开展此项工作，并进一步抓好组织，确保对标提升行动上下协同，有效推进。

（二）目标导向，持续开展

温州城发在对标提升行动中设立了切实可行的明确目标，将目标分层、分类，具体至项目，始终坚持以目标为导向开展后续工作。在此次对标提升行动中，温州城发将目标进行拆解，分阶段开展对标工作；另外在设置行动表的同时将项目目标细化至部门、负责人，将对标任务与相关责任人紧密联系，保证明确到人、具体到事，真正实现对标工作在目标导向下的深入开展。

（三）学习为基，创新为本

温州城发"走出去"是为了吸收、借鉴，"请进来"则做到了再创新。温州城发对行业标杆进行了实地考察观摩，现场取经，但是要获得内生动力，实现长久发展，最重要的还是要在学习和借鉴他人成功经验的基础上突破创新。温州城发在对标优秀企业的管理方法、产业布局等基础上，结合自身发展特点以及温州市的优势资源、政策支持等，吸收其中适合自身的部分，找准着力点，以此为基础发展适合自己的独特模式，构建国企对标世界一流行动的"温州城发模式"。

B.19

"三项制度"改革为突破点
全面激发企业内生动力

——临沂城发集团三项制度改革实例

娄 娟 陈作娟*

摘 要： 临沂城发集团根据中央、省、市国资国企改革精神，通过人事制度、劳动用工制度、薪酬分配制度三项制度改革"组合拳"，全面建立了管理人员能上能下、员工能进能出、收入能增能减的用人机制体系，企业全员劳动生产率、人工成本利润率等指标有了较大提高，参与市场竞争的能力明显增强，切实为打造一流企业提供了坚实的制度保障。本报告在描述临沂城发集团主要做法的基础上，总结"三项制度"改革要作为"一把手"工程、建立改革缓冲期、强化数字化手段运用等经验，以期为城投类企业用人机制改革提供思路和经验借鉴。

关键词： 三项制度改革 人才管理 "一把手"工程

一 集团概况

临沂城市发展集团有限公司（简称"临沂城发集团"）是经临沂市政

---

* 娄娟，人力资源管理师，江苏现代资产投资管理顾问有限公司现代研究院研究员，研究方向为国企改革、集团管控、人力资源管理等；陈作娟，江苏现代资产投资管理顾问有限公司现代研究院高级研究员，研究方向为战略管理、组织管控、薪酬绩效等。

府批准成立的一家大型国有全资企业，于 2006 年 6 月 8 日注册成立，注册资本 25 亿元，企业主体信用评级为 AA+级，员工总数 3938 人。截至 2021年 12 月，集团资产规模 586 亿元，先后荣获"省级文明单位""山东省思想政治工作优秀企业""省级健康企业""沂蒙功勋企业""振兴沂蒙劳动奖状""临沂市先进基层党组织""建党百年·慈善功勋"等荣誉称号。

临沂城发集团以经营城市资源、服务城市发展为使命，认真履行党赋予的职责和使命，在资本运作、资产管理、市场拓展等方面精准发力，经历了从"纯融资平台"到"市场化平台"再到"城市管理综合运营服务商"的角色转换，逐步构建起以乡村振兴、工业科技、人才教育、文化旅游、数字智慧、商业管营、建设开发、国际贸易、产城服务、金融金控为主的"一体多翼"实体产业经营体系。

二　主要做法

2021 年是"十四五"规划开局之年，也是实施国企改革三年行动攻坚之年，临沂城发集团乘势而上，以集团党委为坚强领导核心，成立由"一把手"挂帅的改革领导小组，以"三项制度"改革这块"硬骨头"为切入点，全面推进各项改革任务落地生根。

（一）多措并举锻造中坚力量

通过建立竞争择优的选任机制、奖惩退出挂钩的考核机制、能上能下的人事制度改革，培养能"打硬仗"的人才队伍，夯实集团发展的中坚力量。

1.锤炼德才兼备的干部队伍

根据集团化管控、专业化管理、集约化运营的要求，临沂城发集团优化顶层设计，清晰界定母子公司职能，明晰权责边界，优化组织结构，压减管理层级，精简管理人员，建立"KPI+BPI"综合评价体系，把人岗相适作为管理人员任职的重要依据，定期开展胜任力评估，在关注团队业绩实现的同时更注重干部素质提升。集团严格考核等级，强化考核结果运用，明确综合评价结果在薪酬激励和岗位任用方面的刚性应用，实现"能者上、平者让、庸者下、劣者汰"的动态用人机制。

2.搭建结构合理的人才梯队

临沂城发集团的人才梯队建设包括以下几个方面。一是实施"3269"人才工程，即计划利用 3 年时间，选拔培育 200 名经营管理人才、600 名专业技术人才、900 名技能人才。二是在 MPS 三通道搭建的基础上，建立"3+10+N"储备人才库，即搭建 3 个管理人才储备库，10 个专业人才储备库，N 个技能人才储备库。三是在人才队伍培养上，建立内训和外训、专业技能和综合素质提升、干部讲堂和青年讲堂"三结合"培训模式，打造教育培训、个人提高、导师辅导、行动学习四大人才培养体系，制定领航计划、鲲鹏计划、春燕计划三大课程培训体系。四是本着盘活现有人才资本存量的原则，充分利用（上下）挂职实训、轮岗轮训、第一书记选拔等方式，把关键岗位、重点项目作为人才培养锻炼的基地，成为干部选拔提升的试金石。

3.完善市场化选人用人机制

临沂城发集团采用内部推荐、竞聘上岗、公开招聘等多种人才选任方式，科学合理使用人才，促进人岗匹配、人尽其才，形成有利于各类人才脱颖而出的选人用人机制。同时积极推动管理人员任期制，按照"市场化选聘、契约化管理、差异化薪酬、市场化退出"原则，通过与管理人员签订劳动合同、岗位聘任协议和经营业绩目标责任书进行契约化管理，明确任期时间、岗位职责、经营业绩指标考核内容等，按照"业绩与薪酬双对标"原则确定管理人员薪酬总水平，同时对其充分授权，最大程度发挥管理人员专业的管理知识、技能和经验，实现企业经营目标。

（二）深入推进岗位管理改革

通过劳动用工制度改革，优化用工结构和岗位管理体系，畅通员工进出渠道，真正形成能进能出的合理流动机制。

1. 优化岗位管理体系

首先，临沂城发集团根据战略定位和生产经营需求，对标优秀企业，合理设置岗位，设定任职资格，编制岗位说明书，评定岗位价值，编制三定方案。其次，临沂城发集团依据岗位工作职责、任职资格对岗位进行横向分类、纵向分级，有效构建员工纵向晋升、横向流动的职位职级体系，为员工职业发展通道、薪级薪档设计等工作夯实管理基础。最后，临沂城发集团通过检视问题、对标行业、对标先进，坚持用工总量与劳动生产效率相适应，合理优化用工结构。

2. 严把员工进入关口

临沂城发集团在员工入口就开始严格控制。一是规范实行公开招聘，明确招录流程。二是依法签订劳动合同、劳动合同补充协议等用工文件。三是加大市场化高端人才、重点院校和紧缺专业高校毕业生招聘力度，提高队伍素质，改善队伍结构。

3. 畅通员工退出渠道

临沂城发集团依法加强劳动合同管理。细化劳动合同期限、工作内容、劳动纪律、特殊约定等条款，明确新员工在试用期间不符合录用条件标准、劳动合同期满续签标准、员工不胜任岗位要求认定标准及劳动合同终止条件标准等多项内容。建立依据劳动合同对不胜任岗位要求的人员进行培训或调整岗位，对符合终止条件依法解除劳动合同的员工退出通道。

（三）重构差异化薪酬体系

通过薪酬分配制度改革，完善与企业效益、个人业绩挂钩的内部薪酬分配制度，合理拉开收入分配差距，真正做到收入能增能减、奖惩分明。

1. 完善工资决定机制

临沂城发集团设计按业绩贡献决定薪酬分配的工资机制，切实将集团和权属企业的工资总额增减与业绩好坏同向联动，推动工资总额分配向经营业绩好、投入产出效率高的权属企业倾斜，向关键岗位、核心人才、高层次人才倾斜，向做出突出贡献的人才和一线关键苦脏险累岗位倾斜，有效激励、留住和吸引人才。

2. 健全差异化薪酬分配机制

临沂城发集团实行市场对标，坚持以岗定薪、岗变薪变的薪酬策略，健全完善为"岗位、绩效、能力"付薪的全面薪酬体系，实行与管理、技术、技能岗位体系相匹配的宽带薪酬，实现薪酬水平差异化，打破平均主义和"大锅饭"的局面。完善各类人员薪酬分配与企业效益、个人绩效、承担风险等紧密挂钩的机制，坚持业绩升、薪酬升，业绩降、薪酬降，绩效薪酬与考核结果直接挂钩。

3. 建立健全全员绩效管理体系

临沂城发集团坚持绩效牵引，向改革要动力，依据管理岗位职责，引入评价工具，建立健全全员"横向到边、纵向到底、无缝衔接"的绩效考核体系，量化考核指标，实现了由定性为主到定量为主的考核方式的跨越式转变，实现"人人身上有指标，个个肩上担责任"。严格考核等级，强化考核结果运用，明确绩效考核结果在薪酬激励和岗位任用方面的刚性应用。实现"能者上、平者让、庸者下、劣者汰"。

4. 探索灵活多变中长期激励机制

临沂城发集团探索多种形式的中长期激励制度，坚持激励与约束相结合、风险与收益相对称、公司利益与个人利益相一致，加强对关键岗位、核心人才、技术骨干等人员的激励。在实现集团总部领导班子成员与权属企业领导班子成员契约化管理的同时，建立职业经理人制度，探索建立特别贡献激励和超额利润激励机制。

三 改革成效

（一）突出制度引领，实现经营效率提升

临沂城发集团党委坚定大局意识，持续推进"三项制度"改革，建立健全"员工能进能出、干部能上能下、收入能增能减"的制度机制，

用数据见证改革，用改革推进高质量发展。2021年实现营业收入同比增长122.97%，人均利润同比增长14.60%，公司活力和内生动力全面迸发。

（二）优化顶层设计，实现集团瘦身健体

在临沂市委市政府"打造千亿国企集团"的战略部署背景下，围绕集团"十四五"战略规划目标，集团管控层级压缩至三级以内，"上"的公司1家、"下"的公司8家、注销接收的破产公司等9家、划转出1家，二级权属公司压缩34.38%。集团及权属企业优化机构设置和岗位人员编制，集团总部"下"的机构4个，实现编制瘦身48.67%，权属企业编制总量压缩28.22%。

（三）推进人才强企，实现人才优势挖潜

集团精心组织、压实责任，稳步推进"人才强企"战略。一是在人才选育用留上，实现人才公开招聘率100%、劳动合同签订率100%、干部选拔竞争上岗率100%，全面实施经理层任期制和契约化管理，建立宽带薪酬体系，建立管理、技术、技能三序列通道，建立末位调整和不胜任退出机制，绩效考核覆盖面100%。二是在人才集聚和梯队搭建上，年内实现人才集聚中高层管理人才70余人、专业技术人才200余人、职业技能人才300余人，优先满足集团"十四五"规划发展人才需求，为集团高质量、可持续发展提供坚强人才保障。

四　经验借鉴

（一）把改革作为"一把手"工程来抓

临沂城发集团"一把手"的决心和长期的坚持是"三项制度"改革得以加快推进和持续深入的关键，同时临沂城发集团充分认识到了深化"三

项制度"改革的重要性、紧迫性和复杂性，从上到下统一思想认识。把"三项制度"改革当作企业的"一把手"工程来抓，成立以企业党委书记、董事长为组长的领导小组，明确分工、落实责任，以上率下推进改革，建立整体联动的常态化机制。同时，聚焦"思想稳控"这个根本，"三项制度"改革涉及员工的切身利益，需要充分发挥国有企业党组织和工会等群众组织的作用，扎实做好政策宣传和培训，加强舆论引导，充分运用微信公众号媒介，加大对"三项制度"改革宣传培训。集团创建了"三项制度"改革专题，提高全体员工对"三项制度"改革的理解和认识，引导广大员工转变观念、理解改革、支持改革、积极参与改革，形成改革合力，建立深化改革良好氛围。同时加强督导考核，推动改革取得实效，将"三项制度"改革落到实处。

（二）建立改革缓冲期和"减速带"

临沂城发集团通过制度体系的宣传培训、书面学习、签字认可等多元化的方式宣传"三项制度"改革相关条款，使职工清晰了解，同时在执行"三项制度"改革的过程中，充分尊重员工权利，给予足够的空间、时间、条件和措施保障，给员工设置缓冲期和"降落伞"，在深化三项制度改革的快速通道上也建立了"减速带"。比如，探索让员工先起立、再培训、再竞聘、再转岗、再安置，通过设置多渠道、多环节，有效实现了组织目标和个人稳定的平衡统一。

（三）用数字化手段促进改革优化升级

临沂城发集团通过搭建 HCM 人力资源系统，着力构建符合国企特色和企业改革发展实际需求的九大信息系统模块，建成涵盖人才选、用、育、留等关键业务的数字人力平台，促进人力资源管理和服务的优化升级，提升人力数据实时分析能力及智能化员工体验，在提高效率的同时降低时间成本、人力成本、管理成本，加速人力资源管理变革，促成国企"三改""三能"制度体系落地，实现数字化赋能集团高质量发展。

（四）双轮驱动企业持续健康发展

临沂城发集团深刻认识到企业文化的力量，搭建起以"重情义、献忠诚、担责任、有梦想"为企训，"人本立正、厚德是金"为企业价值观的企业核心文化体系，使企业文化最大化地发挥其对经营管理的牵引力、导向力、凝聚力和约束力，将员工的个人目标引导到集体目标上来，从而形成巨大的向心力。在改革过程中，面对深化"三项制度"改革的艰巨任务，临沂城发集团营造大抓改革的氛围，坚持开门搞改革，充分尊重职工在企业管理中的主体地位、切实保障职工改革的知情权、参与权和监督权，把改革方案的形成过程当成凝聚改革共识、问计于民的过程，不断加强集团文化建设，充分发挥集团文化的"助推器""黏合剂"作用，用共同的城发文化理念来统一思想、协调行动，使"改革的轮子"与"文化的轮子"一同转起来，使改革与发展"形神兼备"，更好地达到改革的目的。

附　　录

Appendices

B.20

2021年政策汇编

序号	发文日期	标题	文号	内容简介
1	2021年1月4日	《中共中央、国务院关于全面推进乡村振兴加快农业农村现代化的意见》	2021年中央一号文件	全面建设社会主义现代化国家，实现中华民族伟大复兴，最艰巨最繁重的任务依然在农村，最广泛最深厚的基础依然在农村。全文共5个部分，包括总体要求、实现巩固拓展脱贫攻坚成果同乡村振兴有效衔接、加快推进农业现代化、大力实施乡村建设行动、加强党对"三农"工作的全面领导
2	2021年1月13日	《国家发展改革委办公厅关于建立全国基础设施领域不动产投资信托基金（REITs）试点项目库的通知》	发改办投资〔2021〕35号	为切实保障基础设施REITs试点项目质量，按照统一标准和规则，设立覆盖试点各区域、各行业的全国基础设施REITs试点项目库，并作为全国盘活存量项目库的一个重要组成部分。项目库包含意向项目、储备项目和存续项目3类项目
3	2021年1月19日	《"双百企业"和"科改示范企业"超额利润分享机制操作指引》	—	一是基本概念和应用原则；二是适用条件和工作职责；三是基本操作流程；四是确定激励对象相关环节操作要点；五是设定目标利润相关环节操作要点；六是确定超额利润分享额相关环节操作要点；七是实施兑现相关环节操作要点；八是监督管理相关环节操作要点

续表

序号	发文日期	标题	文号	内容简介
4	2021年1月31日	《建设高标准市场体系行动方案》	—	充分发挥市场在资源配置中的决定性作用,更好发挥政府作用,牢牢把握扩大内需这个战略基点,坚持平等准入、公正监管、开放有序、诚信守法,畅通市场循环,疏通政策堵点,打通流通大动脉,推进市场提质增效,通过5年左右的努力,基本建成统一开放、竞争有序、制度完备、治理完善的高标准市场体系,为推动经济高质量发展、加快构建新发展格局、推进国家治理体系和治理能力现代化打下坚实基础
5	2021年2月1日	《行政事业性国有资产管理条例》	中华人民共和国国务院令第738号	行政事业性国有资产属于国家所有,实行政府分级监管、各部门及其所属单位直接支配的管理体制。各部门及其所属单位应当根据依法履行职能和事业发展的需要,结合资产存量、资产配置标准、绩效目标和财政承受能力配置资产。资产配置包括调剂、购置、建设、租用、接受捐赠等方式
6	2021年2月20日	《关于印发〈国资监管责任约谈工作规则〉的通知》	国资发监责规〔2021〕14号	针对中央企业存在的重大问题、资产损失或风险隐患以及其他造成或可能造成严重不良后果的重大事项等,国资委依法依规对企业有关人员进行告诫谈话,提出监管意见建议、责令整改追责的监管措施
7	2021年2月22日	《国家发展改革委关于印发〈引导社会资本参与盘活国有存量资产中央预算内投资示范专项管理办法〉的通知》	发改投资规〔2021〕252号	重点支持盘活存量难度大、对形成投资良性循环示范性强的交通、市政、环保、水利、仓储物流等基础设施补短板行业,以及新型基础设施项目。优先支持位于京津冀协同发展、长江经济带发展、粤港澳大湾区建设、长三角一体化发展、海南全面深化改革开放、黄河流域生态保护和高质量发展等国家重大战略区域,符合"十四五"有关战略规划要求的项目。其他地区符合条件的项目也可申报。支持采用不动产投资信托基金(REITs)、政府和社会资本合作(PPP)等方式盘活国有存量资产,将净回收资金主要用于新增投资,且具有较强示范性和创新性的项目

续表

序号	发文日期	标题	文号	内容简介
8	2021 年 2 月 26 日	《公司债券发行与交易管理办法》	中国证券监督管理委员会令第 180 号	结合《证券法》修订内容进行适应性修订。落实公开发行公司债券注册制改革,明确公开发行公司债券的注册条件、注册程序及相关监管要求。强化发行人及其控股股东、实际控制人相关义务,压实主承销商和证券服务机构的责任,严禁逃废债,限制公司债券发行人自融。根据债券市场发展需要,持续优化监管工作安排,包括调整公司债券交易场所、取消在 12 个月内完成首期发行的强制性规定、取消公开发行公司债券强制评级的规定,以及强调发行公司债券应当符合地方政府性债务管理的相关规定等
9	2021 年 2 月 28 日	《关于印发〈关于加强地方国有企业债务风险管控工作的指导意见〉的通知》	国资发财评规〔2021〕18 号	地方国资委要进一步提高政治站位,增强责任意识,充分认识当前加强地方国有企业债务风险管控的重要性、紧迫性,督促指导地方国有企业严格落实主体责任,切实增强底线思维和风险意识,依法合规开展债务融资和风险处置,严格遵守资本市场规则和监管要求,按期做好债务资金兑付,不得恶意逃废债,努力维护国有企业良好市场信誉和金融市场稳定
10	2021 年 3 月 7 日	《国务院关于进一步深化预算管理制度改革的意见》	国发〔2021〕5 号	为落实《中华人民共和国预算法》及其实施条例有关规定,规范管理、提高效率、挖掘潜力、释放活力,从以下几个方面进行了要求:总体要求;加大预算收入统筹力度,增强财政保障能力;规范预算支出管理,推进财政支出标准化;严格预算编制管理,增强财政预算完整性;强化预算执行和绩效管理,增强预算约束力;加强风险防控,增强财政可持续性;增强财政透明度,提高预算管理信息化水平等
11	2021 年 3 月 12 日	《中华人民共和国国民经济和社会发展第十四个五年规划和 2035 年远景目标纲要》	—	主要阐明国家战略意图,明确政府工作重点,引导规范市场主体行为,是我国开启全面建设社会主义现代化国家新征程的宏伟蓝图,是全国各族人民共同的行动纲领

续表

序号	发文日期	标题	文号	内容简介
12	2021年4月8日	《国家发展改革委关于印发〈2021年新型城镇化和城乡融合发展重点任务〉的通知》	发改规划〔2021〕493号	为贯彻落实党的十九届五中全会精神,推动落实国家"十四五"规划有关重要部署,从促进农业转移人口有序有效融入城市、提升城市群和都市圈承载能力、促进大中小城市和小城镇协调发展、加快建设现代化城市、提升城市治理水平、加快推进城乡融合发展等方面提出了2021年新型城镇化和城乡融合发展重点任务
13	2021年4月27日	《关于同意开展生态环境导向的开发(EOD)模式试点的通知》	环办科财函〔2021〕201号	同意36个项目开展生态环境导向的开发(EOD)模式试点工作,期限为2021~2023年。强化项目收益内部反哺机制。试点实施单位切实加强公益性生态环境治理项目与相关经营性产业开发项目一体化融合实施。实施中可适当优化试点依托项目,加大产业收益对生态环境治理的反哺力度
14	2021年4月29日	《中华人民共和国乡村振兴促进法》	—	各级人民政府应当坚持取之于农、主要用之于农的原则,按照国家有关规定调整完善土地使用权出让收入使用范围,提高农业农村投入比例,重点用于高标准农田建设、农田水利建设、现代种业提升、农村供水保障、农村人居环境整治、农村土地综合整治、耕地及永久基本农田保护、村庄公共设施建设和管护、农村教育、农村文化和精神文明建设支出,以及与农业农村直接相关的山水林田湖草沙生态保护修复、以工代赈工程建设等
15	2021年5月25日	《住房和城乡建设部等15部门关于加强县城绿色低碳建设的意见》	建村〔2021〕45号	各地要立足新发展阶段,贯彻新发展理念,推动构建新发展格局,坚持以人民为中心的发展思想,统筹县城建设发展的经济需要、生活需要、生态需要、安全需要,推动县城提质增效,提升县城承载力和公共服务水平,增强县城综合服务能力,以绿色低碳理念引领县城高质量发展,推动形成绿色生产方式和生活方式,促进实现碳达峰、碳中和目标

续表

序号	发文日期	标题	文号	内容简介
16	2021 年 6 月 1 日	《中共中央关于加强对"一把手"和领导班子监督的意见》	—	加强对主要领导干部和领导班子的监督,是新时代坚持和加强党的全面领导,提高党的建设质量,推动全面从严治党向纵深发展的必然要求。为深入贯彻党的十九大和十九届二中、三中、四中、五中全会精神,落实全面从严治党主体责任和监督责任,就加强对"一把手"和领导班子监督提出了相关意见
17	2021 年 6 月 10 日	《关于印发〈地方政府专项债券项目资金绩效管理办法〉的通知》	财预〔2021〕61 号	财政部门、项目主管部门和项目单位以专项债券支持项目为对象,通过事前绩效评估、绩效目标管理、绩效运行监控、绩效评价管理、评价结果应用等环节,推动提升债券资金配置效率和使用效益
18	2021 年 6 月 24 日	《国务院办公厅关于加快发展保障性租赁住房的意见》	国办发〔2021〕22 号	保障性租赁住房由政府给予土地、财税、金融等政策支持,充分发挥市场机制作用,引导多主体投资、多渠道供给,坚持"谁投资、谁所有",主要利用集体经营性建设用地、企事业单位自有闲置土地、产业园区配套用地和存量闲置房屋建设,适当利用新供应国有建设用地建设,并合理配套商业服务设施。支持专业化规模化住房租赁企业建设和运营管理保障性租赁住房
19	2021 年 6 月 29 日	《国家发展改革委关于进一步做好基础设施领域不动产投资信托基金(REITs)试点工作的通知》	发改投资〔2021〕958 号	重点支持位于京津冀协同发展、长江经济带发展、粤港澳大湾区建设、长三角一体化发展、海南全面深化改革开放、黄河流域生态保护和高质量发展等国家重大战略区域,符合"十四五"有关战略规划和实施方案要求的基础设施项目,包括交通基础设施、能源基础设施等 9 类行业

序号	发文日期	标题	文号	内容简介
20	2021 年 7 月 9 日	《银行保险机构进一步做好地方政府隐性债务风险防范化解工作的指导意见》	银保监发〔2021〕15 号	持续做好常态化金融风险防范化解工作,进一步规范银行保险机构、地方政府相关融资业务,牢牢守住不发生系统性风险底线,各银行保险机构要严格执行地方政府融资相关政策要求,打消财政兜底幻觉,强化合规管理、尽职调查,严禁新增或虚假化解地方政府隐性债务,切实把控好金融闸门。各级监管机构要进一步加强监管,建立完善风险监测体系,制定风险应对预案、疏堵结合、精准施策,对新增或虚假化解的银行保险机构和负有责任的个人依法从严处罚
21	2021 年 8 月 6 日	《中国人民银行、国家发展改革委、财政部、银保监会、证监会关于促进债券市场信用评级行业健康发展的通知》	—	信用评级机构应当长期构建以违约率为核心的评级质量验证机制,制定实施方案,2022 年底前建立并使用能够实现合理区分度的评级方法体系,有效提升评级质量。评级方法体系应当遵循科学合理、客观全面的原则,促进定量和定性分析有机结合。信用评级机构应当每年对评级方法模型及代表性企业进行检验测试。鼓励评级机构按照信用等级定期披露代表性企业名单、评级要素表现及检验测试情况
22	2021 年 8 月 17 日	《关于推动公司信用类债券市场改革开放高质量发展的指导意见》	—	把主动防范化解债券市场风险放在更加重要的位置,筑牢市场准入、早期干预和处置退出三道防线,健全风险监测预警机制。进一步完善市场化、法治化的债券违约处置机制,提升市场出清效率。维护债券违约处置过程公正透明、平等自愿,充分保障投资者合法权益。强化发行人市场意识和法治意识,秉持"零容忍"态度,维护市场公平和秩序,依法严肃查处恶意转移资产、挪用发行资金等各类违法违规行为,严惩逃废债行为,禁止企业借债务重组和破产之机"甩包袱""卸担子"。强化属地风险处置责任,督促各类市场主体严格履行主体责任,建立良好的地方金融生态和信用环境

续表

序号	发文日期	标题	文号	内容简介
23	2021 年 8 月 30 日	《住房和城乡建设部关于在实施城市更新行动中防止大拆大建问题的通知》	建科〔2021〕63 号	不沿用过度房地产化的开发建设方式,不片面追求规模扩张带来的短期效益和经济利益。鼓励推动由"开发方式"向"经营模式"转变,探索政府引导、市场运作、公众参与的城市更新可持续模式,政府注重协调各类存量资源,加大财政支持力度,吸引社会专业企业参与运营,以长期运营收入平衡改造投入,鼓励现有资源所有者、居民出资参与微改造。支持项目策划、规划设计、建设运营一体化推进,鼓励功能混合和用途兼容,推行混合用地类型,采用疏解、腾挪、置换、租赁等方式,发展新业态、新场景、新功能
24	2021 年 10 月 8 日	《中共中央、国务院印发〈黄河流域生态保护和高质量发展规划纲要〉》	—	到 2030 年,黄河流域人水关系进一步改善,流域治理水平明显提高,生态共治、环境共保、城乡区域协调联动发展的格局逐步形成,现代化防洪减灾体系基本建成,水资源保障能力进一步提升,生态环境质量明显改善,国家粮食和能源基地地位持续巩固,以城市群为主的动力系统更加强劲,乡村振兴取得显著成效,黄河文化影响力显著扩大,基本公共服务水平明显提升,流域人民群众生活更为宽裕,获得感、幸福感、安全感显著增强
25	2021 年 10 月 19 日	《关于印发〈中央生态环境资金项目储备库入库指南(2021年)〉的通知》	环办科财〔2021〕22 号	按照"资金跟着项目走"的原则,大气、水、土壤污染防治资金及农村环境整治资金(未被涉农资金整合部分)支持的项目,均应纳入中央生态环境资金项目储备库管理范围。采用竞争性分配的中央生态环境资金,各地按申报指南要求申报项目,待财政部会同有关部门开展竞争性评择优确定项目后,纳入中央项目储备库。未纳入中央项目储备库的项目原则上不得安排资金支持

序号	发文日期	标题	文号	内容简介
26	2021 年 10 月 24 日	《国务院关于印发2030 年前碳达峰行动方案的通知》	国发〔2021〕23 号	将碳达峰贯穿于经济社会发展全过程和各方面,重点实施能源绿色低碳转型行动、节能降碳增效行动、工业领域碳达峰行动、城乡建设碳达峰行动、交通运输绿色低碳行动、循环经济助力降碳行动、绿色低碳科技创新行动、碳汇能力巩固提升行动、绿色低碳全民行动、各地区梯次有序碳达峰行动等"碳达峰十大行动"
27	2021 年 10 月 25 日	《国务院办公厅关于鼓励和支持社会资本参与生态保护修复的意见》	国办发〔2021〕40 号	社会资本可通过自主投资模式、与政府合作模式、公益参与模式参与生态保护修复,共同建设生态文明。通过以下方式在生态保护修复中获得收益:采取"生态保护修复+产业导入"方式,利用获得的自然资源资产使用权或特许经营权发展适宜产业;对投资形成的具有碳汇能力且符合相关要求的生态系统,申请核证碳汇增量并进行交易;通过经政府批准的资源综合利用获得收益等
28	2021 年 10 月 31 日	《国务院关于开展营商环境创新试点工作的意见》	国发〔2021〕24 号	为鼓励有条件的地方进一步瞄准最高标准、最高水平开展先行先试,加快构建与国际通行规则相衔接的营商环境制度体系,持续优化市场化法治化国际化营商环境,在北京、上海、重庆、杭州、广州、深圳 6 个城市开展首批试点,明确了 10 个方面 101 项改革举措
29	2021 年 11 月 2 日	《关于进一步推进国家级经开区创新提升更好发挥开放平台作用的通知》	商资函〔2021〕523 号	从认真做好综合发展水平考核评价工作、强化稳外贸稳外资示范带动作用、积极有序引导绿色低碳发展、维护产业链供应链稳定、加大财政金融支持、深化体制机制改革、加强开发区动态管理、加强经验复制推广和宣传工作、扎实做好基础工作 9 个方面明确下一步工作重点,提出工作要求

序号	发文日期	标题	文号	内容简介
30	2021 年 11 月 4 日	《住房和城乡建设部办公厅关于开展第一批城市更新试点工作的通知》	建办科函〔2021〕443 号	在 21 个城市(区)开展第一批城市更新试点工作,自 2021 年 11 月开始,为期 2 年。重点开展以下工作:探索城市更新统筹谋划机制;探索城市更新可持续模式;探索建立城市更新配套制度政策。分类探索更新改造技术方法和实施路径,鼓励制定适用于存量更新改造的标准规范
31	2021 年 11 月 10 日	《中国银保监会办公厅关于保险资金投资公开募集基础设施证券投资基金有关事项的通知》	银保监办发〔2021〕120 号	保险集团(控股)公司和保险公司自行投资基础设施基金的,应当具备不动产投资管理能力,最近一年资产负债管理能力评估结果不得低于 80 分,上季度末综合偿付能力充足率不得低于 150%;保险集团(控股)公司和保险公司委托保险资产管理公司及其他专业管理机构投资基础设施基金的,最近一年资产负债管理能力评估结果不得低于 60 分,上季度末综合偿付能力充足率不得低于 120%
32	2021 年 11 月 11 日	《地方政府专项债券用途调整操作指引》	财预〔2021〕110 号	专项债券资金使用,坚持以不调整为常态、调整为例外。专项债券一经发行,应当严格按照发行信息公开文件约定的项目用途使用债券资金,各地确因特殊情况需要调整的,应当严格履行规定程序,严禁擅自随意调整专项债券用途,严禁先挪用、后调整等行为
33	2021 年 11 月 29 日	《关于规范国有金融机构资产转让有关事项的通知》	财金〔2021〕102 号	国有金融机构资产转让原则上采取进场交易、公开拍卖、网络拍卖、竞争性谈判等公开交易方式进行。转让在公开市场交易的证券及金融衍生产品,应当通过依法设立的交易系统和交易场所进行。除国家另有规定外,未经公开竞价处置程序,国有金融机构不得采取直接协议转让方式向非国有受让人转让资产。属于集团内部资产转让、按照投资协议或合同约定条款履约退出、根据合同约定第三人行使优先购买权、将特定行业资产转让给国有及国有控股企业,以及经同级财政部门认可的其他情形,经国有金融机构按照授权机制审议决策后,可以采取直接协议转让方式进行交易

续表

序号	发文日期	标题	文号	内容简介
34	2021 年 12 月 15 日	《国家发展改革委关于进一步推进投资项目审批制度改革的若干意见》	发改投资〔2021〕1813 号	修订印发投资项目可行性研究制度规范,落实遏制高耗能、高排放项目盲目发展、推进实现碳达峰碳中和目标要求,将用地用海和规划选址、节能、节水、环保等要求落实到项目可行性研究中;研究借鉴将"环境、社会和治理"(ESG)等国际先进理念融入可行性研究框架体系,从源头上提高投资项目前期工作质量 研究修订投资项目评价规范,完善投资决策咨询评估机制,切实把好项目"准入关",切实防范"两高"项目盲目发展和违规政府投资项目盲目上马。涉及举债融资的项目,要将融资方案作为可行性研究论证重点,结合融资结构和项目收益来源,科学规划项目资金平衡方案
35	2021 年 12 月 16 日	《关于修订发布〈政府和社会资本合作(PPP)综合信息平台信息公开管理办法〉的通知》	财金〔2021〕110 号	PPP 项目信息公开的方式包括主动公开和依申请公开。PPP 项目参与方应当落实责任,按要求在 PPP 综合信息平台录入 PPP 项目信息。县级以上地方财政部门应对 PPP 项目参与方所录入的项目信息进行确认,并对本级所公开 PPP 项目信息的真实性、完整性、准确性、及时性负责。对于未纳入管理库自行以 PPP 名义实施的项目,以及违反本办法信息公开管理要求且未在限期内完成整改的项目,不得安排 PPP 项目相关财政资金
36	2021 年 12 月 21 日	《国务院办公厅关于印发要素市场化配置综合改革试点总体方案的通知》	国办发〔2021〕51 号	围绕推动国家重大战略实施,根据不同改革任务优先考虑选择改革需求迫切、工作基础较好、发展潜力较大的城市群、都市圈或中心城市等,开展要素市场化配置综合改革试点,严控试点数量和试点范围。党中央、国务院授权实施以及有关方面组织实施的涉及要素市场化配置的改革探索任务,原则上优先在试点地区开展。试点期限为 2021~2025 年。到 2023 年,试点工作取得阶段性成效,力争在土地、劳动力、资本、技术等要素市场化配置关键环节上实现重要突破,在数据要素市场化配置基础制度建设探索上取得积极进展。到 2025 年,基本完成试点任务,要素市场化配置改革取得标志性成果,为完善全国要素市场制度做出重要示范

序号	发文日期	标题	文号	内容简介
37	2021 年 12 月 29 日	《国家发展改革委办公厅关于加快推进基础设施领域不动产投资信托基金(REITs)有关工作的通知》	发改办投资〔2021〕1048 号	根据本地区基础设施现状、项目自身条件和前期准备情况等,认真梳理意向项目和储备项目,对符合条件的项目做好分类储备。全国基础设施 REITs 试点项目库要坚持统计监测和协调服务的功能定位,做到项目"愿入尽人、应人尽人",不得以任何理由拒绝项目入库。及时对项目进行分类辅导,加强项目谋划、储备、申报等全过程服务,推动做好发行准备工作

B.21
2021年影响中国城投行业发展十大事件

中国城市发展研究会城市建设投融资研究专业委员会委托现代咨询集团于2022年2月联合开展了"2021年影响中国城投行业发展十大事件"征集和评选活动，现将评选结果公布如下（以事件发生时间为序）。

第一件：交易商协会和交易所对城投债进行分档审理，对资金用途设置相应限制

1月起，交易商协会和交易所根据地方债务率分档情况及募集资金用途对城投债进行分档审理。按照地方债务红橙黄绿对其属地企业发行债券资金用途设置相应的限制。

第二件：国务院国资委表示力争到2021年底完成国企改革三年行动总体改革任务的70%以上

1月19日，国务院国资委秘书长、新闻发言人彭华岗表示，2021年将按照"可衡量、可考核、可检验、要办事的"的要求，倒排工期、挂图作战，全力打好攻坚战，力争到2021年底完成国企改革三年行动总体改革任务的70%以上，在重要领域、关键环节取得实质性突破，为2022年全面完成三年行动任务奠定坚实基础。

第三件：中国证监会正式取消公开发行公司债券信用评级的强制性规定

2月26日，中国证监会公布修订后的《公司债券发行与交易管理办法》，将原规定"发行人不包括地方政府融资平台公司"修改为"发行公司债券，应当符合地方政府性债务管理的相关规定，不得新增政府债务"，允许地方政府融资平台公司发债；正式取消公开发行公司债券信用评级的强制性规定。

第四件：国务院国资委印发《关于加强地方国有企业债务风险管控工作的指导意见》

2月28日，国务院国资委印发《关于加强地方国有企业债务风险管控工作的指导意见》（国资发财评规〔2021〕18号）。督促指导国有企业转变过度依赖举债投资做大规模的发展理念，规范平台公司重大项目的投融资管理，严控缺乏交易实质的变相融资行为。意见要求，全面推动国企深化改革，加快推进国有经济布局优化和结构调整，加速数字化、网络化、智能化转型升级，加快发展新技术、新模式、新业态，不断增强自主创新能力、市场核心竞争力和抗风险能力，有效增强抗风险能力。

第五件：国务院发布《关于进一步深化预算管理制度改革的意见》

4月13日，国务院发布《关于进一步深化预算管理制度改革的意见》（国发〔2021〕5号）。要求地方政府举借债务应当严格落实偿债资金来源，科学测算评估预期偿债收入，合理制定偿债计划；要求强化国有企事业单位监管，依法健全地方政府及其部门向企事业单位拨款机制，严禁地方政府以企业债务形式增加隐性债务，严禁地方政府通过金融机构违规融资或变相举债，提出要清理规范融资平台公司，剥离政府融资职能，对失去清偿能力的要依法实施破产重整或清算。

第六件：首批9单基础设施REITs试点项目在沪深证券交易所正式上市交易

5月14日，首批9单基础设施REITs试点项目在沪深证券交易所正式上市交易。这标志着我国公募REITs市场建设迈出了关键一步。其中，上海证券交易所5单，5单项目底层资产涵盖收费公路、污水处理、产业园和仓储物流四大类主流基础设施项目类型，分布北京、上海、江苏及浙江等重点区域，原始权益人涵盖国企和外资企业；深圳证券交易所4单，基础设施项目分布在北京、广州及深圳，包括垃圾处理及生物质发电、产业园区、收费公路和仓储物流四大类主流资产类型。

第七件：财政部等四部委发文要求将国有土地使用权出让收入划转至税务部门征收

5月21日，财政部、自然资源部、税务总局、中国人民银行联合印发了《关于将国有土地使用权出让收入、矿产资源专项收入、海域使用金、无居民海岛使用金四项政府非税收入划转税务部门征收有关问题的通知》（财综〔2021〕19号）。通知要求将由自然资源部门负责征收的四项政府非税收入全部划转给税务部门负责征收。

第八件：银保监会发布《银行保险机构进一步做好地方政府隐性债务风险防范化解工作的指导意见》

6月，银保监会发布《银行保险机构进一步做好地方政府隐性债务风险防范化解工作的指导意见》（银保监发〔2021〕15号）。意见再次收紧金融机构对地方政府融资平台的融资，要求金融机构贷款前必须查询地方融资平台是否仍承担政府隐性债务，不涉及地方政府隐性债务的平台公司，防止新增地方政府隐性债务。对承担地方政府隐性债务的平台公司，不得新发放流动资金贷款或流动资金贷款性质的融资，也不得为其参与地方政府专项债券项目提供配套融资。

第九件：2021全国城投公司总资产排行榜正式对外发布

9月1日，2021全国城投公司总资产排行榜正式对外发布。此排行榜是由中国城市发展研究会城市建设投融资研究专业委员会、现代咨询集团和城市投资网共同打造，也是自2014年以来连续第八年发布。

第十件：《城投蓝皮书：中国城投行业发展报告（2021）》正式出版发行

12月13日，《城投蓝皮书：中国城投行业发展报告（2021）》正式出版发行。该书由中国城市发展研究会城市建设投融资研究专业委员会、城市投资网和江苏现代资产投资管理顾问有限公司联合研创，是专注于中国城市建设领域和城建投融资平台发展研究的行业性年度权威报告，也是研究分析中国城市建设和城镇化发展过程中政府投融资活动情况以及城投公司运营状况和质量的综合性研究报告。

B.22

2021年全国城投公司总资产情况

单位：亿元

序号	省份	单位名称	资产总额
1	天津	天津城市基础设施建设投资集团有限公司*	8729.79
2	北京	北京市基础设施投资有限公司	7804.35
3	上海	上海城投（集团）有限公司*	7143.58
4	安徽	合肥市建设投资控股（集团）有限公司*	5502.87
5	山东	青岛城市建设投资（集团）有限责任公司*	4468.97
6	湖北	武汉市城市建设投资开发集团有限公司*	3695.09
7	广东	广州市城市建设投资集团有限公司*	3393.65
8	山东	济南城市建设集团有限公司	3107.16
9	江西	上饶投资控股集团有限公司	2809.74
10	黑龙江	哈尔滨市城市建设投资集团有限公司*	2767.68
11	吉林	长春市城市发展投资控股（集团）有限公司*	2735.82
12	云南	云南省康旅控股集团有限公司*	2559.15
13	江西	赣州发展投资控股集团有限责任公司	2519.25
14	甘肃	兰州投资（控股）集团有限公司	2447.56
15	湖南	长沙城市发展集团有限公司	2434.96
16	江西	九江市国有投资控股集团有限公司	2115.16
17	福建	福州城市建设投资集团有限公司*	2074.06
18	新疆	乌鲁木齐城市建设投资（集团）有限公司*	1945.03
19	陕西	西安城市基础设施建设投资集团有限公司*	1943.18
20	河北	石家庄国控城市发展投资集团有限责任公司	1904.65
21	湖北	汉江国有资本投资集团有限公司*	1890.89
22	广西	广西柳州市投资控股集团有限公司	1854.85
23	江苏	镇江城市建设产业集团有限公司*	1770.72
24	浙江	衢州市国有资本运营有限公司	1733.44
25	重庆	重庆市城市建设投资（集团）有限公司*	1718.98
26	江西	宜春发展投资集团有限公司	1707.66
27	江苏	扬州市城建国有资产控股（集团）有限责任公司*	1685.22
28	湖南	长沙市城市建设投资开发集团有限公司*	1676.18

序号	省　份	单位名称	资产总额
29	浙　江	杭州市城市建设投资集团有限公司＊	1672.79
30	山　东	济南城市投资集团有限公司＊	1671.60
31	江　西	九江市城市发展集团有限公司＊	1646.92
32	安　徽	江东控股集团有限责任公司＊	1584.78
33	四　川	成都城建投资管理集团有限责任公司＊	1576.39
34	浙　江	浙江嘉兴国有资本投资运营有限公司	1544.00
35	安　徽	淮北市建投控股集团有限公司＊	1518.82
36	山　东	淄博市城市资产运营集团有限公司	1516.93
37	安　徽	阜阳投资发展集团有限公司	1483.05
38	甘　肃	兰州建设投资（控股）集团有限公司＊	1450.47
39	江　苏	常州市城市建设（集团）有限公司＊	1447.92
40	安　徽	同安控股有限责任公司＊	1442.54
41	山　东	泰安市泰山财金投资集团有限公司	1426.87
42	贵　州	贵阳市城市建设投资集团有限公司＊	1421.20
43	江　西	赣州城市投资控股集团有限责任公司＊	1385.56
44	安　徽	建安投资控股集团有限公司	1380.42
45	广　西	广西柳州市东城投资开发集团有限公司＊	1370.45
46	吉　林	长春城投建设投资（集团）有限公司＊	1362.88
47	江　西	南昌市建设投资集团有限公司＊	1320.85
48	浙　江	温州市城市建设发展集团有限公司＊	1320.19
49	湖　南	株洲市城市建设发展集团有限公司＊	1317.41
50	江　苏	淮安市国有联合投资发展集团有限公司	1290.11
51	广　西	南宁城市建设投资集团有限责任公司＊	1259.17
52	湖　南	常德市城市建设投资集团有限公司	1251.83
53	江　苏	南京市城市建设投资控股（集团）有限责任公司＊	1250.00
54	福　建	泉州城建集团有限公司＊	1245.98
55	江　苏	无锡城建发展集团有限公司	1232.82
56	湖　南	衡阳市城市建设投资有限公司	1206.76
57	安　徽	阜阳市建设投资控股集团有限公司＊	1202.40
58	湖　南	岳阳市城市建设投资集团有限公司＊	1179.33
59	湖　北	黄石市城市发展投资集团有限公司＊	1175.67
60	河　南	商丘市发展投资集团有限公司	1168.63
61	四　川	绵阳市投资控股（集团）有限公司	1151.38
62	江　西	上饶市城市建设投资开发集团有限公司＊	1149.87

续表

序号	省　份	单位名称	资产总额
63	广　西	广西柳州市城市建设投资发展集团有限公司 *	1148.88
64	浙　江	湖州市城市投资发展集团有限公司 *	1136.84
65	内蒙古	赤峰市城市建设投资(集团)有限公司 *	1129.44
66	山　东	潍坊市城市建设发展投资集团有限公司 *	1126.23
67	江　西	吉安城投控股集团有限公司	1125.02
68	贵　州	贵州剑江控股集团有限公司	1106.66
69	安　徽	滁州市城市投资控股集团有限公司	1091.57
70	河　南	许昌市投资集团有限公司	1086.79
71	湖　北	宜昌城市发展投资集团有限公司 *	1086.01
72	江　苏	淮安市城市资产经营有限公司 *	1081.65
73	江　苏	连云港市城建控股集团有限公司 *	1073.58
74	江　苏	徐州市新盛投资控股集团有限公司 *	1062.71
75	吉　林	吉林市城市建设控股集团有限公司 *	1058.01
76	江　苏	南通城市建设集团有限公司	1053.07
77	四　川	乐山国有资产投资运营(集团)有限公司	1043.97
78	江　西	抚州市市属国有资产投资控股集团有限公司 *	1042.34
79	甘　肃	兰州新区城市发展投资集团有限公司 *	1033.38
80	山　西	太原市龙城发展投资集团有限公司 *	1020.68
81	四　川	凉山州发展(控股)集团有限责任公司	1017.79
82	四　川	达州市投资有限公司	1008.35
83	广　东	深圳市特区建设发展集团有限公司 *	991.46
84	四　川	泸州市兴泸投资集团有限公司	976.70
85	海　南	海口市城市建设投资有限公司 *	954.75
86	江　西	景德镇市国资运营投资控股集团有限责任公司	954.22
87	江　苏	盐城市城市建设投资集团有限公司 *	952.21
88	西　藏	拉萨市城市建设投资经营有限公司 *	951.60
89	内蒙古	呼伦贝尔城市建设投资(集团)有限责任公司 *	936.30
90	河　南	周口城投发展集团有限公司	921.16
91	安　徽	芜湖市建设投资有限公司	920.53
92	安　徽	宿州市城市建设投资集团(控股)有限公司 *	903.38
93	湖　南	邵阳市城市建设投资经营集团有限公司	895.98
94	湖　南	湘潭城乡建设发展集团有限公司	885.27
95	江　西	鹰潭市国有控股集团有限公司	879.53
96	河　北	沧州市建设投资集团有限公司 *	877.95

序号	省 份	单位名称	资产总额
97	浙 江	台州市国有资本运营集团有限公司	852.79
98	江 苏	苏州城市建设投资发展有限责任公司 *	851.99
99	河 南	洛阳城市发展投资集团有限公司	844.13
100	河 南	三门峡市投资集团有限公司	829.48
101	辽 宁	铁岭公共资产投资运营集团有限公司	824.17
102	安 徽	蚌埠市城市投资控股有限公司 *	822.76
103	四 川	德阳发展控股集团有限公司	822.42
104	山 东	济宁城投控股集团有限公司 *	817.48
105	辽 宁	锦州市国有资本投资运营(集团)有限公司	812.18
106	贵 州	遵义市投资(集团)有限责任公司	800.78
107	安 徽	六安城市建设投资有限公司	796.25
108	青 海	西宁城市投资管理有限公司 *	788.14
109	山 东	临沂城市建设投资集团有限公司	771.07
110	河 北	保定市国控集团有限责任公司	769.82
111	湖 北	湖北澴川国有资本投资运营集团有限公司	762.38
112	河 南	平顶山发展投资控股集团有限公司 *	759.25
113	陕 西	延安城市建设投资(集团)有限责任公司 *	758.18
114	江 苏	泰州市城市建设投资集团有限公司	748.03
115	安 徽	淮南建设发展控股(集团)有限公司 *	741.53
116	黑龙江	大庆市城市建设投资开发有限公司 *	730.84
117	新 疆	昌吉州国有资产投资经营集团有限公司	724.62
118	山 西	晋城市国有资本投资运营有限公司	718.35
119	四 川	遂宁兴业投资集团有限公司	717.33
120	海 南	三亚城市投资建设集团有限公司 *	716.26
121	湖 北	荆门市城市建设投资控股集团有限公司 *	715.00
122	云 南	昆明市城建投资开发有限责任公司 *	714.12
123	江 西	新余市投资控股集团有限公司 *	700.00
124	湖 北	十堰市城市发展控股集团有限公司	686.79
125	贵 州	贵州省铜仁市城市交通开发投资集团股份有限公司	685.58
126	浙 江	宁波城建投资控股有限公司 *	684.37
127	湖 北	荆州市城市发展控股集团有限公司 *	663.53
128	黑龙江	黑龙江省鹤城建设投资发展集团有限公司 *	657.24
129	吉 林	长春润德投资集团有限公司	655.89
130	浙 江	绍兴市城市建设投资集团有限公司 *	653.39

续表

序号	省 份	单位名称	资产总额
131	浙 江	丽水市城市建设投资有限责任公司	651.48
132	安 徽	铜陵市建设投资控股有限责任公司	649.12
133	四 川	资阳发展投资集团有限公司	634.85
134	辽 宁	大连市城市建设投资集团有限公司	633.34
135	江 西	景德镇市城市建设投资集团有限责任公司*	621.56
136	新 疆	乌鲁木齐经济技术开发区建设投资开发(集团)有限公司*	620.03
137	河 南	开封市发展投资集团有限公司	617.16
138	四 川	眉山发展控股集团有限公司	602.12
139	新 疆	伊犁哈萨克自治州财通国有资产经营有限责任公司	600.14
140	安 徽	合肥市滨湖新区建设投资有限公司*	595.93
141	浙 江	舟山海城建设投资集团有限公司*	587.33
142	山 东	临沂城市发展集团有限公司*	586.40
143	陕 西	渭南市城市投资集团有限公司*	583.67
144	安 徽	宣城市国有资本投资运营控股集团有限公司	579.91
145	山 东	菏泽投资发展集团有限公司	576.17
146	安 徽	亳州城建发展控股集团有限公司*	575.33
147	陕 西	榆林市城市投资经营集团有限公司*	571.24
148	山 西	大同市经济建设投资集团有限责任公司*	570.05
149	陕 西	咸阳市城市建设投资控股集团有限公司*	555.87
150	河 南	驻马店市城乡建设投资集团有限公司	555.86
151	湖 南	郴州市发展投资集团有限公司*	551.31
152	湖 南	永州市城市发展集团有限责任公司*	541.75
153	内蒙古	通辽市城市投资集团有限公司*	540.79
154	河 北	唐山市城市发展集团有限公司*	525.75
155	陕 西	宝鸡市投资(集团)有限公司*	524.26
156	广 西	钦州市开发投资集团有限公司	523.95
157	江 西	萍乡市城市建设投资集团有限公司	522.06
158	湖 南	张家界市经济发展投资集团有限公司	516.26
159	广 西	梧州市城建投资发展集团有限公司	516.26
160	江 西	宜春市城市建设投资开发有限公司*	514.68
161	四 川	巴中市国有资本运营集团有限公司	510.61
162	四 川	自贡市国有资本投资运营集团有限公司	508.94
163	黑龙江	双鸭山市大地城市建设开发投资有限公司	507.22
164	河 南	郑州市建设投资集团有限公司*	503.97

序号	省 份	单位名称	资产总额
165	河 南	濮阳投资集团有限公司	492.33
166	福 建	福建漳州城投集团有限公司	489.25
167	湖 北	黄冈市城市建设投资有限公司 *	478.33
168	河 南	南阳投资集团有限公司	477.91
169	四 川	广元市投资发展集团有限公司	475.93
170	四 川	南充发展投资(控股)有限责任公司	470.74
171	福 建	龙岩城市发展集团有限公司	465.18
172	河 北	邯郸城市发展投资集团有限公司 *	464.55
173	新 疆	新疆维吾尔自治区哈密市国有资产投资经营有限公司	457.08
174	河 南	周口市投资集团有限公司 *	443.59
175	贵 州	黔东南州开发投资(集团)有限责任公司	443.45
176	山 东	德州德达城市建设投资运营有限公司	442.21
177	广 东	肇庆市国联投资控股有限公司	432.67
178	广 东	江门市城市发展投资集团有限公司	415.07
179	河 南	漯河市城市投资控股集团有限公司 *	414.33
180	四 川	内江投资控股集团有限公司	413.32
181	宁 夏	银川通联资本投资运营有限公司	412.25
182	河 南	许昌市建设投资有限责任公司 *	411.39
183	新 疆	博尔塔拉蒙古自治州国有资产投资经营有限责任公司	406.47
184	辽 宁	本溪市城市建设投资发展有限公司 *	405.91
185	湖 北	仙桃市城市建设投资开发有限公司 *	401.90
186	山 西	晋中市公用基础设施投资控股(集团)有限公司	400.18
187	湖 南	娄底市城市发展集团有限公司 *	397.17
188	江 苏	扬中市城市建设投资发展集团有限公司 *	393.34
189	四 川	雅安发展投资有限责任公司	389.31
190	贵 州	黔西南州兴安开发投资股份有限公司	388.50
191	黑龙江	佳木斯市新时代城市基础设施建设投资(集团)有限公司 *	388.42
192	贵 州	毕节市建设投资有限公司	388.01
193	贵 州	安顺市城市建设投资有限责任公司 *	387.78
194	江 苏	宿迁市城市建设投资(集团)有限公司	387.34
195	福 建	莆田市城市建设投资开发集团有限公司	386.10
196	福 建	三明市城市建设投资集团有限公司	372.20
197	山 西	忻州资产经营集团有限公司	370.40
198	河 北	河北顺德投资集团有限公司	368.82

续表

序号	省　份	单位名称	资产总额
199	湖　北	潜江市城市建设投资开发有限公司 *	364.15
200	山　西	临汾市投资集团有限公司 *	363.59
201	浙　江	金华市城市建设投资集团有限公司	360.49
202	新　疆	克拉玛依市城市建设投资发展有限责任公司 *	359.88
203	湖　南	怀化市城市建设投资有限公司	358.49
204	浙　江	台州市城市建设投资发展集团有限公司 *	356.88
205	河　南	焦作市投资集团有限公司 *	353.59
206	广　西	广西百色开发投资集团有限公司	353.23
207	湖　北	鄂州市城市建设投资有限公司 *	347.96
208	陕　西	陕西省西咸新区秦汉新城开发建设集团有限责任公司 *	345.77
209	黑龙江	鸡西市国有资产经营管理有限公司	338.41
210	河　南	信阳华信投资集团有限责任公司	337.52
211	云　南	玉溪市开发投资有限公司	336.96
212	广　东	汕头市投资控股集团有限公司	334.63
213	辽　宁	营口市城市建设投资发展有限公司 *	334.40
214	安　徽	黄山城投集团有限公司	334.22
215	河　南	新乡投资集团有限公司 *	332.80
216	广　西	广西崇左市城市建设投资发展集团有限公司	320.58
217	河　北	承德市国控投资集团有限责任公司	319.48
218	湖　北	随州市城市投资集团有限公司	316.77
219	新　疆	喀什城建投资集团有限公司	314.02
220	内蒙古	鄂尔多斯市城市建设投资集团有限公司 *	309.64
221	山　东	东营市城市建设投资集团有限公司 *	304.29
222	山　东	邹平市国有资产投资控股有限公司 *	297.21
223	湖　南	益阳市城市建设投资运营集团有限责任公司 *	292.96
224	河　南	安阳投资集团有限公司 *	284.88
225	新　疆	巴州国信建设发展投融资有限公司	283.50
226	甘　肃	平凉市城乡发展建设投资集团有限公司	282.20
227	安　徽	池州建设投资集团有限公司	282.17
228	河　南	鹤壁投资集团有限公司 *	276.35
229	山　东	滨州城建投资集团有限公司	272.07
230	云　南	临沧市国有资本投资运营集团有限公司	270.83
231	广　东	湛江市基础设施建设投资集团有限公司 *	261.26
232	山　东	威海城市投资集团有限公司	252.22

续表

序号	省　份	单位名称	资产总额
233	吉　林	四平市城市发展投资控股有限公司*	251.03
234	广　东	佛山市建设开发投资有限公司	248.13
235	湖　北	恩施城市建设投资有限公司	244.05
236	广　东	东莞实业投资控股集团有限公司*	243.90
237	山　东	聊城市财信投资控股集团有限公司	242.83
238	河　北	廊坊市投资控股集团有限公司	241.81
239	山　西	运城市城市建设投资开发集团有限公司*	234.09
240	河　北	张家口建设发展集团有限公司	224.02
241	湖　北	天门市城市建设投资有限公司*	217.74
242	宁　夏	银川市城市建设投资控股有限公司*	216.74
243	广　西	防城港市港发控股集团有限公司	209.15
244	广　西	广西贵港市城市投资发展集团有限公司	208.12
245	河　北	衡水市建设投资集团有限公司	201.79
246	内蒙古	兴安盟城市投资集团有限公司*	201.50
247	西　藏	日喀则珠峰城市投资发展集团有限公司	200.51
248	河　南	焦作市建设投资(控股)有限公司*	191.65
249	广　西	玉林市城市建设投资集团有限公司	187.96
250	内蒙古	乌兰察布市投资开发有限公司*	183.07
251	山　东	枣庄市基础设施投资发展集团有限公司	180.28
252	山　东	日照市城市建设投资集团有限公司*	180.06
253	湖　南	永州市经济建设投资发展集团有限责任公司*	178.95
254	安　徽	宣城市城市建设集团有限公司	177.03
255	广　东	中山城市建设集团有限公司	173.85
256	新　疆	和田玉鑫国有资产投资经营有限责任公司	173.10
257	山　东	菏泽市城市开发投资有限公司*	169.73
258	云　南	曲靖市开发投资有限责任公司	160.79
259	广　东	清远市德晟投资集团有限公司	154.19
260	新　疆	吐鲁番地区国有资产投资经营有限责任公司	150.54
261	广　西	北海市城市开发投资集团有限公司	150.15
262	四　川	广安发展建设集团有限公司	149.89
263	四　川	攀枝花城建交通(集团)有限公司*	146.58
264	广　东	阳江市城市投资集团有限公司	146.29
265	新　疆	阿勒泰地区国有资产投资经营有限公司	143.42
266	陕　西	汉中市城市建设投资开发有限公司	134.79

序号	省　份	单位名称	资产总额
267	陕　西	商洛市城市建设投资开发有限公司	134.35
268	广　东	韶关市城市投资发展集团有限公司＊	133.20
269	陕　西	铜川市国有资本投资运营有限公司	133.06
270	甘　肃	定西国有投资(控股)集团有限公司	132.38
271	河　北	秦皇岛城市发展投资控股集团有限公司＊	131.85
272	广　西	河池市城市投资建设发展有限公司	129.48
273	山　西	朔州市投资建设开发有限公司	118.91
274	吉　林	通化市丰源投资开发有限公司	115.08
275	安　徽	亳州交通投资控股集团有限公司＊	108.81
276	甘　肃	天水市城市建设投资(集团)有限公司＊	106.52
277	湖　南	湘西自治州吉凤投资开发有限责任公司	105.09
278	广　东	汕尾市投资控股有限公司	74.37
279	吉　林	通化市城建投资集团有限公司＊	42.92
280	黑龙江	绥芬河海融城市建设投资发展有限公司＊	20.74
281	辽　宁	朝阳市建设投资有限公司＊	16.66

资料来源：根据各公司年度审计报告等公开资料统计以及城投协会会员单位（名称带＊）报送数据。

B.23

2021年全国城投公司负债率情况

单位：%

负债率区间	省　份	单位名称	负债率
30%以下 7家	山　东	东营市城市建设投资集团有限公司 *	15.89
	广　西	北海市城市开发投资集团有限公司	21.11
	内蒙古	鄂尔多斯市城市建设投资集团有限公司 *	22.34
	山　西	朔州市投资建设开发有限公司	24.97
	云　南	曲靖市开发投资有限责任公司	25.64
	广　西	河池市城市投资建设发展有限公司	27.02
	吉　林	通化市城建投资集团有限公司 *	28.70
30%~39.99% 15家	江　苏	苏州城市建设投资发展有限责任公司 *	30.51
	广　东	汕头市投资控股集团有限公司	30.88
	辽　宁	营口市城市建设投资发展有限公司 *	31.66
	辽　宁	大连市城市建设投资集团有限公司	32.43
	吉　林	通化市丰源投资开发有限公司	33.33
	山　东	枣庄市基础设施投资发展集团有限公司	33.97
	重　庆	重庆市城市建设投资（集团）有限公司 *	35.27
	新　疆	巴州国信建设发展投融资有限公司	35.93
	新　疆	和田玉鑫国有资产投资经营有限责任公司	37.58
	河　南	周口城投发展集团有限公司	38.23
	山　东	菏泽投资发展集团有限公司	38.26
	山　东	邹平市国有资产投资控股有限公司 *	39.25
	安　徽	六安城市建设投资有限公司	39.26
	新　疆	吐鲁番地区国有资产投资经营有限责任公司	39.40
	黑龙江	哈尔滨市城市建设投资集团有限公司 *	39.50
40%~49.99% 38家	安　徽	滁州市城市投资控股集团有限公司	40.03
	新　疆	新疆维吾尔自治区哈密市国有资产投资经营有限公司	41.04
	宁　夏	银川市城市建设投资控股有限公司 *	41.15
	四　川	攀枝花城建交通（集团）有限公司 *	41.96
	湖　北	随州市城市投资集团有限公司	42.37
	内蒙古	兴安盟城市投资集团有限公司 *	42.37

续表

负债率区间	省 份	单位名称	负债率
	湖 南	永州市城市发展集团有限责任公司*	42.61
	河 南	焦作市建设投资(控股)有限公司*	43.12
	湖 北	黄冈市城市建设投资有限公司*	43.22
	四 川	眉山发展控股集团有限公司	43.82
	辽 宁	锦州市国有资本投资运营(集团)有限公司	44.02
	内蒙古	乌兰察布市投资开发有限公司*	44.17
	安 徽	池州建设投资集团有限公司	44.74
	湖 南	郴州市发展投资集团有限公司*	44.96
	湖 南	娄底市城市发展集团有限公司*	45.01
	黑龙江	佳木斯市新时代城市基础设施建设投资(集团)有限公司*	45.48
	湖 南	常德市城市建设投资集团有限公司	45.65
	内蒙古	呼伦贝尔城市建设投资(集团)有限责任公司*	45.87
	黑龙江	双鸭山市大地城市建设开发投资有限公司	45.90
	云 南	玉溪市开发投资有限公司	45.94
	内蒙古	通辽市城市投资集团有限公司*	46.17
40%~49.99% 38家	山 东	德州德达城市建设投资运营有限公司	46.60
	贵 州	贵州省铜仁市城市交通开发投资集团股份有限公司	47.16
	河 北	廊坊市投资控股集团有限公司	47.38
	吉 林	长春市城市发展投资控股(集团)有限公司*	47.73
	广 西	南宁城市建设投资集团有限责任公司*	47.77
	四 川	遂宁兴业投资集团有限公司	48.12
	河 北	秦皇岛城市发展投资控股集团有限公司*	48.18
	新 疆	克拉玛依市城市建设投资发展有限责任公司*	48.28
	山 东	威海城市投资集团有限公司	48.50
	江 西	九江市国有投资控股集团有限公司	48.90
	广 东	汕尾市投资控股有限公司	48.96
	安 徽	亳州交通投资控股集团有限公司*	49.03
	宁 夏	银川通联资本投资运营有限公司	49.14
	河 北	邯郸城市发展投资集团有限公司*	49.18
	广 东	江门市城市发展投资集团有限公司*	49.23
	四 川	雅安发展投资有限责任公司	49.31
	福 建	泉州城建集团有限公司*	49.84

续表

负债率区间	省 份	单位名称	负债率
	吉 林	长春城投建设投资(集团)有限公司*	50.17
	四 川	泸州市兴泸投资集团有限公司	50.37
	浙 江	衢州市国有资本运营有限公司	50.55
	湖 南	益阳市城市建设投资运营集团有限责任公司*	50.62
	安 徽	铜陵市建设投资控股有限责任公司	50.97
	贵 州	贵阳市城市建设投资集团有限公司*	51.03
	黑龙江	大庆市城市建设投资开发有限公司*	51.13
	江 苏	淮安市城市资产经营有限公司*	51.26
	江 苏	扬中市城市建设投资发展集团有限公司*	51.26
	安 徽	芜湖市建设投资有限公司	51.64
	四 川	广安发展建设集团有限公司	51.86
	湖 北	十堰市城市发展控股集团有限公司	52.06
	新 疆	喀什城建投资集团有限公司	52.20
	上 海	上海城投(集团)有限公司*	52.27
	湖 北	潜江市城市建设投资开发有限公司*	52.33
	河 南	许昌市投资集团有限公司	52.41
50%~59.99% 97家	湖 南	永州市经济建设投资发展集团有限责任公司*	52.42
	吉 林	长春润德投资集团有限公司	52.49
	安 徽	同安控股有限责任公司*	52.55
	广 东	阳江市城市投资集团有限公司	52.60
	山 西	晋中市公用基础设施投资控股(集团)有限公司	52.64
	广 东	东莞实业投资控股集团有限公司*	52.67
	黑龙江	鸡西市国有资产经营管理有限公司	52.74
	贵 州	安顺市城市建设投资有限责任公司*	52.82
	山 东	临沂城市建设投资集团有限公司	52.89
	陕 西	铜川市国有资本投资运营有限公司	52.90
	江 西	九江市城市发展集团有限公司*	52.93
	贵 州	黔东南州开发投资(集团)有限责任公司	53.14
	湖 南	湘西自治州吉凤投资开发有限责任公司	53.15
	湖 南	长沙市城市建设投资开发集团有限公司*	53.21
	新 疆	乌鲁木齐城市建设投资(集团)有限公司*	53.36
	河 南	信阳华信投资集团有限责任公司	53.38
	湖 南	邵阳市城市建设投资经营集团有限公司	53.54
	内蒙古	赤峰市城市建设投资(集团)有限公司*	53.82

负债率区间	省 份	单 位 名 称	负债率
	浙 江	金华市城市建设投资集团有限公司	53.93
	安 徽	合肥市滨湖新区建设投资有限公司 *	53.99
	四 川	凉山州发展(控股)集团有限责任公司	54.00
	广 西	梧州市城建投资发展集团有限公司	54.01
	湖 南	怀化市城市建设投资有限公司	54.15
	福 建	龙岩城市发展集团有限公司	54.43
	广 西	广西百色开发投资集团有限公司	54.51
	山 东	菏泽市城市开发投资有限公司 *	54.62
	山 东	聊城市财信投资控股集团有限公司	54.64
	湖 北	天门市城市建设投资有限公司 *	54.65
	河 南	濮阳投资集团有限公司	54.70
	河 北	沧州市建设投资集团有限公司 *	54.75
	黑龙江	黑龙江省鹤城建设投资发展集团有限公司 *	54.81
	浙 江	丽水市城市建设投资有限责任公司	54.92
	安 徽	江东控股集团有限责任公司 *	55.07
	江 西	上饶投资控股集团有限公司	55.36
50%~59.99% 97家	江 苏	淮安市国有联合投资发展集团有限公司	55.50
	湖 北	仙桃市城市建设投资开发有限公司 *	55.54
	河 北	衡水市建设投资集团有限公司	55.73
	广 东	广州市城市建设投资集团有限公司 *	55.74
	四 川	自贡市国有资本投资运营集团有限公司	55.74
	湖 南	长沙城市发展集团有限公司	56.02
	河 南	三门峡市投资集团有限公司	56.51
	广 东	湛江市基础设施建设投资集团有限公司 *	56.52
	广 西	钦州市开发投资集团有限公司	56.55
	广 东	深圳市特区建设发展集团有限公司 *	56.93
	江 西	吉安城投控股集团有限公司	56.98
	河 南	洛阳城市发展投资集团有限公司	57.00
	福 建	福州城市建设投资集团有限公司 *	57.07
	安 徽	宣城市国有资本投资运营控股集团有限公司	57.10
	四 川	内江投资控股集团有限公司	57.12
	河 南	焦作市投资集团有限公司 *	57.19
	河 北	唐山市城市发展集团有限公司 *	57.26
	山 东	潍坊市城市建设发展投资集团有限公司 *	57.27

续表

负债率区间	省　份	单位名称	负债率
	江　苏	南京市城市建设投资控股(集团)有限责任公司 *	57.31
	四　川	巴中市国有资本运营集团有限公司	57.39
	新　疆	伊犁哈萨克自治州财通国有资产经营有限责任公司	57.43
	云　南	昆明市城建投资开发有限责任公司 *	57.59
	安　徽	黄山城投集团有限公司	57.62
	广　西	广西崇左市城市建设投资发展集团有限公司	57.84
	安　徽	蚌埠市城市投资控股有限公司 *	57.88
	广　西	防城港市港发控股集团有限公司	57.93
	湖　北	恩施城市建设投资有限公司	58.04
	河　南	平顶山发展投资控股集团有限公司 *	58.08
	江　西	萍乡市城市建设投资集团有限公司	58.18
	江　西	宜春发展投资集团有限公司	58.56
	河　北	石家庄国控城市发展投资集团有限责任公司	58.65
50%~59.99% 97家	湖　南	衡阳市城市建设投资有限公司	58.66
	四　川	资阳发展投资集团有限公司	58.84
	湖　北	黄石市城市发展投资集团有限公司 *	58.85
	山　西	临汾市投资集团有限公司 *	58.86
	吉　林	吉林市城市建设控股集团有限公司 *	58.90
	安　徽	宿州市城市建设投资集团(控股)有限公司 *	58.90
	江　西	鹰潭市国有控股集团有限公司	58.91
	甘　肃	兰州新区城市发展投资集团有限公司 *	58.97
	新　疆	阿勒泰地区国有资产投资经营有限公司	59.06
	广　西	玉林市城市建设投资集团有限公司	59.15
	江　西	景德镇市城市建设投资集团有限责任公司 *	59.43
	浙　江	台州市城市建设投资发展集团有限公司 *	59.62
	山　东	淄博市城市资产运营集团有限公司	59.64
	安　徽	淮北市建投控股集团有限公司 *	59.66
	贵　州	毕节市建设投资有限公司	59.78
	山　东	滨州城建投资集团有限公司	59.80
	吉　林	四平市城市发展投资控股有限公司 *	60.31
	河　南	安阳投资集团有限公司 *	60.44
60%~69.99% 110家	浙　江	绍兴市城市建设投资集团有限公司 *	60.45
	河　南	鹤壁投资集团有限公司 *	60.49
	湖　南	张家界市经济发展投资集团有限公司	60.67

续表

负债率区间	省 份	单位名称	负债率
	江 苏	南通城市建设集团有限公司	60.68
	贵 州	遵义市投资(集团)有限责任公司	60.76
	甘 肃	天水市城市建设投资(集团)有限公司*	60.90
	河 南	新乡投资集团有限公司*	60.97
	陕 西	西安城市基础设施建设投资集团有限公司*	61.09
	陕 西	咸阳市城市建设投资控股集团有限公司*	61.14
	山 西	晋城市国有资本投资运营有限公司	61.27
	安 徽	淮南建设发展控股(集团)有限公司*	61.39
	广 东	中山城市建设集团有限公司	61.49
	河 南	南阳投资集团有限公司	61.53
	四 川	达州市投资有限公司	61.63
	河 北	保定市国控集团有限责任公司	61.72
	湖 北	汉江国有资本投资集团有限公司*	61.74
	江 西	抚州市市属国有资产投资控股集团有限公司*	61.79
	浙 江	宁波城建投资控股有限公司*	61.82
	河 南	开封市发展投资集团有限公司	61.93
60%~69.99% 110家	浙 江	台州市国有资本运营集团有限公司	61.95
	江 苏	镇江城市建设产业集团有限公司*	61.99
	山 东	临沂城市发展集团有限公司*	62.15
	黑龙江	绥芬河海融城市建设投资发展有限公司*	62.15
	江 西	赣州城市投资控股集团有限责任公司*	62.24
	新 疆	博尔塔拉蒙古自治州国有资产投资经营有限责任公司	62.37
	湖 北	鄂州市城市建设投资有限公司*	62.40
	四 川	德阳发展控股集团有限公司	62.51
	广 西	广西贵港市城市投资发展集团有限公司	62.70
	湖 北	湖北潢川国有资本投资运营集团有限公司	62.85
	河 南	许昌市建设投资有限责任公司*	62.86
	安 徽	阜阳市建设投资控股集团有限公司*	62.87
	安 徽	合肥市建设投资控股(集团)有限公司*	62.92
	贵 州	贵州剑江控股集团有限公司	63.00
	福 建	莆田市城市建设投资开发集团有限公司	63.09
	陕 西	渭南市城市投资集团有限公司*	63.12
	辽 宁	本溪市城市建设投资发展有限公司*	63.25
	山 东	青岛城市建设投资(集团)有限责任公司*	63.29

负债率区间	省　份	单位名称	负债率
	浙　江	舟山海城建设投资集团有限公司 *	63.30
	安　徽	宣城市城市建设集团有限公司	63.35
	云　南	临沧市国有资本投资运营集团有限公司	63.37
	福　建	三明市城市建设投资集团有限公司	63.38
	山　西	忻州资产经营集团有限公司	63.54
	陕　西	榆林市城市投资经营集团有限公司 *	63.55
	陕　西	汉中市城市建设投资开发有限公司	63.57
	河　南	郑州市建设投资集团有限公司 *	63.57
	甘　肃	定西国有投资(控股)集团有限公司	63.58
	江　西	上饶市城市建设投资开发集团有限公司 *	63.66
	广　东	韶关市城市投资发展集团有限公司 *	63.66
	湖　南	株洲市城市建设发展集团有限公司 *	63.69
	江　西	景德镇市国资运营投资控股集团有限责任公司	63.79
	广　西	广西柳州市城市建设投资发展集团有限公司 *	63.80
	四　川	乐山国有资产投资运营(集团)有限公司	63.93
	安　徽	建安投资控股集团有限公司	64.05
60%~69.99% 110家	海　南	三亚城市投资建设集团有限公司 *	64.30
	新　疆	昌吉州国有资产投资经营集团有限公司	64.44
	湖　北	荆门市城市建设投资控股集团有限公司 *	64.48
	浙　江	杭州市城市建设投资集团有限公司 *	64.60
	安　徽	亳州城建发展控股集团有限公司 *	64.74
	安　徽	阜阳投资发展集团有限公司	64.82
	海　南	海口市城市建设投资有限公司 *	64.89
	湖　南	湘潭城乡建设发展集团有限公司	64.90
	浙　江	湖州市城市投资发展集团有限公司 *	64.92
	河　南	漯河市城市投资控股集团有限公司 *	64.92
	江　西	赣州发展投资控股集团有限责任公司	65.20
	江　苏	宿迁市城市建设投资(集团)有限公司	65.40
	甘　肃	平凉市城乡发展建设投资集团有限公司	65.50
	北　京	北京市基础设施投资有限公司	65.56
	江　苏	无锡城建发展集团有限公司	65.75
	江　苏	常州市城市建设(集团)有限公司 *	65.85
	山　西	太原市龙城发展投资集团有限公司 *	65.91
	浙　江	浙江嘉兴国有资本投资运营有限公司	66.02

续表

负债率区间	省份	单位名称	负债率
	天津	天津城市基础设施建设投资集团有限公司*	66.06
	江苏	扬州市城建国有资产控股(集团)有限责任公司*	66.20
	河南	商丘市发展投资集团有限公司	66.21
	陕西	商洛市城市建设投资开发有限公司	66.39
	江苏	徐州市新盛投资控股集团有限公司*	66.50
	四川	南充发展投资(控股)有限责任公司	66.58
	山西	运城市城市建设投资开发集团有限公司*	66.74
	山东	济宁城投控股集团有限公司*	66.80
	山西	大同市经济建设投资集团有限责任公司*	66.86
	河北	张家口建设发展集团有限公司	67.57
	浙江	温州市城市建设发展集团有限公司*	67.61
	青海	西宁城市投资管理有限公司*	67.66
	广东	清远市德晟投资集团有限公司	67.73
	贵州	黔西南州兴安开发投资股份有限公司	67.74
	河北	河北顺德投资集团有限公司	67.81
	湖北	宜昌城市发展投资集团有限公司*	68.03
60%~69.99%	山东	泰安市泰山财金投资集团有限公司	68.04
110家	湖北	武汉市城市建设投资开发集团有限公司*	68.09
	湖南	岳阳市城市建设投资集团有限公司*	68.09
	西藏	日喀则珠峰城市投资发展集团有限公司	68.26
	江西	宜春市城市建设投资开发有限公司*	68.27
	江苏	泰州市城市建设投资集团有限公司	68.47
	新疆	乌鲁木齐经济技术开发区建设投资开发(集团)有限公司*	68.47
	西藏	拉萨市城市建设投资经营有限公司*	68.55
	广西	广西柳州市投资控股集团有限公司	68.59
	福建	福建漳州城投集团有限公司	68.69
	河南	周口市投资集团有限公司*	68.76
	河北	承德市国控投资集团有限责任公司	68.82
	河南	驻马店市城乡建设投资集团有限公司	68.91
	广东	佛山市建设开发投资有限公司	69.16
	湖北	荆州市城市发展控股集团有限公司*	69.23
	广西	广西柳州市东城投资开发集团有限公司*	69.30
	广东	肇庆市国联投资控股有限公司	69.31
	江苏	盐城市城市建设投资集团有限公司*	69.34

续表

负债率区间	省 份	单位名称	负债率
60%~69.99% 110家	陕 西	陕西省西咸新区秦汉新城开发建设集团有限责任公司 *	69.35
	江 西	南昌市建设投资集团有限公司 *	69.43
	四 川	广元市投资发展集团有限公司	69.45
70%及以上 13家	四 川	绵阳市投资控股(集团)有限公司	70.91
	甘 肃	兰州投资(控股)集团有限公司	71.86
	江 苏	连云港市城建控股集团有限公司 *	72.08
	四 川	成都城建投资管理集团有限责任公司 *	72.55
	甘 肃	兰州建设投资(控股)集团有限公司 *	72.66
	山 东	日照市城市建设投资集团有限公司 *	72.97
	山 东	济南城市投资集团有限公司 *	73.15
	山 东	济南城市建设集团有限公司	73.63
	陕 西	宝鸡市投资(集团)有限公司 *	77.29
	云 南	云南省康旅控股集团有限公司 *	77.50
	陕 西	延安城市建设投资(集团)有限责任公司 *	77.94
	辽 宁	铁岭公共资产投资运营集团有限公司	79.32
	辽 宁	朝阳市建设投资有限公司 *	88.65

资料来源：根据各公司年度审计报告等公开资料统计以及城投协会会员单位（名称带 * ）报送数据。

B.24
2021年全国城投公司主体信用评级情况

数目	省 份	单位名称	等级	评级单位
AAA 46家	北 京	北京市基础设施投资有限公司	AAA	联合资信
	吉 林	长春城投建设投资(集团)有限公司*	AAA	联合资信
	吉 林	长春市城市发展投资控股(集团)有限公司*	AAA	中诚信国际
	湖 南	长沙城市发展集团有限公司	AAA	大公国际
	湖 南	长沙市城市建设投资开发集团有限公司*	AAA	东方金诚
	江 苏	常州市城市建设(集团)有限公司*	AAA	东方金诚
	四 川	成都城建投资管理集团有限责任公司*	AAA	中证鹏元
	福 建	福州城市建设投资集团有限公司*	AAA	联合资信
	江 西	赣州发展投资控股集团有限责任公司	AAA	东方金诚
	广 东	广州市城市建设投资集团有限公司*	AAA	联合资信
	贵 州	贵阳市城市建设投资集团有限公司*	AAA	东方金诚
	浙 江	杭州市城市建设投资集团有限公司*	AAA	联合资信
	湖 北	汉江国有资本投资集团有限公司*	AAA	东方金诚
	安 徽	合肥市建设投资控股(集团)有限公司*	AAA	中诚信国际
	浙 江	湖州市城市投资发展集团有限公司*	AAA	中证鹏元
	江 西	九江市国有投资控股集团有限公司	AAA	远东资信
	山 东	济南城市建设集团有限公司	AAA	中证鹏元
	山 东	济南城市投资集团有限公司*	AAA	联合资信
	山 东	临沂城市建设投资集团有限公司	AAA	东方金诚
	江 西	南昌市建设投资集团有限公司*	AAA	东方金诚
	江 苏	南京市城市建设投资控股(集团)有限责任公司*	AAA	中诚信国际
	江 苏	南通城市建设集团有限公司	AAA	中诚信国际
	浙 江	宁波城建投资控股有限公司*	AAA	中诚信国际
	山 东	青岛城市建设投资(集团)有限责任公司*	AAA	联合资信
	福 建	泉州城建集团有限公司*	AAA	中诚信国际
	上 海	上海城投(集团)有限公司*	AAA	新世纪评级
	江 西	上饶投资控股集团有限公司	AAA	东方金诚
	浙 江	绍兴市城市建设投资集团有限公司*	AAA	联合资信
	广 东	深圳市特区建设发展集团有限公司*	AAA	新世纪评级

数目	省　份	单位名称	等级	评级单位
AAA 46家	河　北	石家庄国控城市发展投资集团有限责任公司	AAA	中诚信国际
	江　苏	苏州城市建设投资发展有限责任公司＊	AAA	中诚信国际
	山　西	太原市龙城发展投资集团有限公司＊	AAA	新世纪评级
	江　苏	泰州市城市建设投资集团有限公司	AAA	东方金诚
	浙　江	台州市国有资本运营集团有限公司	AAA	中诚信国际
	天　津	天津城市基础设施建设投资集团有限公司＊	AAA	联合资信
	山　东	潍坊市城市建设发展投资集团有限公司＊	AAA	大公国际
	浙　江	温州市城市建设发展集团有限公司＊	AAA	中诚信国际
	湖　北	武汉市城市建设投资开发集团有限公司＊	AAA	新世纪评级
	新　疆	乌鲁木齐城市建设投资(集团)有限公司＊	AAA	中诚信国际
	江　苏	无锡城建发展集团有限公司	AAA	大公国际
	陕　西	西安城市基础设施建设投资集团有限公司＊	AAA	中诚信国际
	江　苏	徐州市新盛投资控股集团有限公司＊	AAA	联合资信
	江　苏	扬州市城建国有资产控股(集团)有限责任公司＊	AAA	东方金诚
	浙　江	浙江嘉兴国有资本投资运营有限公司	AAA	联合资信
	重　庆	重庆市城市建设投资(集团)有限公司＊	AAA	新世纪评级
	山　东	淄博市城市资产运营集团有限公司	AAA	大公国际
AA+ 123家	安　徽	蚌埠市城市投资控股有限公司＊	AA+	中证鹏元
	河　北	保定市国控集团有限责任公司	AA+	联合资信
	新　疆	巴州国信建设发展投融资有限公司	AA+	中诚信国际
	山　东	滨州城建投资集团有限公司	AA+	联合资信
	河　北	沧州市建设投资集团有限公司＊	AA+	中诚信国际
	吉　林	长春润德投资集团有限公司	AA+	东方金诚
	湖　南	常德市城市建设投资集团有限公司	AA+	东方金诚
	新　疆	昌吉州国有资产投资经营集团有限公司	AA+	中诚信国际
	河　北	承德市国控投资集团有限责任公司	AA+	大公国际
	湖　南	郴州市发展投资集团有限公司＊	AA+	联合资信
	内蒙古	赤峰市城市建设投资(集团)有限公司＊	AA+	东方金诚
	安　徽	滁州市城市投资控股集团有限公司	AA+	大公国际
	辽　宁	大连市城市建设投资集团有限公司	AA+	中诚信国际
	黑龙江	大庆市城市建设投资开发有限公司＊	AA+	中诚信国际
	四　川	达州市投资有限公司	AA+	中证鹏元
	四　川	德阳发展控股集团有限公司	AA+	东方金诚
	山　东	德州德达城市建设投资运营有限公司	AA+	联合资信

数目	省 份	单位名称	等级	评级单位
	广 东	东莞实业投资控股集团有限公司 *	AA+	中诚信国际
	山 东	东营市城市建设投资集团有限公司 *	AA+	中诚信国际
	广 东	佛山市建设开发投资有限公司	AA+	新世纪评级
	福 建	福建漳州城投集团有限公司	AA+	新世纪评级
	安 徽	阜阳市建设投资控股集团有限公司 *	AA+	联合资信
	安 徽	阜阳投资发展集团有限公司	AA+	联合资信
	江 西	抚州市市属国有资产投资控股集团有限公司 *	AA+	中证鹏元
	广 西	广西柳州市城市建设投资发展集团有限公司 *	AA+	联合资信
	广 西	广西柳州市东城投资开发集团有限公司 *	AA+	中诚信国际
	广 西	广西柳州市投资控股集团有限公司	AA+	中证鹏元
	海 南	海口市城市建设投资有限公司 *	AA+ *	东方金诚
	河 北	邯郸城市发展投资集团有限公司 *	AA+	大公国际
	黑龙江	哈尔滨市城市建设投资集团有限公司 *	AA+	大公国际
	湖 南	衡阳市城市建设投资有限公司	AA+	联合资信
	河 北	河北顺德投资集团有限公司	AA+	大公国际
	安 徽	合肥市滨湖新区建设投资有限公司 *	AA+	新世纪评级
AA+ 123家	江 苏	淮安市城市资产经营有限公司 *	AA+	东方金诚
	江 苏	淮安市国有联合投资发展集团有限公司	AA+	大公国际
	安 徽	淮北市建投控股集团有限公司 *	AA+	大公国际
	湖 北	黄冈市城市建设投资有限公司 *	AA+	中证鹏元
	湖 北	黄石市城市发展投资集团有限公司 *	AA+	中证鹏元
	湖 北	湖北澴川国有资本投资运营集团有限公司	AA+	中证鹏元
	安 徽	江东控股集团有限责任公司 *	AA+	大公国际
	广 东	江门市城市发展投资集团有限公司	AA+	新世纪评级
	安 徽	建安投资控股集团有限公司	AA+	中诚信国际
	河 南	焦作市投资集团有限公司 *	AA+	联合资信
	江 西	景德镇市国资运营投资控股集团有限责任公司	AA+	联合资信
	湖 北	荆门市城市建设投资控股集团有限公司 *	AA+	中证鹏元
	湖 北	荆州市城市发展控股集团有限公司 *	AA+	中诚信国际
	山 西	晋城市国有资本投资运营有限公司	AA+	中诚信国际
	浙 江	金华市城市建设投资集团有限公司	AA+	新世纪评级
	山 西	晋中市公用基础设施投资控股(集团)有限公司	AA+	大公国际
	辽 宁	锦州市国有资本投资运营(集团)有限公司	AA+	远东资信
	江 西	九江市城市发展集团有限公司 *	AA+	东方金诚

数目	省　份	单位名称	等级	评级单位
	江　西	吉安城投控股集团有限公司	AA+	中证鹏元
	吉　林	吉林市城市建设控股集团有限公司*	AA+	大公国际
	山　东	济宁城投控股集团有限公司*	AA+	大公国际
	河　南	开封市发展投资集团有限公司	AA+	大公国际
	新　疆	克拉玛依市城市建设投资发展有限责任公司*	AA+	新世纪评级
	云　南	昆明市城建投资开发有限责任公司*	AA+	联合资信
	甘　肃	兰州建设投资(控股)集团有限公司*	AA+	新世纪评级
	甘　肃	兰州投资(控股)集团有限公司	AA+	中证鹏元
	西　藏	拉萨市城市建设投资经营有限公司*	AA+	新世纪评级
	四　川	乐山国有资产投资运营(集团)有限公司	AA+	大公国际
	四　川	凉山州发展(控股)集团有限责任公司	AA+	东方金诚
	江　苏	连云港市城建控股集团有限公司*	AA+	新世纪评级
	山　东	聊城市财信投资控股集团有限公司	AA+	东方金诚
	山　西	临汾市投资集团有限公司*	AA+	大公国际
	山　东	临沂城市发展集团有限公司*	AA+	中诚信国际
	安　徽	六安城市建设投资有限公司	AA+	东方金诚
AA+ 123家	浙　江	丽水市城市建设投资有限责任公司	AA+	中诚信国际
	福　建	龙岩城市发展集团有限公司	AA+	联合资信
	河　南	洛阳城市发展投资集团有限公司	AA+	新世纪评级
	四　川	泸州市兴泸投资集团有限公司	AA+	东方金诚
	四　川	绵阳市投资控股(集团)有限公司	AA+	中证鹏元
	四　川	南充发展投资(控股)有限责任公司	AA+	大公国际
	广　西	南宁城市建设投资集团有限责任公司*	AA+	联合资信
	河　南	南阳投资集团有限公司	AA+	联合资信
	河　南	平顶山发展投资控股集团有限公司*	AA+	大公国际
	福　建	莆田市城市建设投资开发集团有限公司	AA+	中证鹏元
	浙　江	衢州市国有资本运营有限公司	AA+	新世纪评级
	河　南	三门峡市投资集团有限公司	AA+	中诚信国际
	海　南	三亚城市投资建设集团有限公司*	AA+	中诚信国际
	河　南	商丘市发展投资集团有限公司	AA+	联合资信
	江　西	上饶市城市建设投资开发集团有限公司*	AA+	中证鹏元
	广　东	汕头市投资控股集团有限公司	AA+	中证鹏元
	湖　南	邵阳市城市建设投资经营集团有限公司*	AA+	大公国际
	湖　北	十堰市城市发展控股集团有限公司	AA+	中证鹏元

续表

数目	省 份	单位名称	等级	评级单位
	江 苏	宿迁市城市建设投资(集团)有限公司	AA+	联合资信
	安 徽	宿州市城市建设投资集团(控股)有限公司 *	AA+	联合资信
	山 东	泰安市泰山财金投资集团有限公司	AA+	中诚信国际
	浙 江	台州市城市建设投资发展集团有限公司 *	AA+	东方金诚
	河 北	唐山市城市发展集团有限公司 *	AA+	东方金诚
	安 徽	同安控股有限责任公司 *	AA+	中诚信国际
	山 东	威海城市投资集团有限公司	AA+	中诚信国际
	安 徽	芜湖市建设投资有限公司	AA+	中诚信国际
	新 疆	乌鲁木齐经济技术开发区建设投资开发(集团)有限公司 *	AA+	东方金诚
	广 西	梧州市城建投资发展集团有限公司	AA+	中证鹏元
	湖 南	湘潭城乡建设发展集团有限公司	AA+	东方金诚
	河 南	新乡投资集团有限公司 *	AA+	联合资信
	江 西	新余市投资控股集团有限公司 *	AA+	中证鹏元
	青 海	西宁城市投资管理有限公司 *	AA+	大公国际
	安 徽	宣城市国有资本投资运营控股集团有限公司	AA+	联合资信
	河 南	许昌市投资集团有限公司	AA+	大公国际
AA+ 123家	陕 西	延安城市建设投资(集团)有限责任公司 *	AA+	大公国际
	江 苏	盐城市城市建设投资集团有限公司 *	AA+	联合资信
	江 西	鹰潭市国有控股集团有限公司	AA+	新世纪评级
	宁 夏	银川市城市建设投资控股有限公司 *	AA+	中诚信国际
	宁 夏	银川通联资本投资运营有限公司	AA+	联合资信
	湖 北	宜昌城市发展投资集团有限公司 *	AA+	东方金诚
	江 西	宜春发展投资集团有限公司	AA+	中证鹏元
	新 疆	伊犁哈萨克自治州财通国有资产经营有限责任公司	AA+	联合资信
	湖 南	岳阳市城市建设投资集团有限公司 *	AA+	大公国际
	云 南	云南省康旅控股集团有限公司 *	AA+	联合资信
	陕 西	榆林市城市投资经营集团有限公司 *	AA+	联合资信
	云 南	玉溪市开发投资有限公司	AA+	中证鹏元
	山 东	枣庄市基础设施投资发展集团有限公司	AA+	联合资信
	河 南	郑州市建设投资集团有限公司 *	AA+	中诚信国际
	江 苏	镇江城市建设产业集团有限公司 *	AA+	中诚信国际
	广 东	中山城市建设集团有限公司	AA+	中诚信国际
	河 南	周口城投发展集团有限公司	AA+	联合资信
	河 南	周口市投资集团有限公司 *	AA+	东方金诚

数目	省份	单位名称	等级	评级单位
AA+ 123家	浙 江	舟山海城建设投资集团有限公司*	AA+	中诚信国际
	河 南	驻马店市城乡建设投资集团有限公司	AA+	大公国际
	湖 南	株洲市城市建设发展集团有限公司*	AA+	中证鹏元
	贵 州	遵义市投资(集团)有限责任公司	AA+	联合资信
AA及 以下 108家	贵 州	安顺市城市建设投资有限责任公司*	AA	联合资信
	河 南	安阳投资集团有限公司*	AA	东方金诚
	新 疆	阿勒泰地区国有资产投资经营有限公司	AA	联合资信
	陕 西	宝鸡市投资(集团)有限公司*	AA	中诚信国际
	四 川	巴中市国有资本运营集团有限公司	AA	中诚信国际
	广 西	北海市城市开发投资集团有限公司	AA*	联合资信
	辽 宁	本溪市城市建设投资发展有限公司*	AA*	中诚信国际
	贵 州	毕节市建设投资有限公司	AA	中证鹏元
	新 疆	博尔塔拉蒙古自治州国有资产投资经营有限责任公司	AA	新世纪评级
	安 徽	亳州城建发展控股集团有限公司*	AA	联合资信
	安 徽	亳州交通投资控股集团有限公司*	AA	中诚信国际
	安 徽	池州建设投资集团有限公司	AA	联合资信
	山 西	大同市经济建设投资集团有限责任公司*	AA	大公国际
	甘 肃	定西国有投资(控股)集团有限公司	AA	中诚信国际
	湖 北	恩施城市建设投资有限公司	AA	中证鹏元
	内蒙古	鄂尔多斯市城市建设投资集团有限公司*	AA*	联合资信
	湖 北	鄂州市城市建设投资有限公司*	AA	大公国际
	广 西	防城港市港发控股集团有限公司*	AA*	中证鹏元
	四 川	广安发展建设集团有限公司	AA	中证鹏元
	广 西	广西百色开发投资集团有限公司	AA	大公国际
	广 西	广西崇左市城市建设投资发展集团有限公司	AA	东方金诚
	广 西	广西贵港市城市投资发展集团有限公司	AA	东方金诚
	四 川	广元市投资发展集团有限公司	AA	中证鹏元
	贵 州	贵州剑江控股集团有限公司	AA*	中证鹏元
	陕 西	汉中市城市建设投资开发有限公司	AA	联合资信
	黑龙江	黑龙江省鹤城建设投资发展集团有限公司*	AA	大公国际
	河 北	衡水市建设投资集团有限公司	AA	中诚信国际
	河 南	鹤壁投资集团有限公司*	AA	中诚信国际
	广 西	河池市城市投资建设发展有限公司	AA	东方金诚
	新 疆	和田玉鑫国有资产投资经营有限责任公司	AA	中证鹏元

数目	省 份	单位名称	等级	评级单位
	山 东	菏泽市城市开发投资有限公司 *	AA	中证鹏元
	山 东	菏泽投资发展集团有限公司	AA	中诚信国际
	湖 南	怀化市城市建设投资有限公司	AA	大公国际
	安 徽	淮南建设发展控股(集团)有限公司 *	AA	新世纪评级
	安 徽	黄山城投集团有限公司	AA	中诚信国际
	内蒙古	呼伦贝尔城市建设投资(集团)有限责任公司 *	AA *	东方金诚
	河 南	焦作市建设投资(控股)有限公司 *	AA	联合资信
	黑龙江	佳木斯市新时代城市基础设施建设投资(集团)有限公司 *	AA *	大公国际
	江 西	景德镇市城市建设投资集团有限责任公司 *	AA	新世纪评级
	黑龙江	鸡西市国有资产经营管理有限公司	AA	东方金诚
	新 疆	喀什城建投资集团有限公司	AA	中证鹏元
	河 北	廊坊市投资控股集团有限公司	AA	中诚信国际
	甘 肃	兰州新区城市发展投资集团有限公司 *	AA	中诚信国际
	云 南	临沧市国有资本投资运营集团有限公司	AA	中证鹏元
	湖 南	娄底市城市发展集团有限公司 *	AA	大公国际
	河 南	漯河市城市投资控股集团有限公司 *	AA	大公国际
AA及以下108家	四 川	眉山发展控股集团有限公司	AA	新世纪评级
	四 川	内江投资控股集团有限公司	AA	联合资信
	四 川	攀枝花城建交通(集团)有限公司 *	AA	中诚信国际
	甘 肃	平凉市城乡发展建设投资集团有限公司	AA	中证鹏元
	江 西	萍乡市城市建设投资集团有限公司	AA	新世纪评级
	河 南	濮阳投资集团有限公司	AA	大公国际
	贵 州	黔东南州开发投资(集团)有限责任公司	AA	东方金诚
	湖 北	潜江市城市建设投资开发有限公司 *	AA	东方金诚
	贵 州	黔西南州兴安开发投资股份有限公司	AA	中证鹏元
	广 东	清远市德晟投资集团有限公司	AA	大公国际
	河 北	秦皇岛城市发展投资控股集团有限公司 *	AA	中诚信国际
	广 西	钦州市开发投资集团有限公司	AA	中证鹏元
	云 南	曲靖市开发投资有限责任公司	AA *	中诚信国际
	西 藏	日喀则珠峰城市投资发展集团有限公司	AA	联合资信
	山 东	日照市城市建设投资集团有限公司 *	AA	联合资信
	福 建	三明市城市建设投资集团有限公司	AA	中诚信国际
	陕 西	商洛市城市建设投资开发有限公司	AA *	中证鹏元
	广 东	汕尾市投资控股有限公司	AA	联合资信

数目	省　份	单位名称	等级	评级单位
	陕　西	陕西省西咸新区秦汉新城开发建设集团有限责任公司 *	AA	联合资信
	广　东	韶关市城市投资发展集团有限公司 *	AA	中证鹏元
	黑龙江	双鸭山市大地城市建设开发投资有限公司	AA	东方金诚
	山　西	朔州市投资建设开发有限公司	AA	中证鹏元
	吉　林	四平市城市发展投资控股有限公司 *	AA	中诚信国际
	四　川	遂宁兴业投资集团有限公司	AA	联合资信
	湖　北	随州市城市投资集团有限公司	AA	中诚信国际
	湖　北	天门市城市建设投资有限公司 *	AA	中证鹏元
	甘　肃	天水市城市建设投资(集团)有限公司 *	AA	联合资信
	辽　宁	铁岭公共资产投资运营集团有限公司	AA	中证鹏元
	陕　西	铜川市国有资本投资运营有限公司	AA	东方金诚
	吉　林	通化市丰源投资开发有限公司	AA	东方金诚
	内蒙古	通辽市城市投资集团有限公司 *	AA *	中诚信国际
	安　徽	铜陵市建设投资控股有限责任公司	AA	大公国际
	新　疆	吐鲁番地区国有资产投资经营有限责任公司	AA	中证鹏元
	陕　西	渭南市城市投资集团有限公司 *	AA	大公国际
AA及 以下 108家	内蒙古	乌兰察布市投资开发有限公司 *	AA *	大公国际
	湖　南	湘西自治州吉凤投资开发有限责任公司	AA	东方金诚
	湖　北	仙桃市城市建设投资开发有限公司 *	AA	中诚信国际
	陕　西	咸阳市城市建设投资控股集团有限公司 *	AA	中诚信国际
	内蒙古	兴安盟城市投资集团有限公司 *	AA	东方金诚
	新　疆	新疆维吾尔自治区哈密市国有资产投资经营有限公司	AA	中证鹏元
	河　南	信阳华信投资集团有限责任公司	AA	大公国际
	山　西	忻州资产经营集团有限公司	AA	中证鹏元
	安　徽	宣城市城市建设集团有限公司	AA	联合资信
	河　南	许昌市建设投资有限责任公司 *	AA	联合资信
	广　东	阳江市城市投资集团有限公司	AA	联合资信
	江　苏	扬中市城市建设投资发展集团有限公司 *	AA	大公国际
	四　川	雅安发展投资有限责任公司	AA	大公国际
	辽　宁	营口市城市建设投资发展有限公司 *	AA	中证鹏元
	江　西	宜春市城市建设投资开发有限公司 *	AA	中证鹏元
	湖　南	益阳市城市建设投资运营集团有限责任公司 *	AA	中证鹏元
	湖　南	永州市城市发展集团有限责任公司 *	AA	联合资信
	湖　南	永州市经济建设投资发展集团有限责任公司 *	AA	联合资信

续表

数目	省 份	单位名称	等级	评级单位
AA 及以下 108 家	山 西	运城市城市建设投资开发集团有限公司 *	AA	东方金诚
	广 西	玉林市城市建设投资集团有限公司	AA	中诚信国际
	湖 南	张家界市经济发展投资集团有限公司	AA	联合资信
	河 北	张家口建设发展集团有限公司	AA	联合资信
	广 东	湛江市基础设施建设投资集团有限公司 *	AA	中诚信国际
	广 东	肇庆市国联投资控股有限公司	AA	大公国际
	四 川	自贡市国有资本投资运营集团有限公司	AA	中诚信国际
	四 川	资阳发展投资集团有限公司	AA	中诚信国际
	山 东	邹平市国有资产投资控股有限公司 *	AA	中诚信国际
	黑龙江	绥芬河海融城市建设投资发展有限公司 *	AA-*	中证鹏元

资料来源：根据各公司年度审计报告等公开资料统计以及城投协会会员单位（名称带 * ）报送数据。其中评级中带 * 的表示评级时间为 2021 年之前披露的数据。

Abstract

The China Urban Investment Industry Development Report (2022) is an authoritative industry-based annual report focusing on the field of urban construction in China and the development of urban construction investment and financing platforms (referred to as "city investment companies"). It is also an analysis of government activities such as urban construction investment and financing in the process of urban construction and urbanization development in China. And a comprehensive report on the operation status and quality of the city investment company.

The book consists of parts of general report, macro environment, business development, practical exploration, experts' opinion, case analysis and five appendices. The book integrates the latest research results of authoritative experts in the domestic urban investment industry, and in-depth analysis on the background of the latest policies and the relevant theories and methods of urban construction investment financing. At the same time, with the help of the real business data of the city investment company, the development status, business status and problems faced by the city investment company are analyzed from the easy to the difficult and complicated .

This book follows the writing logic of previous years' repots. On the basis of tracking and studying major policy changes and market environment changes in 2021, combined with the characteristics of the development of the urban investment industry in the new era and the samples collected from member units of the National Urban Investment Association, this book sorts out the development context of the urban investment industry and outlines the development, trend and panorama of the urban investment industry in 2022. shows the theoretical research and practice of urban investment companies in deepening the reform of the urban investment and financing system, urban transformation and upgrading, the integration, reorganization and operation of urban assets and resources, urban industry cultivation, and the three-year action of state-owned enterprise reform, first-class benchmarking, innovation mechanism, management improvement and digital transformation.

Therefore, this book can not only be used as a reference material for the systematic research of China's urban investment industry, but also as a reference book for the basic theoretical learning of urban investment companies. At the same time, most of the data and research cases in this book are first-hand information provided by the city investment company's own practice and industry association, which bears a stamp of authority. The book analyzes the operation, management and transformation of urban investment companies, as well as the analyzes and interpretates urban investment industry policies, which can provide case reference and methodological guidance for the daily management and the transformation of urban investment companies. The total assets, liabilities and credit rating of the national urban investment companies in the appendix are obtained through public data and association channels, which reflects the actual operation status and dynamics of industry entities. It can also provide government departments with useful references and decisions to understand the situation of the urban investment industry, grasp the law of development, gain insight into industry trends, etc.

Keywords: Urban Investment Industry; Integration and Reorganisation; Transformation Exploration

Contents

I General Report

Abstract: In 2021, China paid close attention to both epidemic prevention and development, attached importance to macroeconomic cross-cyclical adjustment, maintain reasonable and sufficient liquidity in financial operation, optimized the credit structure under the support of policy relief, stabilized market interest rates and comprehensive social financing costs, connected rural revitalization smoothly, advanced effectively the new-type urbanization, introduced and implemented major regional development policies have been continuously, and the development results were relatively remarkable. Based on the gradual recovery of the domestic fiscal economy, the local government's "risk prevention" policy arrangements have returned to the established track. On the one hand, urban investment enterprises "promote finance with investment and production", invest actively, and raise a new high in financing. On the other hand, they "deleverage and adjust the structure", which means to integrate and reorganize internal and external resources, steadily solve local debt risks, seize new urbanization development opportunities, and promote enterprise reform and transformation. In 2021, while taking the initiative and helping development of the urban investment industry, the trend of industry differentiation became more and more obvious, and the difficulty and risk of enterprise operation increased. Towards 2022, the urban investment enterprises will continue to play the role of a new urbanization builder, innovate high-quality development concepts, combine the integration and reorganization of "debt control, risk control, financing, refined investment, excellent model and adjustment mechanism" with transformation and quality improvement, and continue to give full play to the importance of "the city and county governments planning and implementing construction projects. It is necessary to play the role of "an important support for planning and implementing construction projects and an important carrier supporting high-quality development" and "an important force driving regional economic development".

Keywords: Post-epidemic Period; Investment and Financing Supervision; New Urbanization; Transformation and Reorganisation

II　Macro-Environment

B.2　Macroeconomic Environment Analysis in 2021　　　　/ 030

Abstract: 2021 is an important stage of rapid recovery of the global economy after the impact of the epidemic with the GDP of major economies has risen sharply, the unemployment has gradually fallen, world trade has boomed, and the economy has grown rapidly. However, due to the watershed in the normal epidemic prevention and control capacity, supply chain resilience and anti-risk ability of countries, the level of economic recovery is gradually diverging, which aggravates the risk of global structural stagflation. At the same time, highly leveraged macro-control has brought global debt to a record high and increased the vulnerability of financial markets. The ensuing unilateralism and protectionism aggravated geopolitical risks, increased the instability of global industrial and supply chains, and increased the trend of "anti-globalization". Regionalization becomes a new trend. In 2021, China's epidemic prevention and control work was in place, the economy recovered strongly, and its GDP growth rate was among the highest among major economies in the world. At the same time, it was also facing the development pressure brought by the serious aging population, unbalanced regional development and stagflation risk. Towards 2022, governments and central banks will tighten financing conditions, slow down fiscal support and prevent debt risks from exacerbating the fragility of financial markets and triggering a severe financial crisis.

Keywords: Economic Recovery; Stagflation Risk; Global Debt; Geopolitical Risk; Anti-globalization

B.3　Policy Environment Analysis in 2021　　　　/ 055

Abstract: The chapter reviews the related policies on urbanization, finance, taxation, and state-owned enterprises in 2021, and analyzes the changes in the future policy situation and the impact on the city investment industry. On this basis, from the revitalization of rural area, urban renewal, lower carbon, and other areas of the urbanization to the financing policy, regulation, risk management, and other areas of the financial debt, combined with the deepening implementation of the reform of state-owned assets and enterprises, summed up the current urbanization policies pay more attention to human-centered, closely linked the country revitalization, urban renewal, such as theme, promoting the low-carbon city, and comprehensively enhancing the level of wisdom. Financial policies are generally looser, with emphasis on making economic development more resilient, stimulating market vitality, bailing out small businesses, and lowering financing costs for enterprises. In addition, with the implementation of the Three-year Action Plan for SOE Reform (2020−2022), the reform of state-owned assets and SOEs has entered a stage of high-quality development. Therefore, the urban investment enterprises can seize the reform opportunity, flexibly use financial policies, carry out new urbanization construction, and realize transformation and upgrading.

Keywords: New-type Urbanization; Taxation; Finance; State-owned Enterprise; Urban Investment Industry

Ⅲ Business Development

B . 4 Business Analysis of Infrastructure Construction in 2021

/ 073

Abstract:Since 2021, the COVID－19 pandemic is still raging, affects the global economy development. In the first year of " The 14th Five-Year Plan", faced changing international political and economic environment, "steady growth" pressure continues, more effective in the field of infrastructure investment, especially in the fields of people's livelihood to fill short board, was still the direction of policy support and the actual needs. This chapter studies the development status of infrastructure construction market in 2021 from four aspects: fixed asset investment, infrastructure construction investment, traditional infrastructure construction, and new infrastructure construction. Based on the purpose, it is pointed out that there were some problems such as severe financing environment of infrastructure construction market and saturated demand of traditional infrastructure construction market in the process of infrastructure construction development. Besides, the samples were selected to analyze the infrastructure construction business of urban investment corporation in 2021 from three dimensions: operation overview, profit level and operation mode change. Finally, the development trend of infrastructure construction business was studied and judged.

Keywords:New Infrastructure; Rural Revitalization; Full Life Cycle; Revitalization of Stock

B . 5 Analysis of Land Consolidation Business in 2021

/ 087

Abstract:The chapter describes development status of land consolidation service market in 2021, with analysis of land management problems existing in the service process, through to the land management policy, combined with the city in 2021 for company business development situation, main land arrangement, and then discusses the global background of the comprehensive improvement of land downtown for the future development trend of land consolidation business.

Keywords: Land Comprehensive Consolidation; Rural Revitalization; City Investment Company

B.6　Real Estate Business Analysis in 2021　　　　　／109

Abstract: 2021 was a year of ups and downs in China's real estate industry. As the economy gradually recovered from the pandemic, the real estate industry also rebounded synchronously. The real estate market showed obvious characteristics of "rising first and then suppressing" throughout the year, and gradually entered a period of adjustment. At the same time, related policies such as "low-income rental housing" and "urban renewal" have been introduced successively, providing policy guidance and guarantee for the long-term and healthy development of the real estate market. The chapter done in investment in real estate development, commercial housing sales, real estate development boom index, analyzing that based on 2021 national real estate market situation, put forward the real estate industry in the imbalance between supply and demand, financing difficulties, and other main problems, at the same time, analyzing the situation and future development trend of the real estate industry of urban investment enterprises in 2021. In the future, with the help of its own advantages and policy dividends, the urban investment company is expected to achieve greater development in the real estate industry and will usher in broader development opportunities with the digital reform.

Keywords: Real Estate; Long-term Regulation; Urban Renewal; Rental Housing

B.7　Asset Business Analysis in 2021　　　　　　　／ 127

Abstract：Along with the continuous deepening marketization of urban construction investment company transformation, the scale of their assets has gradually surged and became larger. At the same time, urban development has gradually changed from "re-construction" to "re-operation". How to improve the quality and efficiency of asset management, cultivate the self-hematopoietic function, strengthen market-oriented financing capacity, and go out of the characteristic road of state-owned asset management, becomes the important problem for state-assets supervision department and urban investment enterprises. From the perspective of development, more than half of the sample urban investment companies in 2021 have carried out asset management business, but the business scale is generally small, and there is still a large room for improvement in operating efficiency and profitability. In the future, with the continuous promotion of the reform and marketization process of state-owned assets department and SOEs, digitalization, capitalization and normalized risk prevention will become the trend of asset operation.

Keywords：Asset Management；Digitization；Equity Operation

B.8　Business Analysis of Utilities in 2021　　　　　／ 139

Abstract：In 2021, under the policy constraints of "double carbon" target and "double control of energy consumption" promoted by the regulatory layer, the development of traditional public utility business is constrained to a certain extent. At the same time, the domestic economy was facing downward pressure, stable growth combined with the dual carbon strategy and the implementation of high-quality development, public utilities will usher in a new pattern of long-term good development. The chapter describes the development of key utility markets such as water, electricity, gas, and heating in 2021, and analyzes the utility business of Urban Investment Corporation in 2021. The overall business scale of Urban Investment Corporation in 2021 had increased, but the profitability was still not ideal. Finally, the chapter further discusses the development trend of digital transformation and low-carbon transformation of urban investment and investment public utility business.

Keywords: Utility; Digital Transformation; Green Transformation

B.9 Financial Business Analysis 2021

Abstract: With the release of the Regulations on Local Financial Supervision and Administration (Draft for public Comments), the regulatory framework for local financial services such as small loans, financial leasing, commercial factoring, financing guarantees, and non-performing asset management will continue to be improved. The data and research analysis of the sample Urban Investment Industry in 2021 show that although there are many urban investment enterprises actively expand financial business, but the overall scale is limited, the development power is not strong, and most of them take supply chain financial services as a breakthrough. As the financial industry to accelerate the clean integration, and gradually return to service entity source of economic development. The financial business development of urban investment companies focuses on industrial cultivation and development, makes up for the shortcomings of local financial services, and the accumulation of financial data catalyzes the systematic development of urban investment companies, which can provide reference for the development of relevant businesses of urban investment companies.

Keywords: Local Finance; Supervision; Supply Chain Finance; Ecological of Industry and Finance

B.10 Business Analysis of Urban Renewal 2021

Abstract: The chapter systematically summarizes and analyzes the urban renewal related policies and business dynamics of urban renewal issued by the central and local governments since the beginning of 2021, at the same time, summarizes and forecasts the development of urban renewal in 2021. On the premise of in-depth understanding of the difficulties of urban renewal business, the analysis of the development trend of urban renewal business will provide constructive suggestions for enterprises to develop urban renewal business.

Keywords: Urban Renewal; Policy; Regulations; State-owned Enterprises; Real Estate Enterprises

Ⅳ   Practical Exploration

B.11   Let History Tell the Future

—*A review of the 30-year reform and development of*

Shanghai Chengtou   / 176

Abstract: 2022 is a very unusual year in China's history, and it is also the 30th birthyear of Shanghai Urban Investment (Group) Co., LTD. Compared with the national most urban investment company, Shanghai urban investment has already passed the government financing platform construction units and construction stage, is the national industry one of the few city has entered the city of materialization operation for class enterprises, modernization and systematization of urban infrastructure solutions provider and infrastructure investment and operation of enterprises. The successful transformation and development of Shanghai Urban Investment (Group) Co., LTD. Depended on timely grasping several great historical opportunities in history, unswervingly following the trend of reform, and doing so to promote development with reform and force reform with development. To sum up, we can summarize in three points: firstly, Shanghai Urban Investment is the product of China's deepening reform and opening-up; secondly, the transformation of Shanghai urban investment is the result of the close combination with the reform of our infrastructure investment and financing system mechanism; and finally the growth of Shanghai urban investment is the crystallization of the deep integration with the service national strategy and Shanghai urban development strategy.

Keywords: Reform; Urban Development; Urban Investment Transformation; Investment and Financing

B. 12　Shijiazhuang "5+2" Model for the Reform and Reorganisation of Municipal State-owned Enterprise Platforms　　　／ 184

Abstract: To further deepen the reform of state-owned enterprises and strengthen, optimize and expand the state-owned enterprises in Shijiazhuang, the Shijiazhuang Municipal Party Committee and Municipal Government have made decisions and arrangements to further deepen the reform of state-owned enterprises. From September to October in 2021, Shijiazhuang Lvtou Group, Guotou Group, Jiaotou Group, Shuitou Group and Chengfa Investment Group has been set up. So far, the formal establishment of the five state-owned enterprise groups in Shijiazhuang was completed, together with the municipal Beren Group and Changshan Group, the "5 + 2" municipal state-owned enterprise structure was finally formed, which had a significant impact on the whole country. Here, we hope that by summarizing the experience of this reform and restructuring, we can provide useful reference for promoting the optimization of government investment and financing system and mechanism across the country, deepening the reform, and restructuring of state-owned enterprises and the transformation and development of platform companies.

Keywords: Reform of State-owned Enterprises; Integration and Reorganization; Investment and Financing System and Mechanism; Transformation and Development

Abstract: Wujiang Urban Investment Group as the top in Wujiang in Suzhou, is one of the most important belongs to state-owned enterprises. It firmly grasped the opportunity of reorganization and integration of regional state-owned enterprises and the development opportunity of the Yangtze River Delta integration demonstration area. According to the regional resource endowment and regional development planning, it revitalized assets and resources in various ways to promote the continuous improvement of enterprise operation efficiency and urban development level. The chapter describes the ways and methods of asset operation and activation, summarizes the management experience, and combines the methods of asset operation and activation proposed by the central government at the present stage, so as to provide useful experience for the urban investment enterprises from multiple perspectives.

Keywords: Reorganization and Integration; Franchise; Cultural IP; Asset Securitization

V   Expert Opinion

Abstract: China's infrastructure has entered the era of stock assets. Local urban investment is the main force among stock asset holders. Strengthening the revitalization of infrastructure stock assets is an important task for urban investment companies to adapt to the development of the new era and an important part of the construction of the country's modern infrastructure system. High-quality assets are the key factor for the successful revitalization of infrastructure stock assets. Using the capital market to revitalize stock assets, the evaluation and audit of asset quality is crucial and irreplaceable. The evaluation of infrastructure stock assets should adhere to the principles of infrastructure orientation, serving the real economy, focusing on national strategies, stable value investment, financing equity attributes, etc., and follow the basic logic of evaluation of "tradability, inevitability and sustainability". In order to better promote the evaluation of infrastructure stock assets, the evaluation system should be further improved by systematically summarizing experience, improving the preliminary working mechanism, and strengthening the internal construction of evaluation institutions.

Keywords: Urban Investment; Infrastructure; Revitalization of Stock Assets; Project Evaluation

B.15　Research on the Current Financial Situation in China and
　　　the Hidden Debt Governance of Local Governments　　／208

Abstract: This article analyzes the financial and economic situation and characteristics of China in 2021, and summarizes the current situation and problems of the hidden debt development of local governments. On this basis, from the perspective of establishing a modern financial system, improving the government governance capacity and modernizing the governance system, and taking the road of sustainable development, from the perspective of clear standards, Draw boundaries and classify debt risks; establish a public enterprise system to integrate the transformation and development of local government investment and financing platforms into the overall strategy of state-owned enterprise reform; set a final timetable for the transformation and development of investment and financing platforms; realize the openness and transparency of debt information of local government investment and financing platforms; reform the debt of local government investment and financing platforms. In terms of the management system, countermeasures and suggestions are put forward for the hidden debt management of local governments.

Keywords: Financial Situation; Hidden Debt; Risk Management

B. 16　Analysis of the Integration Model of Urban Investment

and Key Factors for Upgrading Ratings　　　　/ 216

Abstract：The "multiple, small and scattered" of local state-owned enterprises not only causes the overstretched operation of local state-owned enterprise platform companies and makes it weaker and weaker in promoting the stable growth of the local economy, but also promotes the rise of systemic financial risks. Integration of the reorganization is a good way to optimize the layout of local resources, reduce the financial leverage of urban investment companies, and promote the sustainable development of the local economy. From a more macro perspective, the integration and restructuring of state-owned enterprises is an important measure to deepen the reform of state-owned enterprises, adjust and optimize the structure of state-owned enterprises, and also the intended intention of the three-year action plan for the reform of state-owned enterprises.

Keywords：Rating Upgrade；Consolidation and Restructuring of State-owned Enterprises；Debt Resolution

Ⅵ　Case Study

B. 17　Give Full Play to the Role of State-owned Enterprises and

Promote the Integration of Production and Cities

—*Regional comprehensive development of Guilin Jingkai*

Holding Co. LTD Example　　　　/ 224

Abstract：How to construct the development pattern of "government, company and region" integration and symbiosis is a common concern of regional development urban investment enterprise. Based on regional comprehensive development of Guilin Jingkai Holding Co. LTD as a case, summarizes the companies to participate in "city people" of the construction of the regional integration symbiotic development model, "the management committee + platform company" business model, and to "invest" the road to the transformation of the main methods, such as inductive city investment company financing can be used for reference in participating in regional development, investment, construction, management experience, in order to bring inspiration for the peer.

Keywords: Production-city Integration; Regional Development; Industrial Investment

B.18   Benchmark World-class and Build a Benchmark for the Standardised Management of Regional State-owned Enterprises / 232

Abstract: Wenzhou Chengfa Group, the first and the only one of the world first-class management promotion action of Wenzhou city state, through the thorough development of the action, the reasonable choice of the object and content, the scientific establishment of the goal, on the action of down-to-earth, seeking truth from facts, innovation, to create to become standard specification management of state-owned enterprises in Wenzhou. At present, Urban Development Group focuses on the comprehensive operation of the city, strengthening the main business, highlighting the characteristics, and adhering to the two sectors of "urban construction and urban operation", the results of various benchmarking are gradually showing.

Keywords: Benchmarking World-class Actions; Benchmarking Objects; Benchmarking Content; Benchmarking Targets

B.19 The Reform of the "Three Systems" is a Breakthrough Point to Fully Stimulate the Endogenous Motivation of Enterprises

—*Three examples of institutional reforms of Linyi Chengfa Group*

/ 240

Abstract: Linyi Chengfa Group according to the central, provincial, municipal state-owned assets of state-owned enterprises reform spirit, through the personnel system, labor employment system, salary distribution system reform of system of three "combination", fully established the mechanism system of choose and employ persons that managers can up and down, employees can into and out, income can increase and decreases, so that the profit margin of the overall Labor productivity, labor costs and other indicators have improved greatly, the ability to participate in the market competition has been significantly enhanced, effectively providing a solid institutional guarantee for building a first-class enterprise. Based on the description of the main practices of Linyi Chengfa Group, this report summarizes the experience of "three systems" reform as a "master" project, establishing the reform buffer period, strengthening the use of digital means and so on, to provide ideas and experience for the reform of urban investment enterprises' employment mechanism.

Keywords: Three Systems; Reform; Talent Management; "Master" Project

Ⅷ Appendices

社会科学文献出版社

皮 书

智库成果出版与传播平台

✤ 皮书定义 ✤

皮书是对中国与世界发展状况和热点问题进行年度监测，以专业的角度、专家的视野和实证研究方法，针对某一领域或区域现状与发展态势展开分析和预测，具备前沿性、原创性、实证性、连续性、时效性等特点的公开出版物，由一系列权威研究报告组成。

✤ 皮书作者 ✤

皮书系列报告作者以国内外一流研究机构、知名高校等重点智库的研究人员为主，多为相关领域一流专家学者，他们的观点代表了当下学界对中国与世界的现实和未来最高水平的解读与分析。截至2021年底，皮书研创机构逾千家，报告作者累计超过10万人。

✤ 皮书荣誉 ✤

皮书作为中国社会科学院基础理论研究与应用对策研究融合发展的代表性成果，不仅是哲学社会科学工作者服务中国特色社会主义现代化建设的重要成果，更是助力中国特色新型智库建设、构建中国特色哲学社会科学"三大体系"的重要平台。皮书系列先后被列入"十二五""十三五""十四五"时期国家重点出版物出版专项规划项目；2013~2022年，重点皮书列入中国社会科学院国家哲学社会科学创新工程项目。

权威报告·连续出版·独家资源

皮书数据库
ANNUAL REPORT(YEARBOOK)
DATABASE

分析解读当下中国发展变迁的高端智库平台

所获荣誉

- 2020年，入选全国新闻出版深度融合发展创新案例
- 2019年，入选国家新闻出版署数字出版精品遴选推荐计划
- 2016年，入选"十三五"国家重点电子出版物出版规划骨干工程
- 2013年，荣获"中国出版政府奖·网络出版物奖"提名奖
- 连续多年荣获中国数字出版博览会"数字出版·优秀品牌"奖

皮书数据库　　"社科数托邦"
微信公众号

成为会员

登录网址www.pishu.com.cn访问皮书数据库网站或下载皮书数据库APP，通过手机号码验证或邮箱验证即可成为皮书数据库会员。

会员福利

- 已注册用户购书后可免费获赠100元皮书数据库充值卡。刮开充值卡涂层获取充值密码，登录并进入"会员中心"—"在线充值"—"充值卡充值"，充值成功即可购买和查看数据库内容。
- 会员福利最终解释权归社会科学文献出版社所有。

数据库服务热线：400-008-6695
数据库服务QQ：2475522410
数据库服务邮箱：database@ssap.cn
图书销售热线：010-59367070/7028
图书服务QQ：1265056568
图书服务邮箱：duzhe@ssap.cn

数 据 库 充 值 卡

S 基本子库
UB DATABASE

中国社会发展数据库（下设 12 个专题子库）

紧扣人口、政治、外交、法律、教育、医疗卫生、资源环境等 12 个社会发展领域的前沿和热点，全面整合专业著作、智库报告、学术资讯、调研数据等类型资源，帮助用户追踪中国社会发展动态、研究社会发展战略与政策、了解社会热点问题、分析社会发展趋势。

中国经济发展数据库（下设 12 专题子库）

内容涵盖宏观经济、产业经济、工业经济、农业经济、财政金融、房地产经济、城市经济、商业贸易等 12 个重点经济领域，为把握经济运行态势、洞察经济发展规律、研判经济发展趋势、进行经济调控决策提供参考和依据。

中国行业发展数据库（下设 17 个专题子库）

以中国国民经济行业分类为依据，覆盖金融业、旅游业、交通运输业、能源矿产业、制造业等 100 多个行业，跟踪分析国民经济相关行业市场运行状况和政策导向，汇集行业发展前沿资讯，为投资、从业及各种经济决策提供理论支撑和实践指导。

中国区域发展数据库（下设 4 个专题子库）

对中国特定区域内的经济、社会、文化等领域现状与发展情况进行深度分析和预测，涉及省级行政区、城市群、城市、农村等不同维度，研究层级至县及县以下行政区，为学者研究地方经济社会宏观态势、经验模式、发展案例提供支撑，为地方政府决策提供参考。

中国文化传媒数据库（下设 18 个专题子库）

内容覆盖文化产业、新闻传播、电影娱乐、文学艺术、群众文化、图书情报等 18 个重点研究领域，聚焦文化传媒领域发展前沿、热点话题、行业实践，服务用户的教学科研、文化投资、企业规划等需要。

世界经济与国际关系数据库（下设 6 个专题子库）

整合世界经济、国际政治、世界文化与科技、全球性问题、国际组织与国际法、区域研究 6 大领域研究成果，对世界经济形势、国际形势进行连续性深度分析，对年度热点问题进行专题解读，为研判全球发展趋势提供事实和数据支持。

法律声明

"皮书系列"（含蓝皮书、绿皮书、黄皮书）之品牌由社会科学文献出版社最早使用并持续至今，现已被中国图书行业所熟知。"皮书系列"的相关商标已在国家商标管理部门商标局注册，包括但不限于 LOGO（ ▨ ）、皮书、Pishu、经济蓝皮书、社会蓝皮书等。"皮书系列"图书的注册商标专用权及封面设计、版式设计的著作权均为社会科学文献出版社所有。未经社会科学文献出版社书面授权许可，任何使用与"皮书系列"图书注册商标、封面设计、版式设计相同或者近似的文字、图形或其组合的行为均系侵权行为。

经作者授权，本书的专有出版权及信息网络传播权等为社会科学文献出版社享有。未经社会科学文献出版社书面授权许可，任何就本书内容的复制、发行或以数字形式进行网络传播的行为均系侵权行为。

社会科学文献出版社将通过法律途径追究上述侵权行为的法律责任，维护自身合法权益。

欢迎社会各界人士对侵犯社会科学文献出版社上述权利的侵权行为进行举报。电话：010-59367121，电子邮箱：fawubu@ssap.cn。

社会科学文献出版社